MÁS ALLÁ
de la HERIDA
MATERNA

Aura Medina de Wit

MÁS ALLÁ de la HERIDA MATERNA

Sanación, autodescubrimiento y el poder de la mujer consciente

AGUILAR

El papel utilizado para la impresión de este libro ha sido fabricado a partir de madera
procedente de bosques y plantaciones gestionadas con los más altos estándares ambientales,
garantizando una explotación de los recursos sostenible con el medio ambiente y beneficiosa para las personas.

Penguin
Random House
Grupo Editorial

Más allá de la herida materna
Sanación, autodescubrimiento y el poder de la mujer consciente

Primera edición: agosto, 2025

D. R. © 2025, Aura Medina de Wit

D. R. © 2025, derechos de edición mundiales en lengua castellana:
Penguin Random House Grupo Editorial, S. A. de C. V.
Blvd. Miguel de Cervantes Saavedra núm. 301, 1er piso,
colonia Granada, alcaldía Miguel Hidalgo, C. P. 11520,
Ciudad de México

penguinlibros.com

© Sucesores de Joaquín Salvador Lavado, QUINO, por las ilustraciones de *Mafalda*
de las páginas 75, 76 y 77
Agradecemos la autorización para reproducir este material.

La autorización para el uso de la tira cómica *Mafalda* en la presente publicación no implica,
por parte de los autorizantes, conformidad o adhesión al contenido de la misma.

ISBN: 978-607-386-174-8

Impreso en México – *Printed in Mexico*

Este libro está dedicado a todas las mujeres, las que buscan crecer más allá de las heridas y sus historias personales. Seres valientes que rompen con lo establecido y se atreven a encarnar su propia verdad. Mujeres dispuestas a romper los moldes, los patrones familiares y sociales para encontrar su propio fuego, su propia pasión. Pero también está dedicado a aquellas que caminan un poco aletargadas, sin realmente darse cuenta de lo que sucede a su alrededor; aquellas que prefieren cerrar los ojos y no alterar el *statu quo*; a las que se sienten aún atrapadas en la telaraña familiar, social, cultural y que lloran y se desesperan porque no encuentran la salida.

A todas nosotras. Ojalá un día nos reunamos alrededor de un fuego y compartamos nuestros nombres y nuestras historias.

Gracias por leerme y acompañarme en este camino.

ÍNDICE

PRÓLOGO

En este nuevo libro, Aura Medina de Wit nos invita a explorar nuevos niveles de autoconocimiento sin dejar de seguir profundizando en nuestro entendimiento y sanación, en la forma en que establecemos nuestras relaciones cercanas de amor y el trabajo del autoconocimiento.

A fin de cuentas, los temas que trata son centrales para toda persona, ya que además de nuestras limitaciones personales, compartimos patrones de neurosis colectivos que obstaculizan nuestra experiencia.

El proceso que ha seguido Aura tiene una lógica muy práctica y realista.

En su primer libro nos habla de que debemos amar en una forma sana, sin codependencias que sólo nos llevan a un amor corrupto y egoísta, en donde el odio anida.

En su segundo libro explora el daño que hemos generado con una educación patriarcal, arraigada en una masculinidad tóxica, en donde ambos sexos inconscientemente hemos contribuido a sostenerla por siglos y casi universalmente en la historia de la humanidad.

En su tercer tomo nos lleva a una aventura de autodescubrimiento, en donde se nos invita a crear una nueva experiencia para poder abrirnos al amor sanamente; primero con nosotros mismos y después proyectando al mundo una nueva imagen que dé lugar a relaciones sanas y amorosas.

Y en su cuarto tomo, en una forma muy atinada, rescata un área muchas veces olvidada o considerada secundaria en el camino para sanar la feminidad tóxica; esta área es la experiencia de la relación madre-hija. Nos habla de cómo las heridas reafirman el sometimiento femenino y la incapacidad de obtener satisfacción en la vida.

El poder femenino no sólo se ve dañado por el sistema machista, sino que se perpetuará si las mujeres jóvenes no reciben un mensaje y una nutrición sanos por parte de sus madres.

Un fenómeno muy común en la actualidad es el intento de sanar lo femenino a partir de una rebelión contra el hombre, muchas veces con resentimiento y sin claridad. Se cambian los patrones de masculinidad tóxica por patrones femeninos tóxicos, bajo la ilusión de una justa resolución.

La propuesta de Aura es lógica y está sustentada en la psicología profunda: es vital sanar nuestra relación con la madre para, entonces sí, poder abrirse a la experiencia de los arquetipos femeninos de poder y sabiduría, con el fin de encontrar una relación amorosa positiva, tanto con el hombre como con la mujer y con el universo mismo.

Todos tenemos una madre y hay que esperar que nuestra relación con ella tenga cosas positivas y negativas. Al reconocerlas, podemos agradecer, crecer y disolver las limitaciones, y abrir en el proceso la posibilidad de una vida mejor para las hijas e hijos que nos sigan.

Nos toca en estos tiempos abrir camino para crear una nueva identidad tanto femenina como masculina más sanas, que se basen verdaderamente en el amor, respeto y mutua ayuda, y ya no continuar con relaciones de competencia, manipulación y control neurótico.

No se trata solamente de sanar nuestra experiencia interna, tenemos que entender que la sanación no será completa si no contribuimos a sanar a la colectividad. Nos lo debemos a nosotros mismos y a las generaciones futuras.

CARLOS E. DE LEÓN DE WIT
14 de enero de 2025

INTRODUCCIÓN

Termino de escribir este libro justo a finales de 2024. Como podrás leer aquí, no fue para mí un año fácil; de hecho, empezó con mucha furia. Así lo sentí. Y, sin embargo, pude, semana tras semana, a pesar de lo doloroso de algunos eventos, descubrir la Gracia Divina, la mano de Dios, de la Diosa, de la Madre, que tomaron mi mano y me guiaron, a través de la tierra árida y dura de ese invierno, hacia la lluvia y el verdor del verano.

Me acompañó en este camino mi pareja, Bob, quien tiene opiniones para todo y dice mucho acerca de muchas cosas, pero muy poco o casi nada sobre lo que sucede conmigo. Sin embargo, se mantiene alerta, observando cada paso que doy, muy cerca de mí por si me caigo, siempre listo para recibirme en sus brazos.

Me acompañaron mis tres perritas: Quila, a quien rescaté de un cerro en terribles condiciones y hoy es la perrita más amada y popular de la zona, incluso tiene su club de "fans" entre los pequeños del pueblito. Naly, que no era propiamente nuestra, pero estaba en la comunidad y poco a poco se fue quedando hasta que nos la heredaron los vecinos cuando se fueron. La pequeña loquita Jabibi, que rescaté cuando la vi tan pequeña y flaca caminando por la carretera; en teoría ya no es nuestra porque la adoptó nuestro querido vecino Gigio, pero siempre está aquí y, con ella, nuestro amado gorrón de siempre, el Chato, ese perrito simpático, vecino nuestro, que cada mañana encuentra la forma de entrar a nuestra propiedad y hacerse del desayuno. Además de Chuletita, el Pintitas y una puerquita a los que diario alimentaba al pasar por los terrenos donde se encuentran. Digo alimentaba porque la puerquita ya no está. Antes de irme a pasar las navidades con la familia a Xalapa, fui a llevarle las manzanas que tanto le gustaban, pero ya no la vi. Imaginaba que por estas fechas se la llevarían, pero aun sabiéndolo me dio una gran tristeza.

También me acompañaron la yegua y la borrega; ambas pertenecen a mis vecinos que tienen animales de granja, como la mayoría de los habitantes de esta comunidad. Desde que llegamos, hace dos años y medio, las descubrí. Me encantaba siempre verlas juntas. Salían al campo a pastar y, cuando oscurecía, la yegua guiaba a la borrega hasta la puerta de su casa. Este año la yegua tuvo un potrillo y la borrega dos borreguitos. Ya no están juntas, cada una se fue con sus críos.

Me acompañaron todos los burritos de la zona, los negros, los marrones y los blanquitos, que son los menos. También los de ojos con círculos blancos, que sospecho están emparentados. Todos nos saludan a la distancia con sus rebuznos cuando nos ven venir con las lechugas y verduras que les damos.

Me acompañaron los colibríes que, a partir de febrero, llegan a nuestro porche, donde les pusimos un bebedero. Son meses de mucha sequía y no hay flores ni agua en los alrededores. Durante esos meses les pongo su agua preparada con azúcar, nada de ese jarabe rojo comercial que es tan dañino. Ya sembramos lavandas, suculentas y otras plantas que a ellos les gustan y también a las abejas. Así todo el año podrán alimentarse de manera natural.

En junio cayó la primera lluvia y tuvimos una temporada de aguas como no había habido en varios años; llovió copiosamente y la lluvia trajo su magia. El campo se llenó de flores amarillas, rojas, azules, naranjas, blancas, abejas, colibríes y muchos riachuelos.

Luego llegó el otoño, el agua desapareció y todo se cubrió de un color oro viejo. Llegaron los chapulines y se comieron todo lo comible. Yo observé estos cambios con mucha atención. En algún momento recordé unas palabras de mi maestra Regina, q.e.p.d., quien hace muchos años me dijo, cuando me llevó a vivir y a estudiar con ella en

INTRODUCCIÓN

La Casita, su lugar sagrado junto a un gran bosque: "Sal y observa la naturaleza, sus ciclos. Si observas atentamente, verás que todo, todo pasa, que aun el invierno más crudo termina y el mejor de los veranos se va… simplemente observa".

Y así pasó este año y yo terminé este libro, que nació de un intento de recordarme, de reconectar con algo mayor en mí, de darle un sentido más profundo a mi estancia en este planeta, a ser parte de una humanidad que a veces no entiendo muy bien y que, en otras ocasiones, debo confesarlo, me hace desear irme muy lejos, a otro planeta, a otra galaxia.

Este año especialmente ha sido como el título de aquella película de Pedro Almodóvar, *Cómo ser mujer y no morir en el intento*. Y también a cuestionarme cómo ser mamá, cómo ser pareja, cómo cuidar de forma amorosa a una madre que tiene inicios de demencia, cómo ser eficiente en un mundo que cambia cada minuto, cómo funcionar cada día sin que la vida me truene, sin que me rompa la realidad que está afuera de mi burbuja.

Pero justo ése es el asunto. La vida sí nos rompe, nos demos o no cuenta; hombres y mujeres vamos por ahí con pedacitos de nosotros dentro. Pero hasta hoy, el intento sigue y la vida continúa. Por ello agradezco y dedico cada paso a la vida misma. Y cada mañana seguiré haciendo lo mismo: abrir los ojos, respirar profundo y decirme: "Adelante, no te caigas, éste no es un planeta fácil, pero hay que hacer la chamba".

Y nada me hace más sentido que mi camino espiritual. Estoy convencida de que sin él no estaría cuerda ni sería tan funcional. Y cuando lo reflexiono, respiro aún más profundo, en busca de conectar con la guía de mi espíritu.

La palabra *espíritu* viene del verbo latino *spirare*, que significa "respirar". En esencia nuestro espíritu es lo que nos anima y mueve, lo que nos mantiene vivas. Entonces, entiendo que la espiritualidad es la práctica de estar conscientemente conectadas con lo que nos mantiene en nuestra vitalidad, con nuestro ser interior, con los demás y con la Gran Divinidad.

Y definitivamente mi espíritu es lo que seguramente me anima y me mantiene andando el camino a pesar de los obstáculos y las dificultades. Vale la pena vivir y crecer.

Cierro esta introducción con las siguientes palabras de Marianne Williamson, que aparecen en su libro *El valor de lo femenino*:

La mujer elige en cada momento entre la condición de reina y la de niña esclava. En estado natural, somos seres gloriosos.

En el mundo de la ilusión, estamos perdidas y somos prisioneras, esclavas de nuestros apetitos y de nuestro deseo de falso poder. Nuestro carcelero es un monstruo de tres cabezas: una es nuestro pasado, la otra, nuestra inseguridad y la tercera, nuestra cultura.

El pasado sólo existe en nuestra mente, pero necesitamos resolverlo, porque de otra manera lo traemos constantemente al presente.

Necesitas abrir la puerta para ver al monstruo a los ojos, analiza, comprende, resuelve, completa, perdona.

Y luego, cierra esa puerta y aléjate. No te quedes prisionera de ese pasado.

A pesar de todo, en lo más profundo de nosotras, hay una salida de emergencia innata. Es el amor infinito, que no vacila, ni nos explota, ni nos juega malas pasadas, ni nos pisotea el corazón. Es nuestra esencia espiritual.

En ella existimos como majestades cósmicas: madres, hermanas, hijas del sol, la luna y las estrellas. Dentro de este reino, encontramos a Dios, a la Diosa y a nuestra propia dulzura.

Olvidémonos de buscar modelos de comportamiento afuera, porque no hay muchos y, aunque los encontráramos, viven su propia vida y no la nuestra. Busquemos en cambio dentro de nosotras.

La Diosa no entra desde fuera, emerge de las profundidades internas de nuestro ser. No se detiene por lo que nos sucedió en el pasado. Se concibe en la conciencia, nace por amor y se nutre de pensamientos elevados.

INTRODUCCIÓN

La crucifixión de la Diosa —la invalidación de los valores y creencias femeninos— es la base de todos nuestros dolorosos dramas.

Pero la crucifixión es sólo el preludio de la resurrección y estamos ahora viviendo los primeros estadios de la resurrección de la Diosa.

Ella tiene muchos nombres y rostros, pero el más importante es el tuyo.

Cuando una mujer empieza a ser consciente de la chispa divina dentro de ella, se sentirá invitada a decidirse a honrarla y confiar en ella… está tan acostumbrada a buscar afuera las respuestas de su vida que la realización de la Divinidad dentro de ella será radical y cambiará todo.

Es una elevación desde las profundidades de cada mujer. Es un espíritu nuevo, una nueva fuerza, una nueva convicción.

CAPÍTULO 1

Más allá de la herida materna

La hija salvaje

Soy la hija salvaje de mi madre.
La que corre descalza
maldiciendo las piedras afiladas.

Soy la hija salvaje de mi madre,
no me cortaré el pelo,
no bajaré la voz.
La hija de mi madre es una salvaje.

Ella busca presagios en los colores de las piedras.
En las caras de los gatos, en la caída de las plumas.
En la danza del fuego.
En la curva de los huesos viejos.

Soy la hija salvaje de mi madre.
La que corre descalza
maldiciendo las piedras afiladas.
Soy la hija salvaje de mi madre.

No me cortaré el pelo,
no bajaré la voz.

Más allá de la herida materna

La hija de mi madre baila en la oscuridad.
Canta canciones paganas
bajo la luz de la luna.

Y observa las estrellas y cambia el nombre de los planetas.
Y sueña que ella puede alcanzarlos
con una canción y una escoba.

Soy la hija salvaje de mi madre.
La que corre descalza
maldiciendo las piedras afiladas.

Soy la hija salvaje de mi madre.
No me cortaré el pelo,
no bajaré la voz.

Todos salimos de la oscuridad
a este mundo, a través de la sangre y del dolor.
Y en lo profundo de nuestros huesos,
las viejas canciones están despertando.
Así que cantemos con voces si truena y llueve.

Somos las hijas salvajes de nuestras madres.
Las que corren descalzas
maldiciendo las piedras afiladas.

Somos las hijas salvajes de nuestras madres.
No nos cortaremos el pelo,
no bajaremos la voz.

Somos las hijas salvajes de nuestra madre.
Las que corren descalzas
maldiciendo las piedras afiladas.

SARAH HESTER ROSS

Hace un año y medio que Bob y yo empezamos a vivir juntos, después de casi cinco años de visitarnos y llevar un noviazgo "de vacaciones". Ambos decidimos adquirir una casa en el campo, dentro de una comunidad totalmente autosustentable, no tan lejos del pueblo pero fuera del bullicio y de la locura turística de fines de semana y periodos vacacionales. Un lugar donde podemos practicar conceptos que para ambos son muy importantes: una forma de vida amable con nuestro planeta, animales y entorno, donde si no es mucho lo que aportamos, al menos no vamos a dañar más a la tierra.

Mi relación es tranquila, con subidas y bajadas, y retos. Hasta me atrevo a decir que finalmente estoy madurando. Y digo me atrevo porque con Bob he aprendido que el amor no es siempre la gran pasión y la emoción de estar juntos; a veces es rutina, trabajo. Incluso hay días durante los cuales estamos cada uno tan inmersos en nuestro propio trabajo que simplemente tomamos las horas que van pasando y las llenamos de nuestras actividades, sin hacernos mucho caso hasta la hora en que alguno de los dos cocina y nos reunimos a comer.

Muchas cosas han pasado en este último año. La vida que tenía en San Miguel ha ido transformándose hasta llegar a la forma que hoy tiene, ha sido un cambio radical. No siempre me agrada eso, hay días en que me entra una gran añoranza por algunas personas que solían estar muy cerca de mí y que ahora, por diversas circunstancias, ya casi no veo. Extraño la casa donde vivía antes de la pandemia: un fraccionamiento hermoso donde también estaba la casa de mi madre, a un lado de la mía, y a donde llegaban frecuentemente mis otros hermanos. Extraño muchas cosas y personas que ya no están. Los años han pasado, lejos quedaron los amigos de antaño. Incluso si de pronto nos hablamos, casi nunca nos vemos, todos estamos ocupados en nuestras respectivas vidas.

Muchas cosas cambiaron por la pandemia. A partir de ésta, nuestra madre ya no quiso vivir sola, no podía hacerlo por su edad y ahora nos toca a tres de nosotros hacernos cargo de ella, rotándonos el cuidado, pero en diferentes ciudades.

Y justo cuando empecé a escribir este nuevo libro, mi madre ha estado con nosotros. Para mí es una experiencia nueva, porque si bien ella había vivido conmigo antes, fue por sólo dos meses y estaba más joven y se hacía más cargo de ella. Además, mi hija vivía en el pueblo y cuando yo necesitaba salir o viajar, mi madre y su pareja se quedaban con ella, la cuidaban y consentían con gran disposición y amor.

La relación de mi hija y mi madre siempre ha sido muy buena. Mi hija se refiere a ella como una segunda madre y así fue, porque vivimos con ella cuando me divorcié; Dass era muy pequeña y yo muy joven. Y mi madre trató a Dass de una forma que conmigo no supo ni pudo ser.

Hoy Dass ya no vive aquí y la responsabilidad de cuidar a mi madre durante estos cuatro meses ha sido totalmente mía. Bob me apoya en lo que puede, y lo agradezco profundamente. Pero no deja de ser una experiencia muy fuerte ver a mi madre convertirse poco a poco en una pequeña niña, mientras que dentro de mí todavía hay una parte que sigue pensando que ella tendría que seguir siendo la mujer fuerte, independiente, la mujer que, supuestamente, no necesitaba de nadie ni de nada y que hoy necesita de tantos y, en este momento, de mí.

Durante el día, muchas veces descubro que estoy molesta porque me pide que le repita algo que ya dije muchas veces; porque olvida dónde va la basura orgánica y dónde la otra; porque no sabe qué día es; porque me pregunta constantemente qué vamos a hacer hoy; porque ha perdido incluso la capacidad de discernir si debe llevar un suéter o no cuando salimos. Porque si la dejo sola comería demasiados dulces, en vez de comer lo que preparamos en casa.

De pronto me doy cuenta de que me estoy convirtiendo en ella, en esa madre dura y estricta que fue conmigo, y la verdad no me gusta nadita cuando actúo de esta manera. Y me pregunto si acaso algo parecido le pasaba a ella en su relación conmigo. Tuvo cinco hijos —tres mujeres y dos varones—, pero puedo asegurar que para ella yo fui la más difícil. Esa hija salvaje de la que habla la canción que abre este capítulo.

Mi madre, como muchas mujeres de su generación, de generaciones anteriores y también de otras después, fue condicionada, programada a obedecer, a actuar siempre como una "niña buena" que buscaba la aprobación y aceptación de mamá y de papá, primero, pero también de los demás.

Ese programa, ese "chip", lo traemos integrado en nuestro hardware casi todas las mujeres, de casi todas las culturas. No es sólo un programita más, es un asunto de supervivencia.

Y aquellas que nos atrevimos a salirnos de ese programa, tuvimos que pagar un precio muy alto: la desaprobación materna y familiar, la continua crítica y la sensación de ser una persona "defectuosa". De esto hablo exhaustivamente en mi libro anterior, *Sanando la herida materna*.

Hoy sigue siendo mi misión hacerme consciente de todo lo que implica esta programación; reconocer que esto es un camino de vida y que, a pesar de tanta terapia, tanto trabajo, tantos estudios, tanto camino recorrido, los condicionamientos y ese "entrenamiento" siguen teniendo una fuerte presencia en mi vida, como lo es seguramente en la vida de tantas mujeres. Y hoy, de pronto, la vida me puso en el papel —aunque sea de forma temporal— de ser la madre de mi madre.

Al escribir este párrafo, me viene a la mente la frase "SOS, me estoy convirtiendo en mi madre", que tantas veces he utilizado a manera de broma con mi hermana.

Es que así funciona: cuando no nos hacemos conscientes del programa que traemos —el programa "ser mamá"— un poderoso virus que quizá estuvo latente por años un día despierta y se apodera de nosotras, y con él aparejadas todas esas conductas, mecanismos de defensa, patrones que odiamos por años y que juramos nunca repetir. Pero aquí están, dentro de nosotras y funcionando a gran escala.

Y me pongo a pensar: ¿cuántas cosas hacemos, o no, las mujeres para no ser como nuestras madres, para no convertirnos en versiones clonadas de ellas? Empezando con la idea de nunca tener hijos para no dañarlos.

Tengo una amiga, Marcela, que fue hija única de una madre viuda, que también fue hija única de su propia madre viuda, y aparentemente esto se repetía: hija única, madre soltera o viuda, desde varias generaciones atrás. Marcela estaba dispuesta a hacer lo que fuese necesario para romper esa "maldición", como la llamaba.

Su madre era una mujer sumamente controladora y bastante metiche que había puesto en Marcela todas sus esperanzas de alcanzar una mejor vida, o mejor dicho en que Marcela consiguiera un buen esposo y que ella, la madre, fuera parte de esa unión ideal. Al final, en su propia película mental, la hija debía hacerse cargo de la madre.

Marcela se casó dos veces; en la primera no tuvo hijos, y con el segundo esposo tuvo una hija y decidió embarazarse tan pronto como le fue posible para romper con este patrón generacional de la hija única. Tuvo un hijo y eso la llenó de alegría, porque era la primera diferencia obvia entre su madre, abuela, bisabuela y quién sabe cuántas mujeres atrás.

El esposo de Marcela es un hombre bueno, pero con fuertes adicciones. Es un hombre que prefiere encerrarse en su estudio, escuchar música y acabarse una botella de algún licor a enfrentar las continuas quejas y reclamos de Marcela. Ella, desde el inicio de su relación, lo ha culpado de que las cosas no funcionan para ella y le echa en cara que no es el hombre que ella quería que fuera. En verdad nunca lo fue, y así se lo dijimos sus amigas, pero Marcela estaba convencida de que ella poseía la pluma mágica para escribir el guion de su vida y que, haciendo eso, cambiaría la historia de su línea ancestral femenina.

Pero no funcionó como ella hubiese deseado. Sí modificó circunstancias y algunos aspectos eran diferentes de la historia que intentaba transformar, pero en su núcleo era lo mismo: su esposo, adicto, siempre estaba ausente; era casi como si ella fuese viuda o madre soltera.

Cierto, tiene dos hijos. El varón, que es su adoración, a quien considera el "salvador" porque rompió, según Marcela, con el patrón familiar, y la hija que creció a la sombra de su hermano. Pero en esencia, Marcela se siente sola y vive enojada porque su esposo no es lo que ella hubiera deseado en una pareja. De hecho, no son pareja, viven en la misma casa, pero cada uno tiene su recámara y su vida aparte, y quizá nunca se divorcien.

Marcela lo culpa por no tener la vida anhelada, de la misma manera que su madre culpaba al padre que se había ido años atrás. Marcela espera que sus hijos le den las satisfacciones y la alegría que la vida le negó en su matrimonio. De algún modo, de formas quizá un poco diferentes, ella sigue poniendo su bienestar en manos de otros, y éste es el verdadero patrón que no acaba de ver. Cambiar las circunstancias externas no necesariamente nos lleva a resolver lo más profundo.

Durante las sesiones terapéuticas o en los talleres que imparto, muchas chicas de treinta y tantos años expresan justo ese terror de repetir con sus hijas los errores que cometieron sus madres con ellas, sus padres también, pero el enfoque por lo general es en la madre.

Cristina vino a verme durante su embarazo, estaba aterrada, sollozaba continuamente y vivía con el miedo de no saber qué hacer cuando la bebé naciera. Tenía verdadero terror de convertirse en una madre como la que ella tuvo: ausente, autoritaria y abusiva verbalmente.

Lidia quería ser madre, tenía ese profundo anhelo, pero al mismo tiempo creía que nunca llegaría a ser una buena madre. Fue una niña muy solitaria, creció en una familia de puros adultos que la regañaban constantemente y esperaban que se portara como adulta, cuando sólo era una niña. Se sentía perdida, no sabía cómo resolver los asuntos de su propia infancia y, aunque deseaba mucho tener una hija, simplemente no se sentía capaz de dar lo que no había recibido. Y sobre todo no quería repetir la historia de su propia niñez con su hija.

Silvia siempre hizo lo que, según ella, era lo contrario a lo que su propia madre hubiese hecho, y trató a toda costa de vivir una vida diferente a la de su madre. Se fue muy joven de casa, se las arregló para estudiar una carrera, luego una maestría y hasta un doctorado. Se enamoró de una compañera y juntas iniciaron una vida de pareja. Decidieron adoptar a una niña. Los primeros años todo era maravilloso, pero los problemas surgieron cuando la hija, Alexa, ya adolescente, empezó a desarrollar su propia personalidad, sus gustos y deseos. Silvia descubrió que quería imponer su propia visión, de la misma forma en que su madre lo había hecho con ella, con los mismos resultados: Alexa se alejó de ella de la manera en que ella se apartó de su madre para poder vivir su vida.

Silvia estaba en terapia e insistía en que ella era diferente pues su visión era progresista, inclusiva, etcétera, pero la verdad es que, fuera como fuera, ella tuvo que trabajar para reconocer que su hija estaba desarrollando su propia visión y, le gustara o no, tendría que respetarla.

En uno de los capítulos del libro *Will I Ever Be Good Enough?* (en español, *Madres que no saben amar*) de Karyl McBride, hablando justo sobre el miedo de convertirnos en nuestra madre, la autora comenta:

> El miedo de ser como la Madre es el de volver a nuestros hijos huérfanos emocionales o dañarlos de alguna manera. Te preocupas de no ser suficientemente buena para hacer el trabajo, ya sea porque cargas con esa creencia abrumadora de no ser suficiente o porque sabes que careces de ciertas habilidades que necesitarás como madre. Quizá no has llegado aún a tu propia identidad. Sea cual sea el origen, tu miedo es muy real.

Y agrega un poco más adelante del mismo capítulo: "Advertencia: el riesgo de hacer lo opuesto: si una hija se mueve hacia el otro lado del continuo y actúa de manera opuesta a su madre, hay grandes posibilidades de que ella cree las mismas dinámicas que está tratando de evitar".

Como veremos a lo largo de este libro, la clave está en encontrar nuestra identidad, no ser como ellas ni buscar ser lo opuesto porque, de verdad, caeremos en lo mismo una y otra vez. Y esto abarca no sólo el papel de madres, sino de seres humanos, mujeres, amigas, hermanas, profesionistas, lo que elijamos ser y vivir.

Este camino de regreso a nosotras, a reencontrarnos, es el tema principal de este libro, y lo elegí porque en mi vida me encuentro, una vez más, ante encrucijadas cruciales; y aunque mi experiencia sugiere que todos los caminos conducen a Roma, la verdad es que hoy prefiero tomar la ruta más directa. Antes me gustaba tomar caminos desconocidos y explorar, vivir aventuras y, de alguna manera, regresar al camino que se suponía debía haber seguido, pero con más experiencia. Hoy sigo disfrutando un poco de eso, pero también reconozco que prefiero llevar la brújula conmigo, y esta brújula es mi propia sabiduría, mi guía personal, mi ser interno.

Ana es una bella joven, educada de una manera exquisita, un poco a la antigua, me parece, primero para ser una muy buena hija y con el tiempo una muy buena esposa y excelente madre. Ella vino a terapia porque acababa de comprometerse con un hombre a quien todos consideraban el hombre ideal para ella. Desde muchas perspectivas, parecían una pareja modelo, sus amigas la envidiaban, su madre la aplaudía y el padre se sentía muy orgulloso de ella por su excelente elección de marido. Pero Ana no estaba contenta, llevaba varios años sintiéndose como una impostora, como si estuviera viviendo una vida ajena, dentro de un cuerpo que no era el suyo. Así describía Ana su situación emocional.

Durante su terapia, que fue en realidad un proceso profundo de autoconocimiento, Ana fue, como se dice, "pelando la cebolla de sus condicionamientos". Poco a poco entraba más profundo en su interior para entender por qué tenía esa sensación de estar viviendo esa vida que no era suya.

En contra la voluntad de su madre —su padre no dijo nada—, Ana aplazó la boda, de hecho pidió tiempo para no sentirse presionada por ello. Pablo, su prometido, aceptó de bastante buena gana y poco después supe que él también había ido a terapia.

Durante su proceso, Ana descubrió que no estaba realmente viviendo lo que ella deseaba, estaba viviendo la vida que su madre deseaba para ella y, por lo mismo, no se sentía feliz. Ella quería continuar estudiando, irse al extranjero, hacer una maestría sobre temas de su interés.

No fue fácil desenredar una madeja que estaba ya tan apretada, pero, poco a poco, día tras día, con ayuda de grupos de apoyo y del proceso terapéutico, Ana fue deshaciendo sus nudos viejos y abriendo nuevas posibilidades. Su relación con Pablo terminó, destrozando el corazón de su madre y un poco el de su padre, quien, sin embargo, la apoyó lo más que pudo. Ana siguió con sus planes y consiguió una beca para irse a estudiar a Canadá.

Lo último que supe de ella es que seguía en Canadá, ya había terminado su maestría y había conseguido un trabajo allá, y justo acababa de conocer a una persona, Jamie, con quien empezaba a salir. Pablo se casó con una prima de Ana y, según la mamá de Ana, son muy felices. La mamá de Ana no tanto, pero ya se ha resignado —son sus palabras— a tener una hija como Ana.

La historia de Ana no termina aquí, la vida sigue y quién sabe qué viene. La vida es así, impermanente y esta temporalidad nos acompaña hasta el último aliento, quizá incluso después. No podría asegurar qué sigue, pero lo que sí sé es que el camino del autoconocimiento nunca acaba.

Somos un producto sin terminar. Nuestro proceso no es circular, es una espiral que debe ir cada vez más profundo y, para ello, necesitamos mantener la mente abierta y ser muy curiosas al descubrir todas esas capitas que aparecen.

Precisamente hoy, después de haberme molestado con mi madre porque descubrí que había tomado una bolsa de papas fritas justo cuando le servía una comida sana y nutritiva, me detuve y me pregunté: "¿Quién es ésta que aparece en mí cuando entro en el papel de madre? ¿Quién realmente soy yo detrás de esa postura de hija salvaje que, sin darme cuenta, en algún momento del camino pactó con el enemigo, sucumbiendo al deseo de ser la 'hija buena' y, más allá de eso, tomando una personalidad que se disfraza de mi madre cuando estoy con ella? ¿Dónde quedé realmente yo, o es eso lo que soy?". Y siguen las preguntas: "¿En qué momento cambió tanto mi vida? ¿Cómo se transformó tanto en los últimos años? ¿Dónde quedó la parte salvaje? ¿O es que ya se domesticó y ni cuenta me di?".

Y estas preguntas abren más cuestionamientos que no tienen nada que ver con ser madre, pero todo que ver con mi vida actual: "¿Por qué estoy aquí? ¿Acepté vivir en este lugar, en el campo, porque es lo mío o simplemente porque mi pareja se encantó desde el momento que lo vio y yo quise hacerlo feliz a él, sin considerar mis propios gustos y necesidades? ¿Si él faltara hoy, por la razón que sea, me quedaría aquí? Y si mi respuesta es no, ¿a dónde me iría y que querría hacer? ¿Cuál es mi verdadero propósito, motivación, anhelo?".

Éstas no son preguntas fáciles, porque una vez que surgen nos invitan a despertar, a observar realmente quiénes somos, qué queremos y qué demonios estamos haciendo con nuestra vida.

Al menos, esto es una realidad para mí hoy. A mis casi 65 años reconozco que aún no acabo de conocerme, de entender mis propios mecanismos y el porqué de ciertos sentimientos y estados de ánimo.

Hoy me siento como si la vida me estuviera lanzando muchas preguntas, una tras otra, y he pasado años buscando las respuestas. Y cuando finalmente las encuentro, o creo encontrarlas, la vida me cambia las preguntas.

Siento que, aunque pareciera que finalmente obtuve estabilidad en general, constantemente me mueven el tapete para que no me sienta tan segura. O quizá para no rigidizarme en este rol. Una característica de mi vida es haber vivido muchos personajes diferentes, muchos papeles, muchas vidas. Como si dentro de mí habitaran mil mujeres y cada una busca vivir una experiencia diferente.

Y entonces intento mantenerme alerta, disfrutando el momento, sí, pero siempre lista y abierta para lo que venga. Debo confesar que pensar que todo es temporal y que mis experiencias de vida me lo confirmen me tranquiliza un poco. No quiero, al menos no todavía, verme como una persona que ya llegó a un punto del cual nunca se moverá. Me gusta el movimiento y estoy convencida de que soy una piedra rodante, aunque cada vez me sea más complicado moverme.

Y justo ver a mi madre, perdida un poco en una forma de vivir en automático, me espanta. Darme cuenta de que puedo casi adivinar anticipadamente sus respuestas, sus comentarios, sus actos. Y me pregunto cuál es la fórmula para evitar caer en garras de una vejez robótica, mental, repetitiva.

No estoy segura, pero creo que bajarme de la mente, conectarme con el corazón, vivir en atención total y presencia amorosa, puede hacer esa gran y maravillosa diferencia, aunque inevitablemente llegará el día final. Pero quiero pensar que no es lo mismo llegar a él danzando, meditando, caminando, respondiendo minuto a minuto que hacerlo reaccionando desde los condicionamientos y patrones que han definido nuestras vidas.

En los últimos meses del año pasado, tres grandes mujeres se fueron, dos de ellas amadas maestras y amigas, Vicky y Regina. La tercera, Arie, gran amiga de estos últimos años con quien compartía un proyecto de rescate animal y educación a niños sobre el trato a los animales.

Vicky y Regina estaban enfermas y de alguna manera, aunque doloroso, no fue tan shockeante saber de su muerte. Pero Arie, ¡uf!, su muerte sí que me tomó por sorpresa, una muy desagradable sorpresa que se llevó proyectos y sueños hermosos, pero sobre todo la presencia de una mujer valiente y generosa como pocas. Su amistad y cariño fueron un gran regalo de la vida y los disfruté mucho, pero, francamente, me hubiese gustado tener más tiempo con ella.

LA TORRE Y EL RAYO

También el año pasado, a inicios del mes de diciembre, para ser exacta, la vida me puso en una situación devastadora. No se trató de mí, sino de la persona que más amo, mi hija.

La muerte se asomó a su vida de una manera terrible e inesperada. En un evento inexplicable, un hombre le disparó dos veces. Uno de los disparos entró por su pecho, saliendo por el costado sin tocar ningún órgano vital, sin dañar nada más que la carne por donde atravesó; el segundo entró por el antebrazo, astillando el codo izquierdo. Pero igual, sin tocar nada vital.

Este evento entró en nuestras vidas como un rayo inesperado que destruyera cosas preciosas, entre ellas relaciones, confianza, alegría. La energía de lo que pasó y la presencia de la muerte tan cercana me quemó por dentro y por un tiempo, literalmente, no pude moverme sin sentir un dolor que rompía mi interior.

Recuerdo una noche que me levanté al baño y tuve que salirme de la recámara para poder llorar del dolor que el movimiento me causaba. Y mientras me permitía llorar, me di cuenta de que el dolor que sentía, sin duda físico, se trenzaba con un dolor desgarrador mucho más profundo, conectándome con algo muy animal, como el alarido de una madre loba que pierde a su lobezno. Es lo más cercano que puedo encontrar para explicar esa sensación.

Mi hija se fue de esta ciudad y yo me quedé sin saber muy bien qué hacer, pero al mismo tiempo tenía la certeza de que no había mucho que pudiese hacer. La vida había hablado y no quedaba otra que acatar sus instrucciones, mismas que espero cada día.

Mucha gente sabe que trabajo con el tarot, de manera terapéutica, sin intentar adivinar un futuro que no estoy segura de que sea adivinable. Para mí, las cartas del tarot son bellas herramientas que nos apoyan en nuestros procesos internos, un espejo del Ser, pero también pueden ser la voz de fuerzas mayores, desconocidas para nosotros. Un camino de símbolos que podemos recorrer por diversión o para encontrar un poco de guía en el regreso a nuestro Verdadero Ser, peldaños mágicos hacia el autoconocimiento.

En palabras de Sarah Bartlett, maestra y escritora sobre el arte del tarot: "Las cartas del tarot son simplemente espejos de nuestras emociones, sentimientos, alma y ser. Son como reflejos en un estanque en el que las imágenes visuales no se alteran, aunque vibran a causa de las oleadas que producen energías naturales como el viento. El tarot se mueve contigo para que puedas actuar en conjunción con la vida y no en su contra".

Menciono el tarot porque pienso usar su simbología y sabiduría a lo largo de este libro, al igual que usaré la mitología, la astrología e ideas de otras disciplinas y escuelas de terapia y meditación, con el fin de que nos ayuden a ir más allá de nuestras historias, en busca de eso mayor que nos mueve desde dentro pero que no fácilmente reconocemos o incluso aceptamos.

En este evento que comparto con ustedes, me vi frente a frente con uno de los símbolos más temidos y poderosos del tarot: la Torre, que es uno de los Arcanos Mayores del tarot. La carta muestra una torre que está siendo destruida y quemada por un rayo, mientras unas figuras humanas, un hombre y una mujer, caen por los lados, rodeados de pequeñas gotitas de fuego que descienden del cielo.

En el tarot existen 22 Arcanos Mayores y son las cartas principales del tarot. La palabra *arcano* significa "secreto" y se dice que los Arcanos Mayores guardan los Grandes Misterios. Constituyen el corazón del tarot y cuando digo que el tarot es un camino de sabiduría y espiritualidad, me refiero precisamente a estas 22 cartas.

Regina, gran maestra del tarot cabalístico —una de las amigas amadas que murió el año pasado y a quien menciono más a fondo en mi primer libro *Amor… ¿o codependencia?*—, enseñaba que los Arcanos Mayores son símbolos, energías que nos guían en nuestro camino de regreso a Dios. A veces la guía no es suave, pero es siempre franca y directa.

De regreso a este rayo que cayó repentinamente en la vida de mi hija, afectándonos a varios, puedo decir que el mensaje que trajo fue contundente. Aunque no fue para mí, supe leerlo y, dentro de lo posible, apoyé a mi hija para que lo escuchara y se rindiera. Y el mensaje decía que algo no estaba bien. Que hubo conductas que abrieron la puerta por donde entraron energías oscuras y algo tenía que hacerse para evitar que éstas invadieran nuestro mundo.

Destruir para construir es la energía de la Torre. La Torre simboliza estructuras rígidas, actitudes y conductas equivocadas, dañinas. Puede representar a una persona que se ha vuelto como la torre, gris, soldada a la roca, con una corona de oro, todo lo cual para mí representa un ser reprimido en sus emociones, desconectado de sus sentimientos, una mente condicionada y atormentada por el ego. El rayo que cae y el estallido que provoca son consecuencia de estas represiones.

Y aunque la destrucción puede parecer un desastre externo, el tarot nos recuerda que éste no sucede para castigarnos. La imagen nos muestra unas gotitas amarillas de fuego que vuelan a cada lado de la Torre. Estas gotas tienen la forma de la letra hebrea Yod, la primera letra del nombre de Dios, y simbolizan, no la cólera, sino la Gracia.

Rachel Pollack, en su libro *Los Arcanos Mayores del tarot,* habla de esta carta:

> El universo no permitirá que nos quedemos para siempre atrapados en nuestra torre de ilusión y autoengaño. Si no nos liberamos de ellas pacíficamente, las fuerzas de la vida organizarán una explosión y seremos capaces de liberar la energía que hemos reprimido por tanto tiempo y que nos impide vivir una existencia plena y de gozosa libertad. Cuando aparece la Torre, es menester recordar que nos conduce a la libertad. Las explosiones están despejando alguna situación que ha llegado a provocar presiones intolerables y pueden señalar el camino a nuevos comienzos.

Esto es una verdadera chulada, porque casi nadie de nosotras fuimos educadas de forma que entendiéramos la vida como esta gran maestra que nos guía. Cuando nos salimos del camino por vez primera, como una madre amorosa nos llama la atención suavemente; la siguiente, tal vez nos dé un pequeño golpecito en la cabeza como llamando nuestra atención; si seguimos en lo mismo, si insistimos en aferrarnos a patrones viejos, ideas obsoletas, conductas disfuncionales, historias que ya no tienen lugar en nuestras vidas, que nos limitan, nos atan y no nos permiten seguir caminando, entonces la vida nos dará un buen zape y si aun así no queremos entender, algo más fuerte sucederá.

Pero como bien dice Rachel Pollack, lo que nos sucede no es castigo, no es lo que muchas veces nos enseñaron de pequeñas, sobre todo quienes fuimos educadas dentro de un sistema religioso basado en un Dios castigador. Es Pura Gracia.

En esta ocasión, aunque la lección fue dura, terrible diría yo, esa Gracia permitió que mi hija salvara su vida y nos regaló, especialmente a ella, pero también a mí, una nueva oportunidad de liberarnos de lo viejo y movernos hacia delante.

Yo como madre, deseo de corazón que Dassana sepa atesorar la terrible lección y que, sobre todo, se responsabilice de la parte que le corresponde. Porque no importa qué tan víctimas nos creamos ser, no lo somos, y creerlo sólo nos atrapa y nos ata. Lo sepamos o no hay una parte nuestra que está creando las circunstancias necesarias para crecer y necesitamos entender que por duras que sean, están allí con el fin de ayudarnos a encontrar nuestros recursos, nuestros dones, reconectarnos con nuestra esencia.

En cuanto a mí, bueno, ésa es la historia que puedo y quiero contar. La de Dassana la contará ella a su tiempo y a su manera. Yo tomo lo que me corresponde y desde allí empiezo a tejer este libro.

La noche primera que me quedé con Dass en el hospital, antes de su cirugía de codo, hablamos, lloramos, nos abrazamos (lo que se pudo por sus dolores). Yo sentía que mi corazón estaba roto y hubiera dado lo que fuese por ser yo la que estuviera en esa cama con tanto dolor y miedo. Pero dentro de todo lo difícil, también hubo muchos momentos dulces, de apertura, de honestidad entre las dos. Realmente yo no sabía qué hacer, estaba asustada y enojada. No entendía nada y de verdad necesitaba comprender, saber, pero eso nunca sucedió.

En las semanas siguientes al evento, sólo supe actuar de manera funcional, moverme para resolver las cosas que tenían que ser resueltas. En mi mente lo más importante era llevar a Dassana a un lugar seguro.

Hasta hoy, y quizá siempre será así, no sabemos si lo que le sucedió fue una especie de venganza de alguien específico contra Dassana, o si en estos tiempos de violencia y locura, alguien cometió un error o algo parecido, pero lo importante era ponerla a salvo. Este pueblo de pronto se había vuelto demasiado pequeño, demasiado peligroso.

Una vez que Dassana se fue, yo me desinflé, literalmente. Ella ya no estaría aquí y yo no entendía muy bien eso. Nuestras vidas habían estado demasiado unidas por muchos años, sobre todo desde un año antes de la pandemia; a partir de entonces vivimos en la misma casa. Así pasamos la pandemia y los dos años posteriores, primero sólo las dos, luego con su pareja, quien se vino de Xalapa para estar con ella.

Yo disfrutaba mucho estar con ellas, de verdad que sí. La casa que rentaba en ese tiempo estaba en el campo, teníamos mucho espacio dentro y un gran jardín donde nuestros perros jugaban felices. En el jardín había una fuente de cantera que me gustaba encender y ver cómo las abejas y todo tipo de aves se acercaban a beber de los pequeños hilos de agua que se filtraban a través de las piedras. Fue una época muy linda para mí, era un verdadero disfrute estar juntas. Ellas iniciaban un negocio de comida y a mí me tocaba probar las delicias que experimentaban.

Cuando Bob me visitaba era aún mejor, pues conformamos la familia que siempre quise tener para mi hija y para mí. Ellas dos y nosotros dos y la pasábamos muy bien. Fueron dos años muy disfrutables, pocos, pero hermosos. Creo que, en la historia de mi relación con mi hija, han sido los mejores años que hemos pasado juntas.

Un par de años más tarde, Bob se mudó ya de manera permanente a México y compramos un lugar en el campo, y dejamos esa casa. Confieso que en un inicio pensé que podría convencerlo de que Dass y su pareja vivieran con nosotros, tenemos tanto terreno que me pareció algo sensato. Hoy veo que esa era MI necesidad, porque ellas no estaban pensando eso, ni Bob tampoco. Pero a mí me parecía la vida ideal: construir una pequeña casa para ellas y estar juntos todos. Pero nada de esto pasó. La vida tenía otros planes para ellas y para mí. Como dice Friedrich Schiller: "Lo viejo se rompe, los tiempos cambian, y una nueva vida surge entre las ruinas".

Ese rayo que entró en nuestras vidas cimbró los cimientos de nuestro ser. Y tal como dije en párrafos anteriores, una vez que mi hija se fue de esta ciudad, mi cuerpo entró en profunda crisis y estuve sin poder moverme casi tres semanas. Lloraba mucho, estaba muy enojada y no quería ver a nadie. Bob estaba a mi lado, ayudando en todo, sin decir mucho, dándome el espacio que yo necesitaba y sólo asegurándose de que tuviese todo lo que necesitaba.

Cuando me era posible, salía a sentarme en el jardín para tomar un poco de sol. Mis perras, como si supieran que algo me pasaba, se sentaban a mis pies y me lamían manos y piernas. Seguramente, igual que yo, extrañaban nuestras caminatas. Por fortuna Bob se hizo cargo de todo y todas las tardes salía con ellas a caminar, mientras yo me quedaba en casa, escribiendo todo lo que pasaba por mí: pensamientos y emociones.

El proceso no ha terminado. Ese movimiento telúrico desgarró cimientos y dejó muchas cosas fuera de lugar. Poco a poco, algunas se están acomodando, pero todavía hay tanto que limpiar, ajustar, procesar. Pero entiendo que no puedo apurar nada, lo perdido ni para qué intentar recuperarlo; como dicen: "Para atrás, ya ni para tomar vuelo". Y lo que quedó se irá adaptando por sí solo, cosas llegarán y encontrarán su propio lugar. A mí me toca soltar y eso me queda muy claro, ya no es una opción.

La llamada de atención también fue para mí, para esa parte mía de madre que no quería ni sabía soltar a mi hija, que seguía resolviéndole la vida y, de alguna manera, indulgiendo una situación que ya no correspondía con el presente. Y eso no es sano para nadie.

Agradezco esos dos años de pandemia y postpandemia que estuvimos juntas como un gran regalo que se nos dio. Siempre los llevaré conmigo porque de verdad fue un tiempo hermoso y ambas lo necesitábamos. Pero ahora es tiempo de soltar y dejar que ella vuele y encuentre su camino. Como todas las personas, necesita reconocer su capacidad de vivir la vida por sí sola, de construir su propio camino. Y yo necesito regresar a mí, descubrir quién soy yo más allá del rol de madre.

De regreso al arcano de la Torre, Rachel Pollack menciona:

> La torre nos indica que nos hemos encastillado en un entorno de pretendida seguridad que de repente empieza a tambalearse. Dado que se trata de la hipotética base de nuestra seguridad, estos cambios repentinos se viven frecuentemente como catástrofes. Una vez que nos hacemos conscientes de cuánto esta estructura nos aplasta, de cuánto traicionamos nuestra verdadera naturaleza, damos la bienvenida al rayo divino que destruye esta torre completamente.
>
> Sólo cuando se ha superado el primer choque, notamos aliviados que nos hemos liberado de un peso muerto. Este desbor-

damiento puede verse desatado tanto por vivencias propias como por un suceso externo, pero es siempre la mano de Dios quien nos manda el rayo liberador.

Aún no estoy allí, todavía no siento el alivio en su totalidad, aunque de manera muy sutil puedo empezar reconocer una nueva ligereza en mi vida.

A continuación, comparto algunas reflexiones y prácticas que nos ayudan a integrar la Torre y el rayo en nuestras vidas.

Reflexiones

El rayo es esa energía divina, fuerza luminosa, que toca y transforma la vida misma. Algunos autores se refieren al rayo como la mano de Dios, otros hablan de que esta carta es liberación pura, que debemos celebrarla, no temerla.

Cuando el rayo cae en nuestras vidas, no es para dañarnos, es para quitar lo que estorba el nacimiento de la sabiduría; nos saca de esos callejones sin aparente salida en los que nos metemos constantemente.

Los humanos nos resistimos mucho al cambio, nos aferramos a lo conocido, a lo viejo; incluso si esto ya no aplica, si esto nos limita y nos impide seguir creciendo. Si nos resistimos a soltar, si nos aferramos a eso que la Torre representa, nos quedamos prisioneras de su estructura.

Debemos abrirnos a la posibilidad de montarnos en la energía del rayo, dejarnos llevar a la siguiente etapa de nuestras vidas, aunque en el momento el camino no sea claro.

Prácticas que nos ayudan cuando el rayo nos toca
Ser jardinera y no constructora

La primera fluye de manera orgánica, entendiendo y aceptando los ciclos de la vida. La segunda construye estructuras para sentirse segura y aferrarse a la creencia de que la vida será siempre de cierta manera si encontramos la estructura correcta.

Evitar la mecanización

Vivir de forma consciente implica estar presentes en cada momento, conectadas con nuestras emociones y experiencias sin caer en la mecanización emocional que a menudo nos aleja de nuestra humanidad. En nuestro día a día es fácil caer en la trampa de la automatización, donde repetimos patrones sin reflexionar, ignorando nuestras verdaderas necesidades emocionales. Mecanizar emocionalmente nuestra existencia significa reprimir nuestras emociones, actuar automáticamente sin considerar cómo nos sentimos y qué necesitamos en realidad. Nos convertimos en autómatas que siguen un guion preestablecido, desconectados de nuestro ser más auténtico. Esta desconexión nos aleja de la capacidad de experimentar la plenitud de la vida, limita nuestra capacidad de disfrutar de las alegrías y de enfrentar los desafíos con autenticidad y valentía.

Abrirnos a la magia y al misterio de la vida

Soltar lo viejo nos permite recibir lo nuevo. Es una frase que a lo mejor hemos escuchado frecuentemente y, sin embargo, a la hora de soltar nos cuesta mucho trabajo. Quizá si aprendemos a cultivar nuestra curiosidad y nuestra apertura podremos realmente permitir que la vida nos sorprenda. Pero esto sólo es posible desde un corazón abierto, no desde el intelecto, porque la mente se aferra y cree que lo sabe todo. Sólo cuando la hacemos a un lado y nos sumergimos en el misterio, surge ante nosotros un mundo de posibilidades infinitas y experiencias transformadoras.

Al cultivar una actitud de asombro y curiosidad, nos embarcamos en un viaje de exploración interior y exterior que nos conecta con la esencia misma de la existencia. Nos alejamos de la rutina monótona y nos sumergimos en la maravilla de lo inesperado, permitiendo que la magia de la vida nos sorprenda en cada esquina. Y entonces, entramos en la energía de la Estrella.

LA ESTRELLA

La Estrella es otro Arcano Mayor de las cartas del tarot. Cuando hace su aparición en nuestra vida, ya sea a través de una lectura o de señales externas, nos regala esperanza, inspiración, fe y creencia en una mejor vida, especialmente después de periodos de crisis.

Acerca de este símbolo, Rachel Pollack nos dice:

La estrella ha sido el símbolo de esperanza y promesa a través de los siglos. Ésta es la carta de la sabiduría, de la visión en las relaciones superiores. Simboliza cosas que planeamos o comenzamos que tienen gran proyección en el futuro y en cuya evolución favorable podemos depositar fundadas esperanzas. Y al igual que con la siembra, se necesita tiempo para poder reconocer la fructífera consecuencia de la acción de este arquetipo.

Esta estrella simboliza el lado mágico del espíritu humano que nunca deja de creer en un mundo mejor. A pesar de la desesperación, el desmayo, cuando tenemos esperanza podemos seguir. La esperanza e inspiración que la Estrella del tarot representa es vital para mantener un sentido de equilibrio, particularmente cuando la vida está en un momento muy bajo. Sin el sentido especial de fe y esperanza de la Estrella, en ciertas circunstancias, se podría llegar a desear la muerte.

Todos necesitamos crearnos un sentido de vida; mientras este sentido está vivo, todo es posible. Si dejamos de creer y perdemos la esperanza en que las cosas pueden mejorar, la luz se va de nuestros corazones y seguidamente de nuestras vidas. La Estrella es, por lo mismo, una etapa extremadamente importante de nuestro viaje que comprender e integrar.

Después de la tormenta, viene la paz. La promesa, en términos de un camino espiritual, de un camino de conciencia, significa que, independientemente de los túneles oscuros que tengamos que atravesar, existe la posibilidad de encontrar al final un oasis de calma y paz.

El rayo que destruye la Torre es la mano de Dios. Si la tomas y te dejas llevar, éste te conduce a la Estrella. Independientemente de lo que cada una estemos viviendo o atravesando, necesitamos entender que las etapas de caos y destrucción son parte de la vida, y como parte de su impermanencia, no estarán para siempre, pero sin importar el tiempo que duren, es necesario aprender a enfrentarlas.

Como lo mencioné anteriormente, el tiempo de la Estrella es sólo un oasis, no el final del camino, la vida sigue y vendrán más noches oscuras.

Así que, aprovechando este oasis, debemos detenernos por un momento, o el tiempo que se requiera, a fin de entender que para continuar el camino necesitamos desarrollar una verdadera luz propia. Continúa Rachel Pollack:

> Todo aquel que atraviesa un oscuro túnel llega al final a un sentimiento de calma y vacío. La carta de la Estrella surge de una crisis. La liberación de energía de la Torre desgarró el velo del consciente. Aquí en la Estrella, estamos detrás del velo. El estanque de agua representa el inconsciente. Ahora esa energía vital universal ha sido removida por el acto de verter en ella las aguas de la propia vida de la persona. El agua vertida sobre la tierra indica que la energía liberada por la Torre se dirige tanto hacia fuera como hacia dentro, vinculando lo inconsciente con la realidad exterior del mundo físico. Con la Estrella, nos hemos convertido en luz que surge de la oscuridad.
>
> Ésta es una carta de calma interior. Una experiencia de paz, por el momento, el viaje puede esperar.

Tarde o temprano, el viaje continúa y, de acuerdo con el camino de los Arcanos, la carta que sigue es la Luna. El tiempo de la Estrella es, como comenté, un espacio de descanso en un oasis, donde el alma se baña, se limpia, se repone y se prepara para retomar el camino. Y cuando lo reanudamos, la Luna alumbra con su luz dudosa el sendero que aparece ante nosotras.

LA LUNA

El Arcano de la Luna en el tarot representa la intuición, los sueños, los misterios y las emociones profundas. En la vida diaria, la energía de la Luna nos invita a explorar nuestra parte más inconsciente y emocional, y a abrazar la dualidad y la oscuridad en nuestras vidas, recordándonos que hay belleza y sabiduría en lo desconocido y en lo inexplorado. Es un tiempo para honrar nuestras sombras, para explorar nuestros miedos y para sanar aquellas heridas emocionales que han estado latentes en nuestro interior.

Como algunas de estas noches la luna no nos alumbra, lo que vivimos es mucha oscuridad interna. Si no entendemos esta etapa, podemos actuar y tomar decisiones que no ayudan mucho. Es como habernos perdido en un bosque y querer encontrar el camino a casa cuando la noche cae y nos rodea la oscuridad. ¿Han sentido esto en sus propias vidas? Seguro que sí.

Estos momentos difíciles, a veces incluso terribles, son nuestras noches oscuras. Las noches oscuras simbolizan ciertas fases de nuestro caminar, durante las cuales pareciera que hemos perdido esperanza y rumbo. En mi experiencia es como entrar en un túnel oscuro sin saber si algún día saldré de él. Y peor aún, incluso creyendo que la vida es sólo ese túnel oscuro.

A un nivel más profundo, son etapas del camino espiritual en las que buscamos un sentido interno, porque frecuentemente lo exterior ha perdido significado. Son procesos de transformación profunda que suelen ser complicados y difíciles, por decir lo menos.

Son etapas a las que todas nos vamos a enfrentar: nuestros valles y cimas. No es posible evitarlas, ni sería conveniente porque son parte de la búsqueda del tesoro interno. Por lo mismo, me parece absurda e inútil esa tendencia "new age" de querer siempre estar feliz y disfrutar todo el tiempo. La vida simplemente no es así, es como pretender que siempre sea de día y nunca llegue la noche.

En mi camino, cada noche oscura que he vivido ha sido una experiencia profunda de muerte y renacimiento. Para renacer, hay que morir. Y lo que muere es una parte de mi personalidad que está escondida entre capas y capas de máscaras, condicionamientos, miedos. Una parte que me ha dado una visión incompleta de la vida y de mí misma. Es una parte que ya cumplió su ciclo.

Me imagino esos momentos como el periodo de cambio de piel de una serpiente, esa piel vieja seca debe irse para que surja la nueva. Es necesario soltar, dejar ir y, en el proceso de hacerlo, transitar la incertidumbre y los miedos que ésta traiga.

No hay una fórmula mágica para atravesar la noche oscura personal, cada proceso es único e individual. La mayoría no sabemos o no queremos enfrentar los momentos difíciles, y yo me incluyo en este no saber ni querer. Normalmente queremos huir, escapar del dolor, buscar todo tipo de distracciones afuera, porque, es cierto, puede sentirse como algo insoportable, pero la mejor forma de transitar por esos momentos de conmoción, miedo y dolor es entregarse a ellos y mirarlos de frente, cultivando la virtud de la paciencia y evitando la ansiedad.

Debemos tomar conciencia del momento, observar nuestros pensamientos, aceptar los sentimientos, dejarnos sentir. Porque si no los enfrentamos es fácil caer en hábitos autodestructivos y adicciones. Según Thomas Moore,

> La verdadera noche oscura no puede ser despachada tan a la ligera. Deja una marca indeleble y cambia a una persona para siempre. No es algo de lo que debamos ufanarnos. La noche oscura puede perturbarnos profundamente, sin ofrecernos ninguna salida, salvo quizá depender de nuestra fe y nuestros recursos más allá de nuestra comprensión y capacidad. La noche oscura requiere una respuesta espiritual, no sólo terapéutica. Una noche oscura del alma no es extraordinaria ni rara. Forma parte de la vida, y podemos beneficiarnos de ella tanto o más que de los momentos normales. Yo considero la noche oscura del alma como un periodo de transformación. Se parece más a una fase de la alquimia que a un obstáculo que nos impide alcanzar la felicidad.

Tal como lo dice Moore, la noche oscura requiere una respuesta espiritual, no sólo terapéutica. Y para continuar el camino necesitamos desarrollar una verdadera luz propia. Ésta es la respuesta espiritual que se requiere

Amo los símbolos de la Estrella y la Luna porque representan, junto con otros más, la polaridad femenina y nos ayudan a entender el camino de sanación.

La Estrella rutilante nos invita a conectar con lo femenino y con la esperanza, y a partir de allí vivir en crecimiento continuo y cultivar la fecundidad del espíritu. Hay que buscar la integridad y autenticidad propia, desnudándonos, despojándonos de las capas que esconden el ser esencial.

Y una de las grandes lecciones de este periodo de mi vida —que tiene que ver con esta luz— ha sido aprender a practicar la esperanza, conectarme con mi fe cuando lo más fácil sería dudar.

La Luna, por su parte, con su energía busca conectarnos con la parte femenina, misteriosa, la mística interna y con otro símbolo femenino muy poderoso: la Sacerdotisa. Ella es la guardiana del inconsciente que nos conecta con nuestros sueños, nuestras corazonadas y con las señales que nos llegan desde lo más profundo de nuestro ser para permitirnos fluir con la energía intuitiva que nos guía.

La Luna me recuerda que hay momentos en los que es mejor quedarme quieta. Como si de pronto estuviera en un bosque, y fuese de noche. No puedo confiar en lo que veo afuera, porque está oscuro y mi visión está muy limitada. La única luz que puede guiarme es la que viene de dentro. Y entonces me tomo el tiempo de conectarme con esta guía interior y seguir sus indicaciones. Lo que me dice es: "Espera, ahora no es el momento de caminar. Esperemos a que amanezca para reemprender la jornada".

Y es justo en medio de esa noche cuando inicio esta nueva jornada con mi escritura. Como mencioné, escribir este libro tiene un nuevo y claro intento para mí: compartir una visión nueva que, como mujeres, nos permita trascender nuestra historia personal para participar en la sanación del colectivo femenino. Atrevernos a encontrar una vida más allá de los roles y condicionamientos, con proyectos y aventuras nuevas enfocadas en lo interno. Esa alquimia interior que transforme nuestro Ser.

Y espero que en los años venideros, los que queden, continuemos el viaje del autodescubrimiento, con valentía y autenticidad. Que sean tiempos de renacer, de resurgir las veces que sean necesarias para conquistar nuestro verdadero lugar en el mundo y que este proceso de autoexploración nos conecte con nuestra verdadera esencia para alinear nuestras acciones con nuestros valores y pasiones más profundas.

Hoy, como nunca, reconozco que, para encontrar y conquistar ese verdadero lugar en el mundo, es fundamental que cada una de nosotras aprenda a escuchar su voz interior, a honrar sus sueños y creer en su potencial único.

Cuán importante es el trabajo personal que nos ayude a liberarnos de las expectativas externas, para abrazar a quienes somos realmente, con todos nuestros dones y debilidades.

Seguramente es un camino que implica desafíos y momentos de incertidumbre, pero también nos brindará una sensación de plenitud y realización que sólo surge cuando se vive de acuerdo con la verdad interior.

Juntas, a través de estas letras, con determinación y perseverancia, aprenderemos a superar obstáculos y a seguir nuestro propio camino con confianza y coraje.

Y para mí lo más hermoso es pensar que al tomar nuestro verdadero lugar no sólo nos beneficiamos nosotras, sino inspiramos a nuestras hermanas, amigas, hijas, a seguir su propio camino auténtico.

Relato de Paulina

Mi nombre es Paulina, tengo 38 años y para mí el ser mujer me ha llevado a una búsqueda incansable de respuestas que comenzaron a surgir con el hecho de darme cuenta de cómo habían sido mis vínculos de pareja hasta el día de hoy, donde yo elegía a mis parejas repitiendo el mismo patrón.

Vengo de una familia mexicana tradicionalista, con madre y padre "presentes", hogar con cimientos machistas donde lo más importante era tener contento al padre, tarea de la cual la madre se encargaba muy bien siendo la esposa "perfecta", sumisa, complaciente y permisiva.

Respecto a mi padre, quiero mencionar que cumplía muy bien su rol de ser un excelente proveedor, pero uno muy ausente, ya que el trabajo era su prioridad.

La cuestión no termina en esto, además él es un hombre violento, neurótico y con problemas de alcohol; algo así como dice el dicho: "Candil de la calle, oscuridad de su casa".

Esto creaba en el hogar un ambiente hostil y lleno de miedo hacia él, y una madre incapaz de hacerle frente y ponerle límites cuando había faltas de respeto y violencia para con ella o para conmigo.

Por el contrario, ella sólo atendía a la demanda de papá, siendo "linda" para que el señor no se enojara más, y actuando enseguida como "si nada hubiera pasado" y haciendo que yo actuara de la misma manera, para así "sentirnos a salvo" del enojo de papá.

En mi infancia no recuerdo haber visto una sola vez a mamá enojada por el trato que papá le daba. Sí recuerdo a esta madre triste, víctima, sacrificada y depresiva, pero que jamás hablaba de cómo se sentía, sólo seguía actuando pese a todo su malestar interno, como aquí "todo está bien", y es que ella era "muy buena esposa y madre".

Tengo recuerdos de ver a mi madre llorar en su recámara, donde yo llegaba a intentar ponerla feliz porque sentía que yo podía cambiar su estado ánimo, incluso ella me decía que "yo era su alegría". Entonces yo sentía que rescataba a mamá de ese lugar lleno de tristeza.

Con toda esta dinámica familiar, de niña aprendí muy bien a congelarme cuando sentía miedo ante el enojo de papá, porque sólo así me sentía segura. Aprendí de mi madre —así como de las mujeres de mi linaje materno— a ser linda y complaciente aun cuando el trato que se me diera fuera agresivo o no estuviera bien para mí.

Aprendí a ser "la buena hija" que buscaba a toda costa la aprobación y el amor del otro, a rescatar a la persona que amo porque así esa persona lograría estar bien y sólo así sería yo amada.

Aprendí que la necesidad del otro es la más importante de atender, para así ser aceptada y querida; me desconectaba totalmente de lo que yo estaba sintiendo, incluso invalidándolo. De forma muy inconsciente aprendí de mi madre que tener un hombre al lado era lo más importante y lo que daba valor a una mujer, sin importar el trato que éste le diera.

Otra situación que experimenté, y no menos importante que lo citado previamente, fue la rivalidad a la que me sometió mi papá con mi hermana, ya que ella era la niña de sus ojos, y con la que cada vez que podía me comparaba.

Y claro que en estas comparaciones yo salía perdiendo, así que no me sentí vista, ni valorada, ni querida ni reconocida por papá, sino todo lo contrario. Esto me fue llevando a buscar relaciones de pareja en la cuales me vinculaba en triángulos. Repetía este patrón que había experimentado en mi niñez; el dolor de sentirme como la no elegida de papá me llevó en mi vida adulta a esas relaciones, en las que inconscientemente tenía miedo al compromiso porque esto implicaba vulnerarme y abrir mi corazón. Pero al tener instaurado en mi cuerpo el sentirme rechazada no me era posible vincularme con hombres libres, porque ellos podían romper mi corazón como lo sentí de niña con papá.

Lo que me permitió darme cuenta de que algo no estaba bien conmigo fue mi historia de relaciones y la repetición de patrones dentro de éstas; de esta forma comenzó mi despertar de consciencia y que es un camino que sigo recorriendo. Un elemento clave ha sido el acompañamiento terapéutico, los grupos de apoyo y mi red de apoyo social para, poco a poco, ir reconociendo mis heridas, aceptarlas y dejarme sentir cada emoción en lugar de evadirlas con otra relación de pareja, con trabajo, con compras o con salidas sociales compulsivas.

Éste no ha sido un camino sencillo; por el contrario, ha sido doloroso y confrontativo, pero sin duda ha valido la pena, y sé que seguirá *valiendo porque mi mayor anhelo es continuar sanando mi relación conmigo misma, vincularme desde este lugar con el otro, y abrir mi corazón para amar.*

Gracias por todo, querida Aura. Este camino de toma de consciencia y despertar sin duda no sería el mismo sin tu presencia en mi vida.

Cierro este capítulo con un fragmento del bellísimo poema de Marianne Williamson, "Nuestro miedo más profundo".

Aunque lo he citado en otro de mis libros, amo leerlo una y otra vez; sus palabras me llegan y me llenan de inspiración. Aunque la traducción está hecha en masculino, me tomaré la libertad de ponerlo en femenino ya que éste es un libro dedicado a mujeres:

Nuestro miedo más profundo no es que seamos inadecuadas.

Nuestro miedo más profundo es que somos poderosas sin límite.

Es nuestra luz, no la oscuridad lo que más nos asusta.

Nos preguntamos: ¿quién soy yo para ser brillante, preciosa, talentosa y fabulosa?

En realidad, ¿quién eres tú para no serlo?

Eres hija del universo.

El hecho de jugar a ser pequeña no sirve al mundo.

No hay nada iluminador en encogerte para que otras personas cerca de ti no se sientan inseguras.

Nacemos para hacer manifiesta la gloria del universo que está dentro de nosotras.

No solamente algunas de nosotras: está dentro de todas y cada una.

Y mientras dejamos lucir nuestra propia luz, inconscientemente damos permiso a otras personas para hacer lo mismo.

Y al liberarnos de nuestro miedo, nuestra presencia automáticamente libera a los demás.

CAPÍTULO 2

Nuestra identidad femenina

Que no soy suficiente y debo dejarme de lado.
Las cosas que me importan no es que importen demasiado.
Pero no.
Sé que así me lo enseñaron, pero no.
Que eres muy delicada, necesitas salvavidas.
Que la incomodidad hay que aguantarla con sonrisas.
Pero no.
Sé que así me lo enseñaron, pero no.
Que para estar completa hay que estar acompañada.
Quizá si no ha llegado es porque eres muy complicada.
Recuerda, ponte guapa, lleva una vida ordenada.
Por mucho tiempo hasta me lo creí,
pero el velo se cayó.
¿Qué no te das cuenta de que lo que cargas es algo heredado?
Que lo que te cuentan es algo que pertenece al pasado,
Que se quede allá, que se quede allá, bien enterrado,
que se quede allá, que se quede allá, está en tus manos.
El velo se cayó, lo arranqué de mis convicciones,
y pienso hacer catarsis así sea en mis canciones.
Renuncio a tus modelos, yo no quepo en ningún molde.
Renuncio a todo esto y no te debo explicaciones.
El velo se cayó, lo arranqué de mis convicciones,
y pienso hacer catarsis así sea en mis canciones.

Renuncio a tus modelos, yo no quepo en ningún molde,
por mucho tiempo hasta me lo creí.
¿Qué no te das cuenta de que lo que cargas es algo heredado?
Que lo que te cuentan es algo que pertenece al pasado,
que se quede allá, que se quede allá, bien enterrado,
que se quede allá, que se quede allá, está en tus manos.
¿Qué no te das cuenta de que lo que cargas es algo heredado?
Que lo que te cuentan es algo que pertenece al pasado,
que se quede allá, que se quede allá, bien enterrado,
que se quede allá, que se quede allá, está en tus manos.

FLOR DE LAVA,
El velo se cayó

Relato de Darshan

Desde niña mi madre me inculcó varias creencias que, sin darme cuenta, se arraigaron profundamente en mí durante décadas. A continuación, menciono las más significativas.

- *Es mejor tener amigos que amigas, las mujeres no son confiables.*
- *En el matrimonio las mujeres siempre llevarán la peor parte y una tiene que aguantar.*
- *Las mujeres son las que económicamente sacan adelante a la familia, porque los hombres no saben administrarse y despilfarran el dinero.*
- *Es imprescindible cuidar mi comportamiento ante los demás, los hombres pueden comportarse como quieran, las mujeres no. Recuerdo que se molestaba cuando reía a carcajadas, decía que eso era de mujeres vulgares. Tenía que ser prudente al hablar y conservar mi postura derecha al sentarme y al caminar.*

Lo anterior me provocó mucha inseguridad, porque cuando convivía con otros niños, antes de hablar, siempre me preguntaba si era correcto lo que iba a decir o hacer.

Por otro lado, durante mis 10 años de matrimonio soporté varias infidelidades de mi esposo y nunca dije nada, al grado de consolarlo cuando estaba triste por la ruptura con una de sus relaciones.

Económicamente, yo aportaba más y veía normal que él no ahorrara y que se gastara el dinero en amantes y comidas en restaurantes caros; frecuentemente gastaba alrededor de tres mil o cuatro mil pesos en una comida.

A las amantes les iba mucho mejor que a mí. A ellas les regalaba joyas, ropa, dinero, etcétera, y yo aguantaba porque para mí eso era normal.

Nunca puse límites porque pensaba que, si los ponía, mi esposo se iba a ir. Estaba tan falta de identidad que de verdad creía que se me acabaría la vida sin su presencia, porque mi identidad estaba anclada a "ser la esposa de". Pensaba que eso me definía como mujer.

Pospuse mi maternidad porque estaba convencida de que yo era la única responsable de la estabilidad económica de la familia. Creía que sólo podría tener hijos cuando yo tuviera una estabilidad en mi trabajo, porque mi esposo, al ser despilfarrador, no podría mantener a los hijos. Pasaron los años y no lograba la estabilidad deseada, después me separaré y ya no tuve hijos.

Durante más de la mitad de mi vida, sólo tuve amigos hombres, hasta que llegué al taller de mujeres con Aura. Poco a poco fui dándome cuenta de que estaba muy enojada con mi madre, con mi parte femenina y ese enojo lo transfería a otras mujeres.

En ese taller encontré a tres mujeres que se han convertido en mis grandes amigas, en ellas encuentro apoyo en los malos momentos y comparto los buenos, aprendiendo a disfrutar con ellas.

SER MUJER

Ser mujer hoy es algo experimental e inseguro, algo que se define por lo que no es más que por lo que es. Para algunas mujeres no representa ningún problema. Se han elevado por encima de las proyecciones y mal entendidos de la sociedad y ahora vuelan más alto que las nubes. La mayoría, sin embargo, se han encontrado con resistencias tan grandes mientras trataban de llegar al cielo que se les han caído las alas y ya no lo intentan.

Ser mujer es de un dolor enorme, de una profundidad que no se puede expresar, y cuando tratamos de hablar de ello, nos exponemos a que nos digan: "Ya te estás quejando otra vez". Mientras siga siendo así, toda la humanidad, no sólo la mitad, verá obstaculizado el viaje a su destino cósmico, un sitio lejano, muy lejano, un lugar tan profundo dentro de nosotros que apenas hemos divisado las murallas que lo rodean.

Este extracto —parte del libro maravilloso de Marianne Williamson, *El valor de lo femenino*— nos invita a reflexionar sobre cómo en el mundo externo somos impostoras y nos sentimos como tales. Y como generalmente estamos tan desconectadas de nuestro mundo interno, no tenemos ni idea de qué significa, qué implica, cómo se hace para ser una mujer auténtica, genuina, una misma en pocas palabras. Nadie, ni nuestra madre, ni nuestras mujeres tías o abuelas, nos enseñaron cómo serlo.

Como escribe Marianne: "Perdimos la llave de nuestra propia casa, vivimos delante de la puerta". Nos quedamos afuera del castillo, incluso del foso de terror que fuimos construyendo a su alrededor y que llenamos de monstruos, en el intento de protegernos de un mundo amenazante, castigador, lleno de juicios y de deberes hacia nosotras. De una sociedad patriarcal que nos miente para hacernos creer que no valemos o valemos muy poco sólo en función de qué tan útiles seamos para sus planes perversos; nos dice de una forma u otra que sólo podremos recuperar nuestro valor si nos aplastamos unas a las otras.

Esas formas del mundo externo nos tienen esclavizadas, atrapadas. Pero no olvidemos que no sólo existe ese mundo de afuera. Lo sepamos o no, poseemos un mundo interno y profundo, lleno de luz, de riquezas donde podemos encontrar la fuerza para romper las cadenas que nos atan y sanar nuestras historias rotas, encontrar los pedacitos y reconstruirnos de nuevo, esta vez, más fuertes, más reales, y más poderosas. Retomo las palabras de Marianne: "La razón de que no hayamos encontrado nuestro grial, la clave de quienes somos como mujeres, es que lo buscamos en mundos de falsos poderes en los mismos mundos que, en primer lugar, nos lo arrebataron. Ni los hombres, ni el trabajo, nos van a restituir el centro perdido. Nada de este mundo puede llevarnos a casa".

Yo tenía casi 32 años y una hija de 7 años, estaba divorciada y tenía un buen trabajo al cuál un día decidí renunciar para irme de la Ciudad de México. Quería huir, escapar de algo que según yo me tenía atrapada, aunque no estaba muy clara cómo. Había logrado unos meses antes salirme de una relación que fue muy complicada y dolorosa, pero que me enseñó mucho acerca de mis heridas y mi codependencia.

Mi trabajo me gustaba y me sentía muy capaz. Pero seguía viviendo en casa de mi madre y me sentía atrapada, quería escapar de eso que me tenía así. Tuvieron que pasar muchas cosas y algo de tiempo para percatarme de que eso de lo que quería escapar estaba en mí, pero en esos momentos no me daba cuenta, sólo sabía que quería huir.

Hablé con mi jefa inmediata —otro de mis grandes dolores de cabeza de ese tiempo— y renuncié, pero cuando fui a ver al director del área con quien tenía una buena relación, me cuestionó y me pidió esperar a ver si podía encontrar algo diferente en otra cuidad.

Pocos días después me entrevistó el director de un área que me parecía muy atractiva. Implicaba viajar, entrenar vendedores, revisar la calidad de los establecimientos turísticos afiliados a la compañía donde trabajaba y muchas otras cosas que significaban un cambio maravilloso para mí. Me trasladaría a la oficina de Guadalajara y desde allí manejaría todo un territorio de playas y estaría viajando constantemente. Todo sonaba maravilloso y acepté.

Todo se fue acomodando: el padre de mi hija aceptó que ella se fuera a vivir con él y su nueva familia durante un año. Así, me decía a mí misma, podría estructurar una nueva vida y estar lista para cuando ella regresara a vivir conmigo.

El tiempo de irme de la Ciudad de México se acercaba y yo empecé a sentir mucho miedo, me despertaba por las noches con pensamientos muy negativos, cavilando sobre todas las cosas que podrían estar mal, sobre todo la parte económica. Creo que era lo que más me preocupaba. Aunque estaría sola un año y viajaría con viáticos de la empresa, el hecho de tener que rentar un lugar en Guadalajara para vivir me preocupaba mucho.

Nunca lo había hecho yo sola. Cuando estaba casada rentábamos un departamento en Arizona, pero era mi exesposo el que trabajaba y pagaba la renta. Yo me hacía cargo de la casa y de nuestra hija. Desde que me separé de él, a nuestro regreso a México, había vivido en casa de mis padres con mi hija pequeña. No me imaginaba vivir sola, pagar una renta y hacerme cargo de mí. Era un pensamiento aterrador.

Creía que no sería capaz de lograrlo y muchas veces pensé en echarme para atrás, hablar con los jefes y pedirles me dejaran quedarme en el trabajo actual.

Pero la rueda de la fortuna ya estaba moviéndose, y con ella los cambios que tenían que darse.

Una tarde, a pocos días de irme —mi hija ya estaba en Durango con su padre—, yo estaba empacando y me entró un verdadero ataque de pánico. Estaba sola, fui al teléfono y llamé a mi hermano mayor, Raúl.

Raúl residía en Guadalajara desde hacía un tiempo y vivía con un grupo de personas que tenían una pequeña comunidad de meditadores. Él y dos de los líderes del grupo habían abierto un restaurante vegetariano que, además, ofrecía teatro y música. Su visión era crear una comunidad autosustentable donde la gente pudiese ir a meditar y trabajar en el campo.

Raúl ha sido para mí un verdadero guía, no como un hermano mayor solamente, sino como un hombre que, desde su propio caminar, su propia búsqueda espiritual, ha sabido guiarme y ayudarme en momentos como éste, en los que el miedo me congelaba y me hacía sentir que no podría moverme.

Afortunadamente en ese momento que le llamé, estaba disponible, aún no había celulares y no era fácil localizarlo, pero estaba en el restaurante y tenía el tiempo para tomar mi llamada, así que con toda paciencia escuchó mis quejas y mis miedos.

Recuerdo muy bien que me dejó hablar por un buen rato sin tratar de convencerme de nada o incluso tratar de hacerme sentir mejor. Sólo me dijo que no tenía que pensar tanto a futuro, que lo intentara y que si de plano no me funcionaba podría regresar a México, quizá ya no al mismo trabajo, pero que seguramente algo saldría. Lo que sí hizo fue ofrecer su ayuda dado que él estaría en Guadalajara. Todo eso se sintió bien, me calmó saber que él me ayudaría y que era cierto: siempre podría regresar si eso era lo que al final necesitaba.

Pero lo más importante y lo que más me hizo moverme ese día fue algo que me dijo al contarme su propia historia de cuando él se fue. Sus palabras fueron: "Es necesario separarnos del círculo familiar, del círculo de personas que te conoce hace tiempo; necesitas empezar a descubrir quién eres tú cuando no estás siendo la hija, la madre, la hermana, la amiga o incluso la empleada, porque has vivido muchos años creyendo que eres una cierta persona y te lo has llegado a creer y hoy te comportas de acuerdo con esa imagen de ti que te formaste. Hoy necesitas enfrentarla y cuestionarla, ir más profundo y literalmente pelar las capas de esa cebolla con las que te escondes y descubrir quién eres".

Eso fue lo que me hizo entrar en calma, recuperar la confianza y saber que recorrería un camino de autodescubrimiento. Me hizo darme cuenta de que al final lo importante, al menos en mi plan de vida, no era el logro profesional, o encontrar a la pareja correcta o tener dinero; esto podía o no pasar y no todo dependía de mí. Lo verdaderamente importante era encontrarme a mí misma y, si de verdad ponía mi voluntad en ello, la vida, la Madre, me señalaría el camino y me abriría las puertas, y exactamente eso es lo que ha pasado a lo largo de mi historia.

Cuando alguien me pregunta: ¿qué has hecho para lograr esto o aquello?, ya sea algo personal o profesional, sólo puedo responder, con toda honestidad, que lo que he hecho es trabajar para estar cada vez más entonada con lo que soy; así sale lo que me toca hacer y las cosas van llegando a mi vida.

No me refiero al "flujo del flojo o floja"; no ha sido cuestión de quedarme sentada y dejar que las cosas caigan en mi regazo. A veces pareciera que las cosas llegan por sí solas, pero he ido entendiendo que llegan como consecuencia de todo el trabajo que he venido haciendo desde muy joven.

Con todo y mis miedos y mis inseguridades, me he aventado a la pista de baile, he tomado los riesgos que son necesarios, he estado dispuesta a salirme de mi zona de confort cuando la vida me lo ha indicado, cuando suavemente me ha empujado y me ha dicho: "De acuerdo, ya descansaste, ahora sigamos, que aún nos queda mucho por caminar".

Soy una alumna humilde y reconozco que sola no hubiera podido llegar hasta aquí. ¿Y dónde es "aquí"? Pues un lugar interno donde encuentro —no siempre, pero cada vez más frecuentemente— paz y aceptación.

Soy totalmente consciente de que mis asuntos emocionales, las heridas, los traumas de infancia han sido complicados y muchas veces me han desviado del camino. Que muchas veces me ha ganado la autocomplacencia y por ella me he perdido en cosas que quizá no tenía que haber vivido, o al menos no tenía que quedarme por tanto tiempo.

Pero también he aprendido que no hay camino perfecto y que, si pedimos ayuda de corazón, aun cuando estemos en un hoyo, que además nosotras mismas estamos cavando y del cual no estamos muy seguras de querer salir, algo mayor a nosotras nos ayudará a encontrar de nuevo el camino.

Eso "mayor que nosotras" es la razón de este libro. Ir más allá de las heridas, de los traumas, las etiquetas, cualesquiera que éstas sean, y encontrar quiénes somos cuando realmente nos desnudamos ante nuestros propios ojos.

Mi primer libro, *Amor… o ¿codependencia?*, lo escribí pensando en nosotras las mujeres y en cómo podemos distinguir esos dos conceptos. Y al escribirlo me fui dando cuenta de que, aunque existen mil maneras de describir y reconocer la codependencia, el amor es algo que va más allá de las palabras. Me parece inexplicable, porque es en realidad una experiencia, más que un concepto. Pero por algo se empieza y podemos, al menos, dejar de contarnos cuentos y reconocer lo que NO es el amor.

Mi segundo libro, *Lo que ellos dicen de ellas* —no es el título que yo le hubiera puesto—, fue mi intento de ser justa y darles voz a los hombres en esta misma búsqueda de amor en la cual frecuentemente ellos juegan el rol de tiranos, y reconocer cómo todos y todas creamos las relaciones en las que estamos.

El tercero, *Crea el espacio para el amor*, tal como el título lo indica, nos invita a crear un espacio interno y a deshacernos de creencias viejas, sentimientos, emociones atoradas quién sabe desde cuándo, a fin de entender cómo eliminar esas barreras mentales, emocionales y energéticas que nosotros construimos, y abrir las posibilidades no sólo del amor en nuestras vidas sino de experiencias más allá de los condicionamientos aprendidos.

El cuarto libro, *Sanando la herida materna*, surge de mi propia experiencia como hija, de la relación con mi madre y otras mujeres de mi linaje femenino. Este tema es de gran interés para mí y comparto lo experimentado y aprendido en este libro, porque las mujeres podemos confrontar la gran herida de ser mujer y cómo ésta ha infectado nuestras vidas.

El siguiente fue un audiolibro, titulado *De la codependencia a la conciencia*, en el que hablo de nuestros estados codependientes e invito a recordar sus orígenes con el fin de enfocarnos en las herramientas que pueden ayudarnos en el camino de sanación y en el sistema de 12 pasos que es justamente una forma de ir saliendo, paso a paso, de la codependencia.

Finalmente, este nuevo libro surge del deseo de ir más allá de la herida, de encontrar y compartir caminos para eliminar esa identidad falsa que tomamos como forma de protección desde los primeros años de nuestras vidas y que hoy nos cubre como una armadura oxidada que nos impide conocer quiénes somos realmente y poder contactar con el maravilloso mundo que existe dentro de nosotras.

Ir más allá de las heridas es sanar esa herida materna, es encontrar formas de honrar a quienes somos de manera individual y a la vez a nuestro linaje femenino, a todas las mujeres que nos precedieron y a las que vienen detrás.

Como dice Betty Friedan: "Es más fácil vivir a través de otra persona que completarse a sí misma. La libertad para dirigir y planificar tu propia vida es aterradora si nunca te has enfrentado a ello antes. Es aterrador cuando una mujer finalmente se da cuenta de que no hay una respuesta a la pregunta '¿quién soy yo', excepto la voz dentro de sí misma".

Y éste era el reto que mi hermano mayor me invitaba a tomar: atreverme a salir de mi zona conocida, que la verdad a esas alturas me apretaba tanto como un zapato viejo, pero que me aterraba dejar. Emprender el camino del autoconocimiento. Al final estamos en él, lo sepamos o no, pero frecuentemente nos distraemos con lo externo y no somos capaces de ver lo que se nos va revelando.

Es cierto que un sistema familiar disfuncional no ayuda en esta búsqueda, hay que alejarse de él, al menos por un tiempo, mientras nos reconocemos y nos fortalecemos. Un sistema familiar así no es capaz de acomodar una nueva versión de esa mujer, hija, madre, esposa, cuando ella recupera la capacidad de decir que no, cuando se atreve a no estar de acuerdo y expresarlo. Al hablar de su verdad, deja de hacerse pequeña. O cuando deja de cargar con los problemas y responsabilidades de los demás y se centra en ella.

Una mujer que decide encontrarse, sanarse, hacerse presente en su poder, puede representar una especie de amenaza para el equilibrio de una familia tóxica. Cuanto más tóxica sea la familia, menos se tolera que alguien se individualice, se independice y aún más cuando se trata de una de las hijas. Esto hará que surja todo tipo de conflictos y dramas al por mayor.

Pero, a pesar de las dificultades, los seres humanos nacemos con un fuerte impulso de crecer, de encontrarnos con nuestra autenticidad. Este impulso es muchas veces ahogado por la familia, que nos enseña que debemos ser las "niñas buenas" que mamá —o papá— quiere que seamos. Y si nos atrevemos a romper, a cuestionar esos lineamientos, el castigo puede ser muy fuerte, incluso podemos ser de alguna manera expulsadas del sistema familiar.

No son pocos los ejemplos que conozco de mujeres que se atrevieron a elegir un camino que la madre no aprobaba y se convirtieron en una especie de parias, expulsadas e incluso ignoradas por la madre y el resto de la familia.

Como dice Bethany Webster, en su libro *Discovering the Inner Mother* (*Descubriendo a la madre interior)*: "Históricamente nuestra cultura ha sido hostil a la idea de la mujer en su individualidad verdadera. El patriarcado retrata a la mujer atractiva como alguien complaciente, que busca aprobación, cuidadoras emocionales, evitativas de conflictos y tolerantes de un trato pobre. Hasta un cierto punto, las madres pasan este mensaje a sus hijas de manera inconsciente, perpetuando la creación del ser falso en la hija".

Estas palabras de Bethany me sacudieron y me hicieron pensar: ¿qué es lo que mi madre trató de enseñarme y que quizá yo se lo pasé a mi hija? Buenos modales, ser siempre amables, educaditas y muchas cosas más que podrían sonar como una "buena educación", pero la verdad es que me enseñaron a esconder todo aquello que para ellas (madres, tías, abuelas, etcétera) no era correcto ser. Y eso era, en gran parte, mi ser real.

Relato de Carolina Valero.
Lic. en Periodismo. Madre de dos niñas

Mi hija tenía dos años cuando una empleada de la guardería a la que asistía me dijo que era una machetona. Lo dijo luego de una larga lista de quejas, que si se juntaba con hombres en vez de con niñas, que si era muy traviesa para ser mujer, que si hablaba en tono alto, que si juntarse con niñas era aburrido para ella.

Me quedé de pie, frustrada y enfurecida, sin saber qué había de mal en mi hija que resultara molesto para las encargadas. Me quedé ahí, sólo escuchando. Por supuesto que me molesté y me arrepentí de mi falta de reacción.

Por un momento, el concepto de lo que es ser niña me resultó misterioso y abstracto. Fue la primera vez que me cuestioné el origen de todas las restricciones y estereotipos a los que nos enfrentamos desde el momento en que venimos al mundo. Durante mucho tiempo se pensó, y en buena medida se sigue pensando, que las diferencias biológicas entre las mujeres y los hombres eran determinantes a la hora de construir sus personalidades.

"La mujer no nace, la mujer se hace", dijo la filósofa y escritora feminista Simone de Beauvoir en su obra El segundo sexo. Ciertamente el género es una construcción social. El rol asignado a varones y mujeres comienza a establecerse aun antes de su nacimiento, y se mantiene durante los primeros años en el entorno familiar y la escuela, lo cual construye femineidades y masculinidades.

Desde que nacemos y nuestras familias saben cuál es nuestro sexo, inmediatamente comienzan a estereotiparnos: si el recién llegado es niña se le vestirá con ropas rosadas y su dormitorio se pintará con colores similares y sus repisas tendrán muñecas y peluches; si el bebé es varón se le vestirá con color azul y sus juguetes serán desde ese momento autos de juguete, Legos o soldaditos.

También los medios de comunicación y la publicidad juegan su papel, reproduciendo y reforzando los estereotipos y la desigualdad de género. Se ve en películas, en programas de televisión o de radio, al hojear las páginas de una revista o navegar por internet. Sin importar el medio, hay muchas posibilidades de encontrar estereotipos que perpetúan la discriminación o el rol de género.

Estamos insertos en una sociedad donde gran parte de su desarrollo se produce a través de los intercambios de información. La forma en la que se presenta la imagen femenina representa de alguna manera la estructura social que impera en la población. Los diversos mensajes que difunden los medios de comunicación crean, recrean y transmiten imágenes de mujeres retomando las tendencias sociales generales de la construcción del ser femenino.

Los medios de comunicación, en ocasiones, producen y reproducen imágenes estereotipadas acerca de cómo ser, vestir o comportarse en sociedad. Como afirma Aznar: "Una actividad incorrecta de los medios puede incrementar, agravar o dificultar la solución de dichos problemas, [...] si actúan mal, las consecuencias negativas de su actividad serán por ello mismo más graves".

Los medios de comunicación tienen una gran responsabilidad en la imagen pública de las mujeres que se nos crea a través de las imágenes que utilizan. Este lenguaje puede ocultarlas, discriminarlas e incluso denigrarlas. Por el contrario, un tratamiento igualitario en el discurso mediático puede contribuir, no sólo a visibilizarlas, sino a acelerar el avance hacia la igualdad en muchos otros ámbitos.

El Instituto Nacional de las Mujeres (2005) afirma: "Como todas las construcciones sociales de la realidad, las que elaboran los medios de comunicación son ideológicas y por ello tienen consecuencias sobre la propia realidad social; en muchas ocasiones las vidas de mujeres y hombres han sido construidas alrededor de modelos 'falsos y artificiales'".

Pienso en lo que significa ser mujer en una generación que debe de disfrutar de los beneficios de una nueva percepción sobre género y prejuicio, esa supuesta nueva visión sobre las mujeres y las implicaciones de su lugar cultural y social. Es verdad, con los años se han logrado avances importantes con respecto a discriminación por género, sin embargo, los desaciertos actuales a los que aún nos enfrentamos millones de niñas y mujeres alrededor del mundo no deben ser trivializados ni ignorados.

También pienso en las niñas, aquellas que son estigmatizadas por la violencia y la pobreza. En las niñas y mujeres sometidas al abuso, al miedo o señalamientos, en las que son sexualizadas o convertidas en objetos. Pienso en las niñas que atraviesan la infancia en medio de la ignorancia, las carencias o el miedo. Las niñas que son obligadas a ser madres, a las que se les niega la educación, una familia o la infancia.

Se trata de un problema global, una idea que me desborda y que se comprende en un infinito estadístico difícil de cuantificar. Según

menciona Unicef, para 1 100 millones de niñas del mundo, la sociedad y la cultura son un enemigo al cual deben enfrentarse a diario.
Un mundo sectorizado que las obliga a limitar sus deseos, impulsos y
visiones convirtiendo la infancia y la juventud femenina en un largo
trayecto lleno de obstáculos hacia el triunfo y la realización personal
e intelectual.

De vez en cuando recuerdo con molestia aquel día en la guardería, a mi hija de dos años que por treparse a un juego fue criticada
por una persona con ideas más viejas que ella misma. Me pregunto
cuántas niñas tienen el mismo impulso de jugar de cierta manera
y deben sobrellevar críticas y prejuicios. De cuántas mujeres alrededor del mundo avanzan aun en contra de las ideas que intentan
limitarlas.

Dejar que ella sea, vista, grite, trepe y juegue como quiera es
mi pequeño acto de rebeldía contra aquellas personas que por una
cuestión arcaica piensan que una niña no debe de hacer o portarse
de cierta forma. Parece ser que el género se convierte en un prejuicio,
una frontera visible entre la forma de vivir y cómo el mundo presume
que debemos hacerlo.

Si de algo estoy segura, es que cada una de las mujeres, tanto
pequeñas como adultas, han chocado contra esa versión sobre lo femenino que no es cien por ciento real; mi hija a su corta edad ya
tiene su historia.

Así como lo relata Carolina, todas y todos tenemos nuestra historia, pero esa historia que hemos vivido no debe definirnos, no es
nuestro destino, por mucho que así lo creamos. Podemos y debemos
reescribir nuestras historias, pero esta vez usando la conciencia y la observación para salirnos de esos roles que hemos asumido posiblemente
desde que éramos niñas, para quitarnos esos disfraces que esconden
nuestro verdadero ser y permitir que nuestra propia luz nos guíe en la
búsqueda de nuestro grial personal.

Nos toca regresar a casa, recuperar las llaves y atrevernos a abrir esa
puerta que nos lleva a lo más profundo de nosotras, para encontrar

ese "algo" que se perdió o fue ocultado, y ese "algo" es nuestra verdadera esencia.

Nuestro problema no es tanto lo que hemos vivido, sino que nos identificamos con esa parte lastimada, carente, avergonzada y llegamos a creer que "eso" somos nosotras. Y actuamos como si lo fuéramos y vamos poco a poco creando una realidad externa que va de acuerdo con esas creencias de nosotras mismas.

Por lo mismo es vital que aprendamos a confrontar esa parte de nosotros, llámala juez interior, ego, mente dual, el nombre que te haga más sentido para reconocer esa parte de nuestra mente que nos convence cada día de que somos esa parte rota y carente, y que crea pensamientos que nos atrapan en una vida de constante sufrimiento y limitaciones. Necesitamos identificar los pensamientos, las creencias, los condicionamientos para cambiar nuestra visión y crecer nuestro gran potencial.

Y en relación con esto, les cuento que hace ya algunos años, me pidieron de la muy conocida revista *Moi* que entrevistara a Byron Katie para escribir un artículo acerca de ella y su método El Trabajo (The Work). Es un hecho bien sabido por quienes la conocen —y ella me lo relató a profundidad en la entrevista telefónica— que sufrió una severa depresión a una edad muy temprana. Y esta depresión se agravó de tal manera que ella no quería ni salir de su recámara. Una mañana, después de casi dos años de vivir en este estado de oscuridad interna, tuvo una profunda revelación, ese "darse cuenta", como ella lo llama.

Katie se dio cuenta de que su sufrimiento venía no tanto de algo específico que estuviera pasando, sino de sus propios pensamientos. El creer en sus pensamientos era lo que la hacía sufrir tanto. Eran sus pensamientos que, al sacarla del "aquí y ahora" y enviarla a esos estados oscuros mentales, la mantenían en un estado depresivo profundo. No era tanto el mundo, sino lo que ella creía del mundo. Como lo he mencionado, no son tanto las experiencias que tuvimos, sino lo que llegamos a creer de nosotras mismas a causa de estas experiencias que casi siempre implican una forma de trauma.

El siguiente es un párrafo extraído de la introducción a su libro *Ama lo que es*: "En un repentino despertar interior, Katie entendió que nuestro intento por encontrar la felicidad está enrevesado: en lugar de intentar, inútilmente, cambiar el mundo para ajustarlo a nuestros pensamientos de como 'debería' ser, podemos cuestionar estos pensamientos y, mediante el encuentro con la realidad como es, experimentar una libertad y un gozo inimaginables. Como resultado de esta comprensión, una mujer deprimida y con tendencias suicidas se llenó de amor por todo lo que la vida ofrece".

Katie desarrolló un método de indagación sencillo y a la vez muy poderoso, denominado El Trabajo (The Work) que enseña a las personas a liberarse de tanto sufrimiento. No voy a describir aquí todo el proceso, es algo que puedes fácilmente encontrar en sus libros, pero por ahora quiero compartir algunos párrafos muy interesantes del libro, ya que me parecen una gran base para entender en qué consiste identificarnos y dejar de identificarnos con nuestras ideas limitantes y, por ende, dejar de machacar literalmente nuestra pobre autoestima todos los días con pensamientos negativos que llegan incluso a ser crueles con nosotras mismas.

> **Lo que es, es.** Únicamente sufrimos cuando creemos un pensamiento que no está de acuerdo con lo que es. Cuando la mente está perfectamente clara, lo que es, es lo que queremos. Querer que la realidad sea diferente de lo que es, es igual que intentar enseñar a un gato a ladrar. Puedes intentarlo una y otra vez y, al final, el gato te mirará y volverá a decir: "Miau". Desear que la realidad sea diferente de lo que es, es desesperante. Y, aun así, si prestas atención, advertirás que tienes pensamientos de este tipo docenas de veces al día: "La gente debería ser más amable", "Los niños deberían comportarse", "Mi marido (o mi mujer) debería estar de acuerdo conmigo", "Yo debería estar más delgada (o ser más guapa o tener más éxito)". Estos pensamientos son formas de querer que la realidad sea diferente de lo que es. Si te parece que esto suena deprimente, estás en lo cierto. Todo

el estrés que sentimos se origina en nuestras discusiones con lo que es.

El Trabajo revela que lo que piensas que no debería haber sucedido, sí debería haber sucedido. Debería haber sucedido porque así fue y ningún pensamiento en el mundo puede cambiarlo. Eso no quiere decir que lo justifiques ni que lo apruebes. Sólo significa que eres capaz de ver las cosas sin resistencia y sin la confusión de tu lucha interior. Nadie quiere que sus hijos se enfermen, nadie quiere ser víctima de un accidente de coche; pero cuando estas cosas ocurren, ¿de verdad ayuda discutir mentalmente con ellas? Sabemos que no tiene sentido, y, sin embargo, lo hacemos porque no sabemos cómo dejar de hacerlo. Soy una amante de lo que es, no porque sea una persona espiritual, sino porque me duele cuando discuto con la realidad. Podemos saber que la realidad está bien tal como es porque cuando discutimos con ella sentimos tensión y frustración. No nos sentimos naturales ni equilibrados. Cuando dejamos de oponernos a la realidad, la acción se convierte en algo sencillo, fluido, amable y seguro.

Ocuparte de tus propios asuntos. Sólo puedo encontrar tres tipos de asuntos en el universo: los míos, los tuyos y los de Dios (para mí, la palabra *Dios* significa "realidad". La realidad es Dios porque rige. Todo lo que escapa a mi control, al tuyo y al de cualquier otra persona es lo que yo denomino "los asuntos de Dios"). Buena parte de nuestro estrés proviene de vivir mentalmente fuera de nuestros propios asuntos. Cuando pienso: "Necesitas encontrar un trabajo, quiero que seas feliz, deberías ser puntual, necesitas cuidar mejor de ti mismo", me estoy inmiscuyendo en tus asuntos. Cuando me preocupo por los terremotos, las inundaciones, la guerra o la fecha de mi muerte, estoy en los asuntos de Dios. Si mentalmente estoy metida en tus asuntos o en los de Dios, el efecto es la separación.

Me hice consciente de esto al principio del año 1986. Cuando, por ejemplo, me inmiscuía mentalmente en los asuntos de mi madre con pensamientos del tipo: "Mi madre debería comprenderme", experimentaba de inmediato un sentimiento de soledad. Y comprendí que, en mi vida, cada vez que me había sentido herida o sola había estado inmiscuida en los asuntos de otra persona. Si tú estás viviendo tu vida y yo estoy viviendo mentalmente tu vida, ¿quién está aquí viviendo la mía? Los dos estamos allá. Ocuparme mentalmente de tus asuntos me impide estar presente en los míos. Vivo separada de mí misma, preguntándome por qué mi vida no funciona. Pensar que yo sé lo que es mejor para cualquier otra persona es estar fuera de mis asuntos. Incluso en nombre del amor, es pura arrogancia y el resultado es tensión, ansiedad y miedo. ¿Sé lo que es adecuado para mí? Ése es mi único asunto. Es mejor que trabaje en eso antes de tratar de resolver tus problemas.

¿No es esto una verdadera belleza? Aceptar lo que es, porque además no nos queda de otra. Y hacerlo con la actitud correcta. Esto tal vez nos tome un poco más de trabajo, pero es posible llegar a esa visión sabia y aprender a mantenernos dentro de ese rango que Byron Katie denomina "mis asuntos", dejando de intentar cambiar a los demás para ser felices, y haciéndonos cargo de nuestra vida y nuestros asuntos. Esto es lo que considero un verdadero despertar espiritual. Y agrego otro párrafo del mismo libro, que describe a detalle lo que necesitamos entender de nuestros pensamientos para ir aprendiendo cómo salirnos de estas ideas, de nuestras identificaciones con la parte carente, herida de nosotras.

Recibir tus pensamientos con comprensión. Un pensamiento es inofensivo a menos que lo creamos. No son nuestros pensamientos, sino nuestro apego a ellos, lo que origina el sufrimiento. Apegarse a un pensamiento significa creer que es verdad sin indagar. Una creencia es un pensamiento al que hemos estado apegados durante años. La mayoría de la gente cree que son lo que sus pensamientos dicen que son. Un día advertí que yo no estaba respirando: estaba siendo respirada. Entonces también me di cuenta, con gran sorpresa, de que no estaba pensando: que, en realidad, estaba siendo pensada y que el pensar no era personal. ¿Te despiertas por la mañana y te dices: "Creo que hoy no voy a pensar"? Es demasiado tarde: ¡ya estás pensando! Los pensamientos sencillamente aparecen. Provienen de la nada y vuelven a la nada, como nubes cruzando un cielo azul. Están de paso, no han venido para quedarse. No son perjudiciales hasta que nos apegamos a ellos como si fueran verdad.

Nadie ha sido capaz, jamás, de controlar su pensamiento, aunque la gente quizá cuente la historia de cómo lo ha conseguido. Yo no dejo ir mis pensamientos: los recibo con comprensión. Luego ellos me dejan ir a mí. Los pensamientos son como la brisa o las hojas de los árboles o las gotas de lluvia que caen. Aparecen sin más, y mediante la indagación, podemos entablar amistad con ellos. ¿Discutirías con una gota de lluvia? Las gotas de lluvia no son personales, como tampoco lo son los pensamientos. Una vez que has recibido un concepto doloroso con comprensión, la próxima vez que aparezca quizá te resulte interesante. Lo que solía ser una pesadilla ahora es sólo algo interesante. La siguiente vez que aparezca, tal vez lo encuentres cómico. Y la siguiente vez, quizá ni siquiera lo adviertas. Éste es el poder de amar lo que es.

Una de las técnicas terapéuticas más dulces y amorosas que he experimentado se llama Hakomi. *Hakomi* es una palabra de los hopi, una etnia indígena americana, que significa "¿cómo estás en relación con las diferentes áreas de la vida?". O más simple, "¿quién eres tú?". Más allá de nuestras creencias, de nuestros hábitos y de los sistemas que utilizamos para vincularnos con otros, está nuestra esencia, lo que realmente somos, no lo que se espera que seamos.

Es un método que trabaja con el cuerpo y la mente, con sensaciones, sentimientos, pensamientos, creencias; y es, fundamentalmente, experiencial, basado en cultivar una presencia amorosa y atención total, para el autodescubrimiento. El método se basa en la idea de que "ser consciente te da la posibilidad de elegir" y en que nuestros comportamientos habituales están generados por creencias, actitudes y experiencias pasadas que son principalmente inconscientes.

El creador de Hakomi, Ron Kurtz, nos dice: "Si puedes observar tu propia experiencia con un mínimo de interferencia, y si no tratas de controlar lo que experimentas, si simplemente permites que las cosas sucedan y las observas, entonces serás capaz de descubrir cosas acerca de ti que no sabías antes. Puedes descubrir pequeñas piezas de la estructura interna de tu mente, las mismas cosas que te hacen ser quien eres".

Esa forma de observarnos es la autoindagación. Una técnica que practico ya hace años y la utilizo como un medio básico para profundizar en mis procesos, conocerme mejor y llevar consciencia a lo inconsciente.

Empezamos reconociendo que tenemos una visión distorsionada de la realidad y de quien realmente somos. Y traemos a nuestro trabajo toda la curiosidad y el deseo de conocer quien realmente somos. Más allá de tanta idea y creencia adoptadas.

En la práctica de la autoindagación giramos ese foquito que hemos dirigido hacia el exterior y lo enfocamos hacia nuestro propio mundo interior para, así, poder ver nuestras acciones, nuestros pensamientos y actos automáticos, también conocidos como condicionamientos, ideas, creencias, conductas, lineamientos y reglas heredadas de los padres principalmente, de la familia en general, de la sociedad y de la religión.

Observándonos podemos descubrir los miedos detrás de nuestras ideas, esas que nos tienen atrapadas y a mí me parece muy importante porque normalmente cuando nos observamos lo hacemos con una mirada cargada de autojuicio que no nos deja realmente vernos o nos perdemos en el afuera.

La autoindagación sirve para cualquier situación que te remueva emocionalmente, en especial frente a los conflictos que se repiten en tu vida con frecuencia. Cuanto más te observes y te cuestiones, más te conocerás y podrás elegir no repetir patrones de pensamiento y comportamiento que te perjudican.

El objetivo es tomar o retomar la responsabilidad de nuestros actos y trascender el papel de víctimas, para convertirnos en mujeres adultas emocionalmente responsables, conscientes de nuestro verdadero lugar en la existencia.

Convierte la autoindagación en un hábito, dedícate un rato cada día: siéntate con una libreta o frente al espejo. Cuestiónate, desafíate a ti misma para conocerte a profundidad.

Recuerda evitar el juicio porque el juicio borra la conciencia. Cuando nos juzgamos dejamos de ser objetivos, amorosos, y nos perdemos en lo que nuestra mente dice que "deberíamos ser", por eso es necesario pasar del juicio de la mente a la presencia amorosa del Ser.

La presencia amorosa es fácil de reconocer. Ésta es una forma en la que Ron Kurtz nos la describe: "Imagina una madre feliz y relajada mirando el dulce rostro de su bebé recién nacido. Ella está en calma, amorosa y atenta. No tiene prisa y no se distrae, ambos parecen estar fuera del tiempo, simplemente siendo. Suavemente, contenidos por un campo de amor y sabiduría de vida, están tan presentes entre ellos como es posible estar".

La presencia amorosa es un estado del Ser. Esa presencia amorosa tiene un efecto muy poderoso. Casi sin darnos cuenta, hay algo que se relaja en nuestro interior, que se siente cuidado, visto, entendido. Ese algo es nuestra niña interior. Cuando podemos darnos esto a nosotras mismas, entonces, la sanación ya ha comenzado.

A continuación, comparto la historia de María, una mujer a quien admiro mucho, quien ha sido hermana, amiga y gran inspiración en mi camino. Fuerte amazona de la vida que, como todas, ha tenido que romperse para encontrar su verdadera esencia. Esas letras son su regalo para todas nosotras.

Construcción, destrucción, deconstrucción, reconstrucción. El camino de mi vida

Cuando Aura me invitó a participar en esta nueva aventura, me pareció fenomenal. El punto es que, a más de un mes de la solicitud, no he podido escribir nada. Se acaban los plazos y debía sentarme a intentar describir el camino que me trajo hasta aquí.

Tengo 62 años. Mi camino de crecimiento ha sido diverso, intenso, por momentos difícil, por momentos gratificante. Vengo de un linaje femenino que intentaré resumir en varias etapas. Cada uno implantó en mí varias creencias y mandatos que hoy reconozco.

Una abuela materna humilde que se casa con el hombre de sus sueños: blanco, buena percha, ojos azules. ¿Qué más puede pedir una mujer morena, sin mayores aspiraciones?

Mi abuela era muy guapa, aunque ella nunca lo reconoció. Se sentía en desventaja frente a su hermana blanca por ser ella morena. Yo la veo mucho más bella que a su hermana. Cosas de gustos personales.

Este hombre guapetón se dedicó básicamente a disfrutar de las mujeres. Si bien al parecer mi abuela fue la legítima esposa —la catedral, como se dice—, sus múltiples capillas y sus veintitantos hijos demuestran que el caballero era un mujeriego empedernido.

Paradójicamente, la bisabuela, abandonada también, era la principal promotora de su hijo para quien sólo tenía ojos de idolatría y no existía mujer que estuviera a su altura; sin embargo, ella facilitaba e incluso promovía los encuentros y las infidelidades.

Mi abuela finalmente fue abandonada o echó a mi abuelo, no le quedó otra más que sacar adelante a sus tres hijos. El mayor, su hijo varón adorado y sus dos hijas bellas, a las cuales les inculcó que, por el hecho de ser bellas, la vida la tenían ganada. Se encontrarían fácilmente un hombre guapo, rico y gentil.

Es decir, no era necesario formarse o estudiar, pensar o trabajar para tener un futuro asegurado, o es lo que interpretó mi madre.

Construcción ¿Cómo me construí?

Mi madre se casó con un hombre guapo, pero sin muchas ambiciones económicas y desconozco si gentil bajo los estándares o expectativas de ella.

Dentro de este linaje femenino soy la hija mayor, la primera nieta por ambos lados de la familia. Eso me daba ciertas ventajas. Era el centro de la atención de toda la familia. Hasta donde tengo memoria y las referencias de la familia, era la nieta consentida por ser la primera. De alguna manera eso me marcó, pues, desde una etapa temprana, dio inicio a mi construcción y creencia de quién soy.

Podría decir que me construí con la creencia de que, al ser la mayor, debía ser el ejemplo para todos de obediencia, portarme bien y otras dimensiones del buen vivir. Había bastantes expectativas de lo que debía ser, algunas explicitadas y otras que interpreté que así eran.

Mi padre, un hombre guapo, sin muchos recursos, ni grandes ambiciones, era un hombre de montaña, trabajador, fiel a su generación de machos, donde no cabía otra cosa más que una mujer bella, simpática, sumisa, madre de sus hijos y lista para servir al varón. Mi madre quería más, no fue suficiente y al cabo de un tiempo hubo ruptura.

Mi madre se quedó sola con tres hijos. Al ser la mayor de tres hermanos —los otros dos, varones—, desarrollé el paradigma o creencia de que yo era la encargada del apoyo en casa. La responsable de cuidarlos, portarme bien, no dar problemas y ser un ejemplo.

Si bien no recuerdo en forma explícita que me dijeran que las mujeres éramos mejores que los hombres —somos fuertes, autosuficientes, autónomas, no hay espacio para fragilidad ni lágrimas, no nos pasan por encima, somos capaces de todo, las podemos todas—, todo a mi alrededor reafirmaba esta conducta.

En el linaje femenino directo, todas divorciadas, separadas o abandonadas, son mujeres fuertes o, como se dice en la familia, "bravas".

Uno de los mandatos que se me instaló fue no casarme para no divorciarme. Estaba resuelta a no cometer los mismos errores, a pesar de ni siquiera estar clara en cuáles fueron. Sólo sabía con una convicción férrea que yo terminaría mi carrera, ejercería un buen tiempo, no me casaría, viajaría y sería autosuficiente.

No permití que nada me desviara, ni la disfuncionalidad familiar, ni las carencias, ni las adversidades. Lo haría incluso a pesar o en contra de mí misma. Eso me llevó a construirme una estructura extremadamente rígida, de mucha exigencia y dureza conmigo y con los demás para sobrevivir.

No iba a permitir que mis objetivos se vieran truncados. Me visualicé rompiendo todos los esquemas del linaje.

Me volví una mujer exitosa para los estándares de mi familia y de mi generación. Me visualicé viviendo sola, salir de casa. Se instaló en mí la idea de que no quería llevar un camino tradicional. Ser hija, casarme, salir de casa, ser esposa, madre y abuela. Primero quería encontrarme y conocer mis capacidades sola, al margen de lo que se esperaba de mí.

Me independicé, aprendí la autodeterminación. Soy fuerte, no hay lugar para debilidades, fragilidades, emociones, ni nada que perturbe o distraiga mi camino. Soy independiente, no necesito del cuidado de nadie. Al final me convertí en mi propio verdugo.

Destrucción

Un día, a mis 21 años, se rompieron algunas cosas en mi entorno y esto me obligó a ir a terapia, donde empecé a revisar por primera vez mi historia. No fue fácil, ahí reconozco mi fragilidad, mi necesidad de la figura paterna, olvidada y negada, mi necesidad de ser protegida y cuidada, mi codependencia en el entorno familiar con mi madre y mis hermanos. Empiezo a ver los mandatos que han regido mi vida hasta ese momento.

Aunque verlos no significa desarticularlos, desarmarlos, reconfigurarlos.

Empieza el proceso de destrucción de esa autoimagen, de esos mandatos y esas creencias. Después de un largo proceso terapéutico, de hacerme cargo de mis creencias y de los mandatos que yo misma me construí, se inicia el camino de la destrucción.

¿Cómo destruir esa imagen, esa creencia de mí, si es lo que me sostiene? ¿Cómo abandonar lo que creo ser? Si al final es lo que conozco. Es en lo que creo y es lo que me permite circular y vincularme con el mundo.

No sé ser de otra forma. Avanzo, rompo los primeros moldes, empiezo a liberarme y siento que en esa primera etapa se ha destruido algo, a pesar de que aún no logro reconstruir nada. Sólo hay un vacío y trato de llenarlo con lo mismo, pero más suavizado. El mecanismo automático aparece una y otra vez, ya que no se ha disuelto. Sólo había empezado a hacerme consciente.

Me alcanza para sobrevivir el primer rompimiento de mi estructura conocida. Sin embargo, se inicia un proceso destructivo de inseguridad, de invalidarme, de juzgarme para no "creérmela" tanto.

No me siento capaz, inteligente, merecedora de nada. Me digo que no voy a ser como mi madre, mi abuela o mi bisabuela. Tengo una imagen tan pobre de mí que aun después del primer terremoto emocional, esas creencias profundas siguen intactas.

Claro, ya no me siento tan poderosa, sólo perdida, buscando el reconocimiento afuera: "Díganme desde afuera que puedo, porque yo no lo creo".

Con 30 años ya tenía un camino recorrido: una relación que me ningunea, me engaña, me hace sentir que valgo nada —refuerza mi creencia—. No era guapo, ni rico, pero eso sí, muy amable y seductor. Me aporta reflexiones, me hace pensar, me despierta el pensamiento, el cuestionar el mundo y mis creencias. Gracias por eso.

Otra relación que me da piropos constantemente, haciéndome creer que soy la más linda del mundo, pero que instala el apoyo incondicional que debo proporcionar, a pesar de mis posibilidades. Mala combinación. Tengo la intuición de apartarme. Gracias por eso. Lo vi a tiempo.

Otra relación que era casi perfecta y resultó un desastre. Él sólo quería mostrarme que su familia era perfecta ante mi familia imperfecta. Una vez que lo logra, me abandona. Despierta en mí el odio y la venganza. Descubrí una faceta mía desconocida. Ya no era tan perfecta como creía. Gracias por eso.

Una vida laboral alimenta mi necesidad de brillar. Claro, brillo, destaco, soy el centro de la admiración y envidia de muchas personas. Era MI momento. Hasta que ya no lo fue. Nada tenía sentido, todo era ajeno a mí. Casi todo el tiempo sentí que no pertenecía. No era mi mundo. Lo disfruté, sí, mucho. Saqué el mejor provecho que pude. Gracias por eso.

Me descubrí en facetas que no entendía y que hoy abrazo. Fuerte, constante, perseverante —incluso a pesar de mí—, responsable en exceso —incluso por sobre mí—, coqueta, desafiante, risueña, dura, exitosa, llena de logros. También desconectada de mis emociones, sin llegar a ser fría y calculadora, pero sí enajenada de mí.

Vienen nuevos cambios, nuevas creencias.

Otra relación donde aprendo lo más triste de mí: sumisa, dependiente, miedosa, abnegada, interpretando que, para tener una relación de pareja, era importante no salir corriendo ni dominar. En esta oportunidad iba a dejar que me llevaran. Iba a intentar hacer pareja y sostenerla. A cualquier precio.

Esta relación duró cinco años con muchos episodios de violencia verbal y psicológica. Al terminarla, me pregunté mucho tiempo por qué esperé tanto. Llena de miedo, irracional, ya que objetivamente no había razones para tener miedo. Pude sentir la paralización por el miedo irracional, la fragilidad de la mente y las creencias.

Conocí mi fortaleza para salir de las adversidades; sin embargo, mucho a costa mía. Poner los límites ha sido mi mayor desafío. Ver las señales de alerta y no continuar. Mi estómago y corazón siempre me han dicho y mostrado la mejor decisión. Mi cabeza y creencias terminan arrastrándome a lugares equivocados.

Deconstrucción

Ya no era suficiente la destrucción de las creencias sino una deconstrucción: no sólo destruir, eliminar, negar, sino desmenuzar, con cierta estructura, desmantelar, descomponer y analizar, cuestionar y profundizar en las creencias y mandatos. No criticar ni juzgar, abrirme a una mirada amable de mí, compasiva, reconocer en su justa medida mis dones y virtudes, y al mismo tiempo mis errores y desatinos.

Ya no era suficiente analizar mi niñez y adolescencia de cómo me construí, sino qué hice con esa imagen que desarrollé.

Había hecho cosas de las que me sentía, y siento, profundamente orgullosa y que son MÍAS. Al mismo tiempo, mucho del camino han sido conductas para demostrar, para que me acepten (y me acepte), me quieran, me incorporen, me consideren.

Alguien una vez me dijo: "Deja de ser complaciente". Me di cuenta de cuán complaciente soy con los demás para hacerme indispensable, para que me incorporen.

El camino de la deconstrucción me resultó más doloroso que la destrucción. Era fácil destruir, pero desmenuzar y desmantelar de a poco esas creencias me ha resultado muy difícil, hasta el día de hoy.

Reconstrucción o nueva construcción

Hoy estoy en una fase continua de deconstrucción y reconstrucción. ¿La tarea ha terminado? NO. Recién comienza otra etapa, donde ya no tengo mucho tiempo para reconstruirme. Quiero estar en plenitud. Completa y feliz. No exenta de contradicciones, días malos y desafíos; sin embargo, es posible ser y estar feliz y en paz conmigo, pues he tenido lapsos en donde he logrado vivir esa sensación y sé que es posible.

Revisión del camino

Un proceso vital y necesario para cualquier ser humano adulto. Ojalá supiéramos cómo hacerlo en etapas más tempranas. No creo que sea distinto para los hombres, que si bien podríamos decir que tienen más fácil la tarea porque el entorno lo facilita, también los condiciona para ser de cierta manera y construirse como machos; su concepción de la virilidad a través de la violencia o la imposición. Deconstruirse y reconstruirse como seres humanos con energía masculina y femenina no es fácil. No es sencillo escaparse de esos mandatos.

Tal vez estás esperando a través de esta lectura encontrar una receta de "cómo lo hice". No hay tal cosa. No hay recetas para vivir la vida. Hice lo que pude, con las herramientas que tenía a mano, con lo que sabía y con la conciencia que tenía. Eso difiere totalmente de los recursos, sensibilidad, entorno y necesidades de cada persona.

Los vínculos que fui desarrollando para mí fueron y son clave, eso sí puedo decirlo. Desde muy temprano tuve personas —hombres y mujeres— que me marcaron y acompañaron. Soy afortunada. Profesores como Gabriela, Teresa y Miguel fueron inspiradores para mí desde la educación primaria hasta la preparatoria. Siempre estaré agradecida.

Mis compañeros de clase que fueron mi soporte con su complicidad infinita, sus risas e ingenio. Nos acompañamos en tiempos difíciles: Zory, Jorge Enrique, Catalina. Mi entrañable amigo/hermano Alejandro que por casi 48 años ha estado a mi lado.

Mis amigas hermanas Aura, Mar, Carmen, Fiona, Leo, Andrea, Norma, son mujeres inspiradoras que me acompañan, cada cual, con su espejo, risas, regaños, complicidad, sus limitaciones, virtudes y defectos. Sin ellas no me hubiera podido reconstruir.

Mi tía, quien me ha mostrado el goce de la vida, de sonreír y mantenerse vital. Mi hermana por decisión, Sandy, ¡qué mujer más valiente y divertida! Mi admiración para ella. Lesla, una mujer generosa, incondicional, increíblemente valiosa. Eternamente agradecida por lo que hiciste por mí.

Además de mi amigo/hermano Alejandro, otros varones han sido mis compañeros y maestros valiosos en este camino y, aunque no los nombre, quiero enviarles un saludo cariñoso y mi agradecimiento. Sin ustedes no podría entender también las contradicciones que viven. Sus desafíos, temores y dudas.

Tal vez te preguntes por qué no reconozco a mi madre y abuela. A ellas les debo este camino y mi primera etapa de construcción de identidad. En ellas encontré los modelos y primeros mandatos de "cómo ser" y "cómo no ser". Ha sido un camino de destruir esos mandatos y hoy valorarlos en su justa dimensión. Ver que de ellas tengo la fortaleza y las ganas de vivir.

A ti que me lees, te puedo decir: GRACIAS y mi admiración porque estás haciendo un esfuerzo para revisarte, para comprenderte, para amarte, para conocerte. Sin embargo, no esperes ni busques recetas.

La conciencia y el trabajo personal es lo único que hará que este proceso permanente de construcción, destrucción, deconstrucción, reconstrucción, construcción, sea enriquecedor y te haga crecer, resplandecer y vivir en plenitud. Sólo deseo que no lo postergues mucho. No esperes a los 60 para iniciarlo.

Revísate AHORA. El camino será más corto y no lo hagas sola. Lo mejor es acompañarte de personas que te contengan y te desafíen. Si es necesario, busca ayuda profesional. Su imparcialidad te dará miradas mucho más objetivas de ti.

Hoy sigo trabajando para descubrir quién soy y dejar que se desarrolle en plenitud ese ser de contradicciones, luces y sombras, abrazando mi camino, siendo sincera conmigo.

Con Amor, María

En este capítulo que es acerca de los roles y las identificaciones de la mujer en la historia, quiero mencionar a un personaje muy amado por mí: Mafalda. Por obvias razones, elijo esta caricatura de ella y su inolvidable (y dolorosa) reflexión que la lleva a concluir que las mujeres hemos jugado no un papel sino un trapo a lo largo de la historia. Para quienes no la conocen, estas ilustraciones lo explican por sí mismas.

Mafalda era un gran tesoro de los libros que teníamos en casa, aunque la conocí un poco más tarde, cuando ya estaba en la universidad.

En esos años, vivíamos los tres hermanos mayores, Raúl, Paty y yo, en un departamento que mi padre compró para que estuviéramos juntos en la Ciudad de México durante los años de la universidad. Fueron unos años muy especiales.

Algunos antiguos amigos tabasqueños eran parte del grupo, otros eran nuevos, pero llegaban frecuentemente al departamento, a veces a jugar dominó o backgammon o a ver los videos de MTV o simplemente platicar y pedir pizzas; la mayoría apenas llegábamos a fin de mes y comíamos lo que podíamos, pero siempre había alguien que podía invitar las pizzas o los tacos. Para casi todos era una vida nueva, un lugar sin padres con una nueva sensación de libertad.

Y dentro de esto teníamos a Mafalda, quien estaba en todos lados de ese departamento: sus tiras cómicas, unos pósteres e incluso tazas con figuras de sus personajes. Los amigos más cercanos decían que yo era una especie de Mafalda, tanto por el cabello todo alborotado como por mi constante confrontación con las creencias de otros, pues cuestionaba todo aquello que me parecía cuestionable, aun si esto a veces provocaba conflictos.

Mi hermana Patricia era la pequeña Libertad, otro de los maravillosos personajes de ese grupo de chicos argentinos creados por Quino. Es fácil asumir que este personaje representa la libertad; Quino la hace chiquita y se vale de su pequeña estatura para dejar notar que es tan pequeña como la libertad misma. Y con relación a Paty, no es que fuera tan pequeña, aunque es la más bajita de los hermanos y siempre la bromeábamos con esto, pero era más porque su carácter nos recordaba al de la pequeña Libertad.

Según ella era muy simple, pero siempre se complicaba la vida. Para ella, igual que para Libertad, la posibilidad de tener un mundo mejor para todas las personas era algo que, al menos en aquellos años, le parecía real.

Y Susanita, bueno, ese personaje se lo atribuyeron a una amiga —compañera de la universidad que pasaba mucho tiempo en nuestro departamento—, según esto, por su similitud con este personaje que sólo soñaba con ser madre y tener muchos hijitos.

Al buscar información acerca de estos personajes niñas y su postura ante el feminismo, encontré un artículo sobre este tema, escrito el 20 de agosto de 2022 y publicado en línea en UNAM Global, que aquí lo comparto:

> Perspicaz, crítica y rebelde son algunas palabras que pudieran describir al personaje de Mafalda, una niña de seis años que trascendió las viñetas de una tira cómica para convertirse en un símbolo de la defensa de la paz y de los derechos humanos.
>
> Si bien Mafalda fue creada en 1964 por el caricaturista argentino Joaquín Salvador Lavado, mejor conocido como Quino, en un contexto histórico en el que Argentina vivía autoritarismo por el golpe de Estado y en el mundo los movimientos feministas —denominados como su segunda ola o sufragismos— inundaban las calles, sobre todo en Estados Unidos.

"Tenemos que enmarcar a Mafalda en un contexto social y político de los años 60 y 70 del siglo pasado, que para el movimiento feminista es muy importante, porque marca también la reivindicación de los derechos de la mujer, sobre todo en la parte de los derechos sexuales y reproductivos, la crítica de los roles y los mandatos de género socialmente convencionales", indicó Karla Amozurrutia Nava, directora del Área de Gestión Comunitaria y Erradicación de las Violencias de la Coordinación para la Igualdad de Género.

Añadió que este personaje hace además una crítica interesante a los roles de género porque se preocupa por todo el mundo, pero en su familia sobre todo por su mamá, a quien constantemente la ve en un rol tradicional en la casa y en las tareas de cuidados; un papel que ha sido asignado a las mujeres durante mucho tiempo en el espacio privado, y es una beta de análisis y reflexión feminista.

"Mafalda no necesita decir que es feminista para serlo y hacer la crítica que todas las feministas hacemos todos los días; es quien siempre estará del lado de las causas sociales como los derechos de las mujeres y de la niñez. Ella nos aproxima a estos temas que son relevantes para lograr una igualdad social entre todas las personas, pero además por los derechos de las mujeres quienes también somos parte del mundo", aseveró.

Pero desde lo cotidiano, la pequeña identifica cosas que no le hacen "match", que le generan un poco de conflicto, como que la mujer tiene que ser mamá… "¿Como para qué?", y reflexiona si ésa es la meta. Es una cuestionadora por excelencia, porque sin el cuestionamiento no se pueden entender las luchas feministas, y Mafalda ayuda a comprender la complejidad de la interacción entre hombres y mujeres. [...]

Susanita es la antítesis de Mafalda, porque ella sí tiene muy claro cuál es su rol: quiere ser mamá y tener "hijitos", pero no quiere ser una máquina de reproducción; de alguna manera ella introduce la crítica de la maternidad por elección. [...]

De tal manera que la mamá de Mafalda y Susanita simbolizan a aquellas mujeres que cumplen el rol tradicional dentro de casa; pero Libertad tiene una visión futurista y filosófica de la democracia en igualdad.

Para Amozurrutia Nava, Mafalda es un agente social transformador en su cotidianidad, en su práctica, y eso reivindica la idea de que el feminismo no sólo se piensa, sino que se hace todos los días como una forma de vida.

"Mafalda es el guiño para las niñas, las adolescentes, mujeres adultas y ancianas, porque sigue siendo un personaje que vale la pena leer para entender todavía complejidades del mundo en el que vivimos. Si ella viviera ahora en 2022, seguramente también haría una crítica fuerte al uso de las redes sociales; pero también encontraría bondades en ellas en términos de generar colectividad y sororidad, que es lo que ella hace cotidianamente con sus amistades: tratar de tener condiciones de igualdad entre hombres y mujeres, donde todas las personas seamos libres", expresó la universitaria. [...]

"¿Qué se preguntaría Mafalda ahora? Creo que seguiría cuestionando: ¿dónde están las mujeres?, y que sería una gran aliada de los movimientos feministas en esta ola-marea-terremoto del feminismo en México; pero también sería una ferviente admiradora de las jóvenes feministas que con valor y coraje salen al espacio público a alzar la voz y decir: '¡Basta!'", enfatizó Amozurrutia Nava.

En resumen, Mafalda es un ícono del feminismo en la cultura popular, un personaje que desafía normas establecidas, cuestiona prejuicios y promueve valores de igualdad, respeto y dignidad para todas las personas. Su legado perdura como un recordatorio de la importancia de seguir luchando por un mundo más inclusivo, justo y libre de discriminación de género. Y me gusta creer que, más allá de donde están las mujeres, su curiosidad sería ¿qué hemos hecho, qué estamos haciendo para romper con estos moldes, estas ideas, estos condicionamientos?

Y me pregunto esto porque más allá de una revolución externa, muy necesaria en todas las sociedades, me parece aún más urgente la revolución interior. Despertar a la Mafalda interna, la que se pregunta, la que cuestiona —aunque esto incomode a otros y otras—, la que se atreve a romper con prejuicios y creencias limitantes y dañinas.

Venimos de años de intentar romper cadenas y prototipos, pero de alguna manera esta lucha, al menos para mí y muchas amigas con quienes hablamos del tema, se ha convertido en algo confuso. Por eso creo que necesitamos regresar a lo personal, entender y resolver el conflicto interno antes de continuar luchando afuera de una forma que pareciera que nos separa y aleja más de lo que buscamos, si es que aún recordamos qué es eso que buscamos.

Buscamos afuera y cada vez pareciera que estamos más perdidas. Nuestra identidad y nuestra historia se convierten en algo cada vez más difícil de nombrar, de asumir, de encarnar.

Hoy, hay más información que nunca acerca de las luchas y las búsquedas de las mujeres, y creo que, junto con ésta, ha surgido mucha confusión entre lo que ya no queremos ser y lo que aún no sabemos que necesitamos ser. Cuando digo esto, me llega la imagen de alguien que sabe que tiene que brincar un acantilado y llegar al otro lado, pero no encuentra la forma y, por el terror que siente, se aferra con todas sus fuerzas a eso que tendría que dejar.

Y eso que supuestamente deseamos dejar son nuestras viejas máscaras, los viejos roles, los condicionamientos, la imagen de lo que se supone que deberíamos ser; son como un zapato que ya nos queda chico y, por ende, nos aprieta, pero nos negamos a deshacernos de él.

La identidad femenina es un tema rico y diverso que sigue siendo objeto de investigación y reflexión en la psicología, la mitología y otras disciplinas. Reconocer la complejidad y la diversidad de las experiencias femeninas es fundamental para promover la igualdad de género, el empoderamiento de las mujeres y la celebración de la diversidad en todas sus formas.

Es muy importante revisar y cuestionar estas creencias y modelos que nos imponen sobre lo que se supone que debe ser una mujer, ya que todas hemos sido entrenadas para limitar nuestras capacidades y aptitudes, y terminamos por sentirnos subestimadas, subordinadas y discriminadas en relación con los hombres.

Concluyo que nuestra identidad femenina es un concepto complejo que puede ser influenciado por una variedad de factores, incluyendo aspectos biológicos, socioculturales, familiares, educativos y personales. La identidad femenina no se limita únicamente al género, sino que también está moldeada por nuestras experiencias, creencias, valores y relaciones interpersonales.

Desde una perspectiva biológica, factores como las hormonas, la anatomía y la genética pueden desempeñar un papel en la formación de nuestra identidad de género. Sin embargo, es importante tener en cuenta que dicha identidad es un espectro amplio y diverso, y que cada mujer puede experimentar su feminidad de manera única y personal.

Además de los aspectos biológicos, la identidad femenina también está influida por el entorno sociocultural en el que nos desarrollamos. Normas, roles de género, expectativas sociales y estereotipos de género pueden ejercer presión sobre cómo se espera que las mujeres se comporten, se vistan y se relacionen con los demás.

La familia y la educación también desempeñan un papel crucial en la formación de nuestra identidad femenina. La forma en que somos criadas, las creencias que internalizamos desde temprana edad y las relaciones que establecemos con figuras parentales y modelos a seguir pueden influir en nuestra percepción de nosotras mismas como mujeres.

Por último, la identidad femenina también se ve determinada por nuestras experiencias personales, nuestras elecciones de vida, nuestros logros, nuestros desafíos y nuestras relaciones interpersonales. Cada mujer es única en su forma de experimentar y expresar su feminidad, y es importante reconocer y respetar la diversidad tanto en nosotras como en todo mundo.

Y necesitamos recordar que no hay nada fijo, estamos en un proceso continuo de autodescubrimiento, empoderamiento y autorrealización que nos invita a explorar y abrazar nuestra esencia femenina de manera auténtica y libre.

A continuación, propongo una serie de preguntas que las mujeres podemos hacernos sobre nuestra identidad femenina:

1. ¿Qué significa para mí ser mujer en la sociedad actual?
2. ¿Cómo influyen mis experiencias personales en mi percepción de mi feminidad?
3. ¿Qué valores y cualidades considero propias de lo femenino y cómo se reflejan en mi vida diaria?
4. ¿Cuáles son mis fortalezas como mujer y cómo puedo potenciarlas en diferentes aspectos de mi vida?
5. ¿Qué desafíos enfrento como mujer en mi entorno laboral, familiar o social?
6. ¿Cómo me relaciono con otras mujeres y qué significado tiene la sororidad para mí?
7. ¿Qué modelos o estereotipos femeninos influyen en mi autopercepción y cómo puedo trascenderlos?
8. ¿En qué aspectos de mi vida siento que debo trabajar para fortalecer mi autoestima y confianza en mí misma como mujer?
9. ¿Cómo puedo contribuir a la construcción de una visión más inclusiva y diversa de la feminidad en la sociedad?
10. ¿Qué rituales, prácticas o actividades me ayudan a conectar de manera más profunda con mi identidad femenina y sentirme plena y auténtica?

Estas preguntas pueden servir como punto de partida para explorar de manera reflexiva y consciente tu identidad femenina, permitiéndote profundizar en tu autoconocimiento, empoderamiento y relación con tu feminidad en un nivel más íntimo y personal. Te invito a compartir estas preguntas con otras mujeres y juntas iniciar un viaje de autodescubrimiento y reafirmación de la belleza y diversidad de lo femenino.

CAPÍTULO 3

Arquetipos femeninos: Conocernos y reconectarnos a través de esos símbolos universales

Un arquetipo es a la psique lo que el cuerpo es a la mente.

Antes de entrar de lleno en el tema de los arquetipos quisiera explicar un poco cómo funciona esta mente nuestra, ya que es importante para tener un mejor entendimiento de esos símbolos universales. Freud lo puso muy claro al comparar la mente con un iceberg, del cual sólo se asoma un porcentaje muy pequeño y el resto se encuentra debajo del mar. Así son los niveles de nuestra mente.

Conocemos sólo una muy pequeña parte y nos manejamos con ella, en general ignorando todo lo que existe en lo profundo de ese iceberg y cómo todo eso nos afecta en lo que somos, sentimos, pensamos y hacemos. Lo curioso es que muchos seguimos creyendo que tenemos el control de nuestras vidas, no reconociendo esa gran parte escondida que está manejando mucho de esa vida.

Como apoyo a lo que estaré comentando de los arquetipos, voy a usar el modelo de Ontogonía, escuela de la que hablaré ampliamente en otro capítulo, que maneja distintos grados de conciencia y de experiencia relacionados con cuatro aspectos de la mente:

- **Consciente:** la punta del iceberg, la parte de la cual nos damos cuenta y accedemos en el aquí y ahora. *Todo lo que está pasando ahora que está presente en mí.*

- **Subconsciente personal:** la parte de nuestra experiencia con memorias a las que podemos acceder normalmente con un esfuerzo mínimo. *Por ejemplo: ¿qué hiciste la Navidad de hace dos años?*
- **Inconsciente personal:** es la parte que guarda material que, para acceder a él, tenemos que hacer un esfuerzo especial, a veces incluso usar ayuda y técnicas especiales. *Situaciones de niñez que no recordamos y accedemos con terapia, hipnosis, técnicas de regresiones, etcétera.*
- **Inconsciente colectivo de acuerdo con el modelo junguiano o inconsciente transpersonal según el modelo de la Ontogonía:** aquí encontramos experiencias de la humanidad, del colectivo humano, arquetípicas y místicas.

Y esta última es la parte que exploraremos ahora con el tema de los arquetipos.

LOS ARQUETIPOS Y EL INCONSCIENTE COLECTIVO

Los arquetipos son patrones universales, símbolos, que representan aspectos de la psique del ser humano, tal como fueron conceptualizados por Carl Gustav Jung. Él fue un médico psiquiatra, psicólogo y ensayista suizo, y una figura clave en la etapa inicial del psicoanálisis; posteriormente fundó la Escuela de Psicología Analítica, también llamada psicología de los complejos y psicología profunda.

Los arquetipos son poderosos símbolos universales, imágenes primordiales que residen en lo que Jung llamó el inconsciente colectivo, una reserva de la experiencia humana. Nuestro maestro, Carlos de León, lo explicaba diciendo que el inconsciente colectivo es un gran archivo, un *pool* cibernético donde se acumulan las experiencias humanas de toda la humanidad. También podemos imaginar el inconsciente colectivo como una sombra encima de nuestra psique, influyendo silenciosamente en nuestras acciones y reacciones.

De allí, de ese *pool,* surgen los arquetipos, estos símbolos que influyen en la forma en que los seres nos relacionamos con nosotros mismos, con los demás y con el mundo que nos rodea.

Los símbolos y mitos que viven en todas las culturas de todos los tiempos fueron para Carl Gustav Jung una señal de que todas las sociedades humanas piensan y actúan a partir de una base cognitiva y emocional en común que no depende de las experiencias personales ni de las diferencias individuales que vienen de nacimiento.

De este modo, la propia existencia de los arquetipos sería una evidencia de que existe un inconsciente colectivo —este gran archivo de la humanidad— que actúa sobre los individuos a la vez que lo hace la parte del inconsciente que es personal.

Sobre esto, Carlos de León, creador de la escuela de Ontogonía —a quien he mencionado en muchos de mis escritos como mi maestro de vida—, nos decía que ésta es la razón por la que en momentos de emergencias, de peligro, de pronto hacemos cosas que no sabíamos que podíamos hacer, como si en esos instantes se abriera la bóveda del inconsciente colectivo y nos permitiera acceder a información necesaria en esas situaciones.

Esto puede suceder también a través de sueños, en los cuales el mensaje nos llega a través de símbolos, que normalmente surgen del inconsciente personal, pero en un momento dado puede ser información del archivo general: el inconsciente colectivo.

Una teoría que me hace mucho sentido es la de la terapia de regresión; cuando una persona decide tomarla, y al final cree que se fue a otra vida. Esta teoría dice que quizá lo que pasó es que accedió a este archivo y tomó información de la humanidad; sin embargo, la persona cree que se conectó con una de sus otras vidas.

Desviándome un poco del tema, diré que a mí me enseñaron que la información de las otras vidas se encuentra en los registros *akáshicos* del alma, pero no es algo que yo pueda asegurar o comprobar. Lo que me parece irónico es que quizá andamos por la vida creyendo que fuimos un personaje muy importante en otra vida, sobre todo si en ésta no lo somos, y quizá es un asunto del colectivo humano.

De regreso a los arquetipos, que es el tema que nos ocupa, Jung conceptualizó 12 diferentes arquetipos, pero es importante mencionar que, aunque con Jung se inició la psicología arquetípica, él no es el autor de los siete arquetipos femeninos que exploraremos en este capítulo y en los cuales nos centraremos a fin de entender sus características.

Los siete arquetipos femeninos, símbolos universales, son de gran ayuda para aprender más acerca de nosotras. La presencia de estos arquetipos en nuestra psique es responsable en cierta medida de las diferentes personalidades entre mujeres. Son fuerzas silenciosas que nos pintan de distintos colores.

Son en mucho la razón por la que algunas mujeres valoran el matrimonio y la familia sobre todo lo demás, mientras otras le dan más importancia a su realización, a su desarrollo profesional, su independencia, y otras más exploran su sexualidad y sensualidad sin querer realmente atarse en relaciones.

Cada arquetipo femenino es una expresión de la energía femenina y cada una de nosotras necesita contactar con las diferentes energías de estos símbolos. Explorar cada aspecto de nosotras con su guía nos lleva a prosperar en nuestros caminos de crecimiento. Nuestra tarea es ir conociendo estas energías internas y saber cuáles cultivar y cuáles superar.

Existen diferentes escuelas y, por lo mismo, hay muchas maneras de definir estos arquetipos femeninos que han dominado las diversas sociedades a lo largo del tiempo, pero, al final, hay características básicas y éstas son las que nos interesa comprender y profundizar, ya que cuando somos capaces de entender nuestros propios patrones internos podemos llegar a unificar una serie de aspectos en nosotras y en la sociedad, aspectos que la sociedad ha polarizado.

Por ejemplo —esto lo explico con mucho detalle en el siguiente capítulo—, poder abrazar nuestros dos aspectos, el femenino y el masculino. Con una buena relación entre estas dos partes nos convertimos en mujeres más completas, para que al relacionarnos con el exterior no sea desde la carencia de algo interno, sino como la elección de compartir el camino con otro ser igualmente completo.

Lo mismo sucede en los demás roles que asumimos como mujeres. Debemos entender que el hecho de ser madres no anula nuestra sexualidad, que ser amas de casa no implica que no podamos tener una vida profesional, y así con los diferentes aspectos de estos arquetipos. Unificar en vez de separar. Ir encontrando y colocando las piezas para armar el gran rompecabezas de todo lo que somos.

A lo largo de este capítulo, cada una de nosotras podrá ir identificando el arquetipo dominante en su vida y quizá aquel o aquellos que hemos rechazado por prejuicios familiares, religiosos, culturales.

Sí, es complicado reconocerse en los estereotipos femeninos con los que hemos crecido; en ocasiones, los tenemos tan arraigados que ni siquiera nos percatamos de hasta qué punto los cumplimos sin rechistar, pero definitivamente hacerlo es un trabajo interno muy interesante y revelador.

En primer lugar, como ya mencioné, existen siete arquetipos complejos que deben examinarse y combinarse de diferentes maneras; además, hay diosas en la mitología y en las cosmogonías cuyas características son similares a estos arquetipos. Y de alguna forma sus circunstancias no son tan diferentes de las de nosotras, las mujeres de hoy.

Ellas también vivían bajo el patriarcado y tenían que lidiar con situaciones de violencia de género, como tristemente aún sucede en esta realidad, pero también mostraron su poder, sea de forma escondida o abiertamente.

Es importante saber que no hay ninguna regla o lineamiento que establezca que necesitamos encajar en un modelo o limitarnos a experimentar sólo una forma de expresión de lo femenino. Lo importante es abrirnos a encontrar y explorar los diferentes aspectos a través de nuestra vida, ése es el proceso de irnos completando.

Todos estos arquetipos, estas diosas, integran el prisma total de las cualidades humanas.

NUESTROS NOMBRES OLVIDADOS

Una amiga con quien platicaba acerca del tema de este capítulo me envió la liga de un libro que utiliza los arquetipos femeninos. Se titula

Nuestros nombres olvidados, escrito por Carmen Pacheco e ilustrado (bellísimas ilustraciones, por cierto) por Laura Pacheco. Desde el nombre, me atrapó.

Se trata sobre siete mujeres, sirvientas en una mansión, que noche a noche se reúnen para contar historias, sin hablar realmente de quién es cada una. Hasta que llega un punto en que se ven obligadas, por elementos extraños, a enfrentar la verdad y contar cada una su verdadera historia. Y así empezamos a adentrarnos en cada una de ellas. Los relatos están llenos de aventuras, secretos, símbolos, metáforas e incluso una moraleja.

El libro me hizo reflexionar sobre cómo las mujeres hemos olvidado quiénes somos. Nos hemos metido en los roles que nos asignaron, casi siempre por el ejemplo de la madre o como reacción en contra del mismo. Roles que, como comento en el libro *Sanando la herida materna*, se apropian totalmente de nosotras, borrando de nuestra memoria nuestra verdadera Naturaleza. Y poco a poco nos vamos identificando con la historietita hasta que acabamos por creer que somos ese rol que tomamos.

Al indagar más sobre el libro, encontré esta reseña de María Ángeles Cano, publicada en *Condé Nast Traveler*: "La historia de estas siete mujeres es la de muchas de nosotras y quizá sea por eso por lo que *Nuestros nombres olvidados* cobra vida a medida que te encuentras descubriendo a sus personajes y, en cierta medida, descubriéndote a ti. La autora, Carmen Pacheco, nos presenta a estas siete sirvientas como siete arquetipos femeninos, los siete personajes, diosas que han cambiado de nombres, de vida, de aspecto, de historia, pero que al final son una sola, la Gran Madre. Nuestro origen, nuestra historia, nuestro destino".

Y efectivamente, al irlo leyendo fui descubriéndome más o menos en cada una de las figuras femeninas. Era como ver mi historia de mujer a través de las generaciones de mis ancestras, todas alejadas de nuestra esencia, atrapadas en la imagen de lo que debemos y no debemos ser. Olvidando quiénes somos.

Para mí, la Gran Madre es esa energía femenina que ha tomado muchas formas en sus diversas manifestaciones a lo largo de los tiempos.

Al ir leyendo esta historia de Carmen Pacheco, todo va tomando forma, incluso los dibujos de Laura, hermana de Carmen, nos permiten ponerle un rostro a esos personajes femeninos que aparecen en la historia encarnando los siete arquetipos femeninos.

María Ángeles Cano abunda en su crítica:

> A pesar de su transformación con el paso de los años y sus diferentes encarnaciones, estas siete diosas se han repetido eternamente en la historia. Es frecuente relacionar los arquetipos femeninos con las diosas griegas y sus características: Artemisa, Atenea, Hestia, Hera, Deméter, Perséfone y Afrodita. [...]
>
> Los personajes de esta historia se remontan a la Antigüedad, pero el hecho de tenerlos tan presentes se debe a que se han seguido representando asiduamente en la cultura popular de la actualidad. Series, películas, libros e incluso canciones en las que las mujeres tenían un papel tan manido como aburrido. Para reconocer esos tópicos, Carmen cree que "un personaje está bien construido y no cae en el cliché cuando puedes cambiarle el género y sigue funcionando. Esto no es muy habitual con los personajes femeninos".
>
> Quizá la amante haya sido uno de los arquetipos más castigados en la cultura. Siempre ha sido representada con un inmenso atractivo, ha sido presa de la objetificación y ha encarnado la sexualidad femenina de una manera plana y frívola, convirtiéndose así en la famosa *femme fatale*. Estos personajes suelen emplear sus armas de seducción para dominar a los hombres, posicionándose de nuevo, nunca mejor dicho, como "la mala de la película".
>
> Con la guerrera, sin embargo, esa veneración por parte del público realmente siempre ha sido un patriarcado enmascarado, ya que su respeto normalmente ha sido generado por ser tan fuerte como un hombre. Se las reconoce por ser serias y frías, y tampoco se les permite flaquear en ningún momento. La hechicera también ha sido uno de los más repetidos y golpeado. El hecho de encarnar a una mujer independiente e inteligente, que no ha

seguido los cánones impuestos por el resto de la sociedad, le ha valido habitualmente el papel de la villana.

Y, por último, la tríada y la madre. Las tres primeras, condenadas a cumplir un papel en función de su edad y su utilidad en la sociedad: hija, madre o abuela; o niña, doncella o esposa. Como aclara Laura, "hasta hace muy poco ha sido siempre así, sobre todo en las historias donde los personajes femeninos son pocos y secundarios y tienen un papel muy claro: suelen ser la madre o la novia del protagonista". La madre, por otro lado, siempre será el arquetipo principal, relacionado en numerosas ocasiones con la Virgen y representado de innumerables maneras a lo largo de la historia.

Tras observar el trato que han obtenido constantemente estos estereotipos, es importante prestar atención a la moraleja final de *Nuestros nombres olvidados.* Unas sabias palabras que resonarán siempre en la mente de quienes lo lean, procedentes de unos arquetipos que, en este caso, viven en el cuerpo de siete mujeres que llevan sobre la espalda años de prejuicios.

"Por suerte, hace muchos años que me di cuenta de que no tenía que responder a ningún estereotipo y, de hecho, si he querido escribir esta historia, es porque me gustaría que todo el mundo hiciera la misma reflexión", cuenta Carmen. De esta manera *Nuestros nombres olvidados* nos lleva por un viaje interior, una revisión de los cánones a los que se supone que hemos tenido que responder siempre y de los que ya nos hemos cansado.

Igual que el poder de las siete criadas reside en su unión, nuestra propia magia comienza con la libertad de no tener que adoptar ningún papel, de no tener que seguir ningún camino marcado por otros.

Por su parte, Cecilia Casero, en su artículo: "*Nuestros nombres olvidados*: un cuento del siglo xxi para reflexionar sobre los referentes de la mujer", plantea:

Finalmente, *Nuestros nombres olvidados* es también un ajuste de cuentas personal de la escritora con las mujeres de su familia o, para ser más exactos, con las creencias de las mujeres de su familia.

"Cuando era adolescente veía a mi madre y a mi abuela como unas ovejas que seguían la tradición. De repente lo vi de otra manera y me di cuenta de lo injustas que somos a veces en la adolescencia. Yo tuve mi rebelión atea y durante mucho tiempo subestimé a la gente creyente, sin entender realmente que siempre hay algo que te lleva ahí. Y ahora, de hecho, me interesa más que nunca por qué creemos en lo que creemos". Y remata con una confesión muy personal: "Este libro, para mí, es hacer las paces con esa idea. Me da mucha pena que mi abuela no lo vea, no creo que le gustase mucho la historia, pero le gustaría el hecho de que de esta manera le pidiera perdón por tratar sus creencias con condescendencia".

LAS DIOSAS GRIEGAS Y LOS ARQUETIPOS FEMENINOS

Una de las actividades que más disfrutaba de niña y luego de adolescente era leer. Mis padres, benditos sean, nos llenaron de libros, lo cual nunca dejaré de agradecerles. Una de las enciclopedias que nos compraron, *El Tesoro de la Juventud*, era mi favorita. Sus 20 tomos nos regalaban cuentos, poesías, biografías de hombres y mujeres famosos, información sobre temas científicos, geográficos, históricos, literarios; lecciones de francés e inglés; manualidades; juegos, canciones y excelentes ilustraciones y fotografías. Lo que más me gustaba eran las historias de mitología griega y romana. Me divertía muchísimo con las aventuras de los dioses, de los semidioses y de los pobres humanos que se ponían en el camino de estos seres caprichosos y hasta crueles.

La verdad, esas historias llenas de romance, celos, venganzas, castigos, raptos, secuestros, no le piden nada a la peor de las telenovelas, y como a nosotros no nos permitían ver mucha tele y nada de telenovelas —una vez más, gracias, padres— estas historias nos fascinaban.

Sin tener ni la más remota idea de estos símbolos arquetípicos, yo vivía la fantasía de ser como algunas de esas diosas; por supuesto, elegía a las que me parecían más aventureras, independientes y divertidas. Sin saberlo, eran los indicios de eso que marcaría mucho de mi personalidad y mis formas de relacionarme.

Voy ahora a escribir acerca de estas diosas, creo que sus historias son realmente cautivantes y podemos irnos viendo en ellas. Ésa es la idea: que a partir de sus características descubras las que encajan con tu personalidad y quizá hasta con tu historia de vida.

Para escribir todo lo que sigue, leí varios libros de los cuales compartiré algunos pasajes, por supuesto citaré el nombre del libro y de la autora cuando así corresponda.

Elegí algunos fragmentos del libro *Las diosas de cada mujer*, de Jean Shinoda Bolen, otro de los libros que literalmente devoré en mi investigación del tema de los arquetipos femeninos.

Los arquetipos de las diosas que describo en este libro son las seis diosas del Olimpo: Hestia, Deméter, Hera, Artemisa, Atenea y Afrodita —más Perséfone, cuya mitología no se puede separar de la de Deméter—. He dividido estas siete diosas en tres categorías: las diosas vírgenes, las diosas vulnerables y las diosas alquímicas (o transformadoras).

El primer grupo que te encontrarás son las diosas vírgenes: Artemisa, Atenea y Hestia.

Las diosas vírgenes representan la cualidad de independencia y autosuficiencia en las mujeres. Por el contrario de las demás diosas del Olimpo, estas tres no podían enamorarse. Los apegos emocionales no las desviaban de lo que consideraban importante. No eran victimizadas y no sufrían.

Como arquetipos, expresan la necesidad de autonomía en las mujeres y la capacidad que éstas tienen de centrar su conciencia en lo que tiene sentido personalmente para ellas.

Artemisa y Atenea representan la actitud de ir directamente a los objetivos y el pensamiento lógico, que hacen de ellas los arquetipos orientados hacia el logro. Hestia es el arquetipo cuya atención está enfocada hacia dentro, hacia el centro espiritual de la personalidad de una mujer.

Estas tres diosas son arquetipos femeninos que persiguen sus metas de manera activa. Cualquier mujer que haya querido alguna vez "un espacio para sí misma", se sienta en su casa en plena naturaleza, disfrute descubriendo cómo funciona alguna cosa o aprecie la soledad, posee algún parentesco con una de estas diosas vírgenes.

La mujer es "completa-en-sí-misma". Si una mujer es completa-en-sí-misma estará motivada por la necesidad de seguir sus propios valores internos, de hacer lo que tiene sentido para ella o le llena, con independencia de lo que piensen los demás, hace lo que hace, no por algún deseo de agradar, no para gustar o ser aprobada, ni siquiera por sí misma; no por algún deseo de obtener poder sobre otra persona, para captar su interés o su amor, sino porque lo que hace es verdad.

Las diosas vírgenes
Artemisa, la diosa de la caza, la naturaleza salvaje y la castidad

Artemisa fue una de las diosas más antiguas y veneradas del panteón olímpico de la mitología griega. Era la diosa de la caza, los animales salvajes, la virginidad, la naturaleza, los nacimientos y las doncellas. También era la protectora de las mujeres jóvenes y de los partos.

Artemisa era hija de Zeus y Leto, y hermana melliza de Apolo. Se la representaba a menudo como una cazadora con arco y flechas, y le estaban consagrados el ciervo y el ciprés. Era una diosa muy poderosa y fuerte que defendía a los más débiles. Era caprichosa e indomable, y causaba la muerte a todo el que osaba cortejarla u ofendía su pureza. En la mitología romana, Artemisa se conocía como Diana.

Atenea, la diosa de la sabiduría

Diosa de la sabiduría, la guerra y los oficios, Atenea era la hija predilecta de Zeus por su valentía y también por su agudo ingenio. El mito del nacimiento de Atenea cuenta que a Zeus se le profetizó que, tal como había hecho él con Cronos, su descendiente le arrebataría el trono. Por esta razón, cuando dejó embarazada a la titánide Metis, el padre de los dioses se la tragó y su hija Atenea nació, adulta y completamente armada, de su cabeza después de que el dios Hefesto la abriera de un hachazo para intentar aliviar el dolor de cabeza del dios supremo.

Maestra en el arte de la guerra, protectora de héroes e incluso hábil hilandera, la diosa Atenea detestaba, a diferencia de su hermano, el dios guerrero Ares, la violencia gratuita y gustaba de mediar en los conflictos, aunque también castigaba con dureza los actos impíos.

Uno de los epítetos de Atenea es Palas y se le representa con una lanza, un escudo o con ambos a la vez. A diferencia de Ares, que era la personificación de la guerra en su forma más brutal, Atenea empleaba la inteligencia y el orden en todas sus estrategias militares. Atenea fue adorada en Grecia y en toda su área de influencia, desde las colonias griegas de Asia Menor hasta las de la península ibérica y el norte de África.

Hestia, la diosa del hogar, la familia y la hospitalidad

Hestia era la diosa griega virgen del hogar, la familia y la hospitalidad. Según la mitología griega, es la hija mayor de Cronos y Rea. Por su papel de protectora de la familia y la comunidad política, se le hacían regularmente sacrificios y ofrendas en el hogar de cada familia y en los fogones públicos de la ciudad o pueblo. Los romanos la conocían como Vesta.

Según los mitos griegos, los padres de Hestia eran Cronos y Rea, por lo que sus hermanos menores eran Zeus, Hera, Deméter, Poseidón y Hades. Cronos, paranoico ante la posibilidad de que uno de sus hijos lo derrocara, los devoró a todos. Sin embargo, Zeus fue salvado por su madre cuando ésta le dio a su esposo una roca envuelta en tela en lugar del infante, que más tarde regresó e hizo que su padre escupiera a sus hermanos. Hestia nunca se casó y permaneció virgen, a pesar de las atenciones amorosas de Apolo, Poseidón y Príapo, el dios de la fertilidad.

Hestia fue la diosa del hogar y los templos. No fue representada en forma humana, sino como una llama ardiendo en el centro de la casa, el templo o la ciudad. El símbolo de Hestia era el círculo. Un fuego sagrado en el centro del hogar que se sentía espiritualmente, que proporcionaba calor e iluminación.

Hestia era la mayor de las tres diosas vírgenes. Pero al contrario que Artemisa o Atenea, ella no salía al mundo. Permanecía dentro de la casa o del templo.

Esta diosa griega fue la única que no se sumó a los olímpicos en su fallido ataque contra Zeus. En algunos textos, Hestia es parte de los 12 dioses del Olimpo, pero lo más habitual es que su lugar lo ocupe Dioniso. En algunos mitos, la diosa renuncia voluntariamente a su lugar entre los dioses del Olimpo, intercambiándolo con Dioniso porque prefiere retirarse de los asuntos divinos y está segura de recibir una cálida bienvenida en cualquier ciudad mortal que escoja.

En la mitología griega, dado que Hestia está de alguna manera confinada al hogar, no vive aventuras entretenidas, sino que parece haber adoptado el papel de una diosa de mayor nivel, alejada de los demás dioses y de sus debilidades excesivamente humanas.

Las diosas vulnerables

Cito otro pasaje de la obra de Jean Shinoda Bolen:

> Al segundo grupo —Hera, Deméter y Perséfone— le llamo las diosas vulnerables. Las tres diosas vulnerables representan los papeles tradicionales de la esposa, la madre y la hija. Son los arquetipos orientados hacia las relaciones, cuyas identidades y bienestar dependen de tener una relación significativa. Expresan la necesidad de las mujeres de afiliación y vinculación.
>
> Están armonizadas con otras personas y son vulnerables. Estas tres diosas son violadas, raptadas, dominadas o humilladas

por dioses masculinos. Dos factores las predisponen a ser escogidas como víctimas: la lectura equivocada que hace el hombre sobre su receptibilidad o cordialidad como invitación sexual, y el prejuicio general de que cualquier mujer solitaria puede ser abordada y de que está potencialmente disponible. Cada una sufrió a su manera al romperse o deshonrarse una relación afectiva, y mostraron síntomas similares a los de una enfermedad psicológica (Hera, con rabia y celos; Deméter y Perséfone, con depresión).

Cada una de ellas también evolucionó, y puede proporcionar a las mujeres una comprensión interna de la naturaleza y pauta de las propias reacciones que deben abandonarse, y el potencial para el crecimiento interno mediante el sufrimiento inherente a cada uno de estos tres arquetipos de diosas. Cuando Hera, Deméter o Perséfone son los arquetipos dominantes, el impulso que las motiva es la relación, más que el logro, la autonomía o una nueva experiencia. El enfoque de la atención está puesto en los demás, no en una meta externa o en un estado interior. Por lo tanto, las mujeres identificadas con estas diosas están atentas y son receptivas a las otras personas. Están motivadas por la compensación de las relaciones: aprobación, amor, atención, y por la necesidad del arquetipo de emparejarse (Hera), nutrir (Deméter) o ser dependiente (Perséfone como la koré).

La calidad asociada con los arquetipos de diosas vulnerables es la de "conciencia difusa" (una actitud de aceptación, una conciencia de la unidad de toda la vida, y una buena disposición para la relación), que permite a una persona darse cuenta de matices de sentimientos. El estado de mente receptivo y difuso que permite a una mujer atender a los demás, también favorece que se distraiga con facilidad.

Hera, la reina del Olimpo

Hermana y esposa de Zeus, Hera, como el gran dios olímpico, era hija de los titanes Cronos y Rea, y madre, entre otras divinidades, de Ares, el terrorífico dios de la guerra. El mito se refiere a la poderosa Hera como una divinidad de naturaleza violenta y vengativa.

Este último aspecto es muy evidente en su actitud con las numerosas amantes de su esposo Zeus y su descendencia ilegítima, pero también contra los mortales que se atreviesen a agraviarla, como fue el caso de Pelias, rey de Yolco, el cual degolló a una mujer en su altar, o el del príncipe troyano Paris, quien la ofendió gravemente tras elegir a Afrodita como la diosa más bella.

Diosa del matrimonio y defensora acérrima de la fidelidad conyugal, Hera, al igual que su esposo y hermano Zeus, fue engullida nada más nacer por su padre Cronos. De naturaleza violenta y vengativa, la diosa Hera no soportaba las continuas infidelidades de Zeus, y no desaprovechaba tampoco ninguna oportunidad para vengarse de todas y cada una de las amantes del dios supremo.

A menudo se representa a Hera en un trono coronada con el *polos* (una corona cilíndrica utilizada por muchas de las grandes diosas) y sosteniendo una granada, símbolo de la fertilidad y el matrimonio, institución de la cual era la principal valedora.

Deméter, la reina de la agricultura y fertilidad

Deméter era una de las deidades más antiguas del panteón griego. Era la diosa de la agricultura y garantizaba la fertilidad de la tierra. Protegía tanto la agricultura como la vegetación. Su estrecha relación con la tierra la heredó de su madre Rea. Deméter era probablemente una reencarnación de las diosas de la Tierra locales veneradas en las comunidades rurales de la Grecia de la Edad de Bronce.

El santuario de Eleusis está dedicado tanto a la diosa como a su hija Perséfone. Aquí se celebraban los famosos Misterios de Eleusis. Desde Eleusis se extendió por el mundo griego arcaico y clásico la idea de que Deméter protegería a sus adoradores en la otra vida. Para los romanos, la diosa siguió siendo popular y se la conocía como Ceres.

Hija de Cronos y Rea, hermana de Zeus, Poseidón, Hades, Hera y Hestia, Deméter era la madre de Perséfone y de Yaco (ambos hijos de Zeus) y de Pluto (hijo del mortal cretense Yasión, quien posteriormente fue asesinado por un rayo del celoso Zeus). Ella también adoptó a Demofonte, el príncipe eleusino, quien le dio a la raza humana los regalos del arado y el conocimiento de la agricultura. Deméter también fue perseguida por Poseidón y para escapar de sus intenciones, se convirtió en una yegua; sin embargo, Poseidón también se convirtió en un caballo y la descendencia resultante fue Arión, un caballo alado montado por Hércules. Deméter y Perséfone aparecían muy a menudo emparejadas y a veces incluso se les identificaba como una sola diosa de aspecto dual. El dúo era conocido frecuentemente como "las dos diosas" y como las *Deméteres* (dos Deméter).

Perséfone, la diosa de la agricultura y la vegetación
Perséfone, también conocida como Kore, era la diosa griega de la agricultura y la vegetación, especialmente del grano, además de ser la esposa de Hades, junto a quien gobernaba el inframundo. Perséfone era un elemento importante de los Misterios eleusinos y el festival de las Tesmoforias, y era adorada por toda Grecia. Perséfone aparecía frecuentemente en todas las formas de arte griego.

En muchos cultos antiguos de la diosa, junto con su madre Deméter, se la asocia con la vegetación y el grano. Cuando adopta este aspecto se le suele denominar Kore, que significa tanto "hija" como "doncella". En la mitología griega, la diosa, como esposa de Hades, es la reina del inframundo y adopta un nombre diferente, Perséfone. En este aspecto se le consideraba como la protectora de la otra vida, aunque Hesíodo la describe repetidamente como "la temida Perséfone" en su *Teogonía*. En varios otros mitos, Perséfone era la madre de Dioniso (con Zeus, que también es el padre de ella), aunque la candidata más común era Sémele, y se peleó con Afrodita por las atenciones de Adonis, endiabladamente guapo, acordando finalmente repartírselo por turnos. En el mundo griego a esta diosa se la conocía como Proserpina.

Deméter y Perséfone
La mitología más importante que rodeaba a Deméter era la de la historia del rapto de su hija Perséfone por parte de Hades, el dios del

inframundo. Un día Hades se enamoró de Perséfone tan pronto como la vio, así que se la llevó en su carruaje para que fuera a vivir con él en el inframundo. En algunas versiones, Zeus había dado su consentimiento para el rapto, la locación de este crimen se sitúa tradicionalmente en Sicilia (famosa por su fertilidad) o en Asia. Desesperada, Deméter buscó por toda la tierra a su hija perdida y aunque Helios (o Hermes) le contó el destino de su hija, ella continuó con su búsqueda hasta que finalmente llegó a Eleusis. Fue allí, disfrazada como una anciana, que la diosa cuidó a Demofonte (o Triptólemo), el único hijo de Metanira, la esposa del rey Céleo, rey de Eleusis. Para recompensar a la familia por su amabilidad, Deméter quiso hacer a Demofonte inmortal colocándolo en el fuego todas las noches. Sin embargo, cuando Metanira vio esto entró en alarma. En respuesta, Deméter reveló su verdadera identidad y exigió que se construyera un templo en su honor. Éste fue el comienzo del célebre santuario de Eleusis en el Ática.

Una vez que el templo estuvo construido, Deméter se retiró del mundo para vivir en él. Al mismo tiempo, creó una gran sequía para convencer a los demás dioses de que liberaran a Perséfone del Hades. Al ver que la sequía se iba cobrando cada vez más víctimas, Zeus acabó por mandar a Hermes a persuadir a Hades de que dejase marchar a su novia mal habida. Sin embargo, antes de renunciar a ella el astuto Hades puso una pepita de granada en la boca de la chica, a sabiendas de que su sabor divino la obligaría a regresar con él. En otras versiones del mito, Perséfone podría haber escapado si no hubiera comido nada en el inframundo durante su cautiverio, pero en el último momento Hades le dio una pepita de granada. Al final, por llegar a un acuerdo, decidieron que Perséfone sería liberada pero que tendría que regresar al inframundo un tercio del año, o, según otras historias, la mitad del año.

Diosas alquímicas

A continuación, cito el pasaje del libro *Las diosas de cada mujer*, de Jean Shinoda Bolen, sobre Afrodita, una de las diosas alquímicas:

Afrodita, diosa del amor y de la belleza (más conocida por su nombre romano como Venus), se encuentra por derecho propio en la categoría de las diosas alquímicas. Era la más bella e irresistible de las diosas. Tuvo muchas aventuras y numerosa descendencia de sus numerosas relaciones. Creaba amor y belleza, atracción erótica, sensualidad, sexualidad y nueva vida.

Entablaba relaciones por decisión propia y nunca fue victimizada. Así pues, siempre mantuvo su autonomía como diosa virgen y tuvo relaciones como diosa vulnerable. Su conciencia era receptiva y al mismo tiempo estaba concentrada, lo que permitía un intercambio en dos direcciones, que le afectaba tanto a ella como a la otra persona. El arquetipo de Afrodita motiva a las mujeres a perseguir intensamente las relaciones más que la permanencia, a valorar el proceso creativo y a estar abiertas a cambiar.

Afrodita, la diosa del amor

La hermosa Afrodita era la divinidad del amor, la belleza y el deseo, y encarnaba todos los aspectos de la sexualidad hasta el punto de que, si se lo proponía, podía convencer, susurrándoles al oído, tanto a dioses como a mortales para que yacieran con ella. Uno de los principales mitos que rodean a la diosa es el de su nacimiento. Según cuenta el poeta Hesíodo en su *Teogonía*, Gea, la gran diosa de la Tierra, se había casado con su hijo Urano, el imponente dios del Cielo, pero entre ellos no había amor.

Este mito cuenta que Urano además odiaba a sus hijos y los mantenía encerrados en el fértil vientre de la diosa. Cansada de esta situación, Gea convenció a su hijo Cronos para que castrara a su padre mientras mantenía con ella relaciones sexuales. Cronos cortó el miembro a su progenitor, que cayó al mar embravecido. A la deriva, el órgano sexual cercenado de Urano fue a parar a Chipre, y de aquel amasijo de espuma surgió la diosa del amor. Afrodita fue asimismo la protectora de todos aquellos que navegaban por el mar, así como de las cortesanas y las prostitutas.

Continúa Jean Shinoda Bolen:

De las siete diosas griegas que representan los principales arquetipos comunes en las mujeres, Afrodita, Deméter y Hera poseen el mayor poder para dictar la conducta. Estas tres están relacionadas más de cerca con la Gran Diosa que las otras cuatro. Afrodita es una versión menor de la Gran Diosa en su función de diosa de la fertilidad. Deméter es una versión menor de la Gran Diosa en su función de madre. Hera es una versión menor de la Gran Diosa como reina de los cielos.

Sin embargo, aunque cada una de ellas es "menor" que la Gran Diosa, representan las fuerzas instintivas en la psique que pueden ser irresistibles cuando "exigen lo que les corresponde". Las mujeres que actúan impulsadas por cualquiera de estas tres diosas deben aprender a resistir, porque seguir ciegamente el mandato de Afrodita, Deméter o Hera puede afectar de manera adversa a la vida de una mujer.

Estos arquetipos —al igual que sus diosas correspondientes en la Grecia antigua— no consideraban los mejores intereses de las mujeres mortales, o de sus relaciones con los demás. Los arquetipos existen fuera del tiempo, desinteresados de las realidades de la vida o de las necesidades de una mujer. Tres de los restantes cuatro arquetipos —Artemisa, Atenea y Perséfone— eran diosas "doncellas", que pertenecían a la generación de las hijas.

Estas tres constituían una generación más separada de la Gran Diosa. Como arquetipos, son consecuentemente menos abrumadoras, pero influyen de manera importante en los patrones de carácter. Y Hestia, la más anciana, la más sabia y la más venerada de todas las diosas, evitaba totalmente el poder. Representa un componente espiritual que una mujer hace bien en honrar.

Cuando una mujer tiene a Atenea y a Artemisa como patrones de diosas, puede que no sean facetas de su personalidad atributos como la dependencia, la receptividad o la capacidad de nutrir. Éstas son las cualidades que necesita desarrollar para ser una persona capaz de mantener relaciones, volverse vulnerable, dar y recibir amor y bienestar, así como favorecer el desarrollo de los demás.

El foco interno y contemplativo de Hestia la mantiene a una distancia emocional de los demás. Aunque sea independiente, su calidez tranquila es nutriente y compasiva. Lo que necesita desarrollar, y que vale también para Artemisa y Atenea, es la capacidad de intimidad personal.

Estas tareas de desarrollo difieren de las necesidades de evolución de las mujeres que se parecen a Hera, Deméter, Perséfone o Afrodita. Estos cuatro patrones de diosas predisponen a las mujeres a las relaciones; las personalidades de este tipo de mujeres encajan con la descripción junguiana de las mujeres. Necesitan aprender cómo permanecer centradas sobre algo, objetivas y capaces de afirmarse con fuerza, cualidades que no están fuertemente desarrolladas de manera innata en dichos patrones.

Estas mujeres necesitan desarrollar el *animus* o activar los arquetipos de Artemisa y de Atenea en sus vidas. Cuando es Hestia el arquetipo dominante en una mujer, tiene en común con las mujeres orientadas hacia las relaciones la necesidad de desarrollar su *animus* o de tener Artemisa y a Atenea como arquetipos activos, si es que quiere ser eficaz en el mundo.

Los dioses o diosas (pueden estar presentes varios al mismo tiempo) que se activan en una determinada mujer, en un momento específico, dependen del efecto combinado de una pluralidad de elementos que interactúan entre sí: predisposición de la mujer, familia y cultura, hormonas, otras personas, circunstancias no elegidas, actividades escogidas y fases de la vida.

Tal vez se encuentren con que un arquetipo que les sea enormemente útil no esté desarrollado suficientemente o que, aparentemente, les falte dentro de sí. Es posible invocar a dicha "diosa" haciendo conscientemente un esfuerzo para ver, sentir o tener la sensación de su presencia —visualizarla mediante la imaginación— y, después, pedir su fuerza singular. He aquí unos ejemplos de invocaciones.

- Atenea, ayúdame a pensar con claridad en esta situación.
- Perséfone, ayúdame a permanecer abierta y receptiva.
- Hera, ayúdame a comprometerme y ser fiel.
- Deméter, enséñame a ser paciente y generosa, ayúdame a ser una buena madre.
- Artemisa, mantenme centrada en ese objetivo lejano.
- Afrodita, ayúdame a amar y a disfrutar mi cuerpo.
- Hestia, hónrame con tu presencia, dame paz y serenidad.

Hay mucha más información en el libro de Jean Shinoda Bolen para las mujeres que deseen tomar el conocimiento y desarrollo de sus arquetipos como un camino de crecimiento.

Pero sea éste o no tu camino individual me parece que es de vital importancia ser más conscientes de cómo los estereotipos sociales, culturales, familiares siguen dominando nuestras vidas y reconocer, una vez más, que el trabajo verdaderamente transformador no está afuera, está dentro con todo el material que permanece desconocido debajo del agua, en ese iceberg que menciono al principio del capítulo.

Si permanecemos inconscientes ante las poderosas fuerzas internas que nos dominan, seguiremos siendo víctimas de algo que ni siquiera podemos reconocer y seguiremos poniendo nuestra energía, nuestra lucha donde no está la respuesta.

Estas diosas son aspectos de todas nosotras, no es que sólo tengamos atributos de una o dos. Ellas viven en lo profundo y surgen cuando algo las despierta. Conocerlas es conocernos a nosotras mismas. Nos ayuda a entendernos y entender nuestras relaciones con otras mujeres, con hombres, con la vida y entender si el lugar donde estamos es donde realmente queremos estar.

El autoconocimiento es lo que nos despierta y despierta nuestro verdadero poder.

Para comenzar, tómate un tiempo para explorar cada arquetipo y reflexionar sobre cómo resuena contigo. ¿Qué cualidades ves en ti que se reflejan en cada arquetipo? ¿Con qué retos o fortalezas te identificas?

Una vez que tengas una mejor comprensión de cada arquetipo, puedes comenzar a trabajar con ellos de manera más directa e intencional.

Algunos arquetipos nos llegan de forma bastante natural, mientras que otros nos parecen extraños. Sin embargo, cada uno de ellos tiene algo que enseñarnos y puede ayudarnos en diferentes tipos de situaciones de la vida. Establecer la intención de cultivar ciertas cualidades arquetípicas, trabajar en la sombra y tomar medidas conscientes te permite mostrarte como tu yo más verdadero y poderoso.

Los arquetipos no son fijos y no están destinados a ponernos en una caja. En cambio, nos brindan un marco para la exploración, la curación y el crecimiento. Al trabajar con diferentes arquetipos, podemos expandir nuestro sentido del yo.

La siguiente es otra historia de la mitología y la escogí porque siempre me ha impresionado, ya que, de alguna manera, aunque se remonta a siglos atrás, algo en ella sigue vigente y es justo ese dolor interno de lo femenino contra lo masculino.

Medusa, la hermosa mujer que fue castigada por ser violada

Según la mitología griega, Medusa era una gorgona y tenía dos características que la diferenciaban: era mortal y la más bella de sus hermanas. Medusa es uno de los personajes de la mitología griega más fáciles de reconocer a simple vista. Con su inconfundible cabello de serpientes y el poder de convertir a quien la mire en piedra, es uno de los monstruos más populares en las historias de la Antigüedad. Pero hay una parte de su historia que nunca se cuenta.

Su belleza deslumbró a Poseidón, quien trató de seducirla y terminó violándola en el templo de Atenea, donde inocentemente fue a pedir ayuda a la diosa.

La ira de Atenea fue tan grande que castigó a Medusa convirtiéndola en un monstruo, con manos metálicas, colmillos afilados, unos ojos que emitían una luz que quien los miraba directamente quedaba petrificado.

No conforme con este castigo, Afrodita también se vio celosa de la hermosa cabellera que tenía Medusa, razón por la cual dentro del castigo hizo que en lugar de cabello, tuviera serpientes, de esta manera, Medusa fue desterrada y sentenciada a vivir en las tierras hiperbóreas.

De aquella relación que hubo entre Poseidón y Medusa, surgió un embarazo, lo que no hizo más que incrementar el rencor de Atenea, que ordenó a Perseo que matara a Medusa.

Perseo le cortó la cabeza de un solo golpe de espada.

La cabeza de Medusa fue para Atenea, que la utilizó como escudo en todas sus batallas, tal como hiciera Perseo anteriormente para rescatar a Andrómeda y poder matar a Polidectes.

También su sangre fue guardada, ya que la de su vena izquierda era un veneno mortal, y la del lado derecho tenía características sanadoras.

Cuando Perseo la decapitó, de su cuello brotaron el gigante Crisaor y el caballo alado Pegaso. Ambos son considerados como los hijos de Poseidón, lo cual quiere decir que fueron fruto de una violación y que Medusa estaba embarazada cuando la asesinaron.

Medusa resultó no ser el verdadero monstruo en esta historia.

En mi investigación para este capítulo, encontré una página creada por Anna Heimkreiter, artista, aventurera y mística. Como ella se autodescribe, es retratista, ilustradora, trotamundos y buscadora de maravillas. Ana es la artista y creadora detrás de los *Siete cuadernos de trabajo de arquetipos femeninos*. Ha pasado de crear obras de arte a investigar durante años estos arquetipos. Su página: https://www.wherewonderwaits.com

Anna no utiliza los nombres de las diosas griegas o romanas, pero igualmente encontramos las descripciones de algunas características que son fáciles de relacionar con las siete diosas que ya vimos. Los siguientes textos son extractos de su página y en ella puedes encontrar incluso una prueba muy completa para saber cuál es tu arquetipo dominante.

Descubriendo tu(s) arquetipo(s) femenino(s)

Para descubrir tus arquetipos femeninos dominantes (¡sí, podemos tener varios!), comienza explorando los rasgos, comportamientos y energías de los siete tipos diferentes. Por lo general, deberías ser capaz de saber con bastante rapidez cuáles resuenan más contigo. Son una indicación de tus tendencias naturales, tus fortalezas y los roles a los que te sientes atraído en la vida.

La Madre

La Madre, en sentido figurado, es nada menos que la fuente de toda vida. Ella representa el amor y la crianza que los seres humanos necesitan desde el primer día. Su mayor don es sostener y renovar su entorno, que puede tomar la forma de una familia, un jardín o un proyecto comunitario.

Vive y respira autoridad femenina y fomenta el crecimiento dondequiera que vaya. Ella preside el reino de la vida y la muerte. Y tiene el corazón de una leona: si amenazas a lo que es querido por ella... Te espera un viaje. Defiende a los que ama a toda costa.

Dones: amor y nutrimiento
Retos: codependencia, falta de límites
Energía: cálida, apoyadora

La Reina

Como cabría esperar de una reina, este arquetipo femenino es una líder natural. Hacerse cargo es algo natural para ella y guía a quienes la rodean con confianza y gracia.

Piensa en la clásica "Reina B": popular, admirada y segura de sí misma. Muchas mujeres que encarnan el arquetipo de la Reina son figuras influyentes.

La Reina está constantemente ocupada construyendo su imperio, ya sea a través de la curaduría de sus círculos sociales o el crecimiento de su carrera. Tener el control de las cosas y supervisar el campo de juego le da una sensación de poder y significado.

A menudo dotada de una personalidad muy social, tiene un gran don para la creación de redes y sabe exactamente cómo llegar a las personas adecuadas. Tanto como amiga como compañera, es increíblemente leal una vez que te ganas su confianza.

Dones: liderazgo y poder personal

Retos: celos, control

Energía: autoconfianza, edificante

La Doncella

El arquetipo de la Doncella es la encarnación de la juventud y la inocencia: todavía está fuertemente conectada con su niña interior, de buen corazón y capaz de ver el mundo con nuevos ojos todos los días.

Su inocencia es maravillosamente entrañable para quienes la rodean y detrás de su apariencia, a veces tímida, se descubre un personaje lleno de ricos matices. Si eres una doncella arquetípica, tu alegría y creatividad pueden iluminar una habitación, y es posible que ni siquiera seas consciente de ello.

Dones: curiosidad y potencial de crecimiento

Retos: ingenuidad, pasividad

Energía: inocente, juguetona

La Mujer Sabia

La Mujer Sabia es una buscadora de la verdad de corazón. Es una pensadora brillante, impulsada por el deseo de saber. Eso incluye tanto el mundo exterior como su yo más íntimo.

El arquetipo de la Sabia se caracteriza por "la cabeza sobre el corazón". No se deja llevar fácilmente por sus emociones: su tendencia natural es priorizar la lógica y el pensamiento con propósito en su proceso de toma de decisiones.

El verdadero propósito de la Mujer Sabia está estrechamente relacionado con ayudar a los demás con su perspicacia. Una persona demasiado centrada en la mente puede convertirse fácilmente en manipuladora o egocéntrica: el antídoto es dar.

Dones: claridad y maestría

Retos: acceder a emociones, salirse de la cabeza

Energía: racional, sabia

La Cazadora

Al arquetipo de la Cazadora no le gusta que la coloquen en una caja: su mayor precepto es la libertad y hará todo lo que esté a su alcance para liberarse de cualquier restricción que la detenga.

No le importan demasiado las opiniones de otras personas ni requiere su validación. La Cazadora es muy independiente y sabe valerse por sí misma, sin tener que hacerlo ni querer depender de los demás.

Si la Cazadora tuviera que resumirse en una cita, estas palabras de Charlotte Brontë capturan bastante bien el sentimiento: "No soy un ave y ninguna red me atrapa: soy un ser humano libre con una voluntad independiente".

Es perfectamente feliz haciendo lo suyo, lo que a menudo la hace parecer poco convencional. Secretamente, le gusta ser un poco rebelde.

Dones: libertad e independencia

Retos: desapegada, miedo a la vulnerabilidad

Energía: fuerte, valiente

La Amante

El arquetipo femenino de la Amante representa la pasión, la sensualidad y las profundas conexiones emocionales en las mujeres. Significa la necesidad de intimidad y el deseo de relaciones fuertes y significativas.

Es la energía creativa y potencial en las mujeres. Es una expresión del instinto humano básico de procrear y conectarse.

El arquetipo de la Amante se caracteriza por el disfrute de los placeres de la vida, entre ellos: intimidad, sensualidad, hedonismo, placeres sexuales, oler flores, ver puestas de sol y comer buena comida.

Dones: pasión e intimidad

Retos: compromiso, necesidad de validación

Energía: magnética, sensual

La Mística

El arquetipo de la Mística está muy enfocado hacia dentro. De los siete arquetipos femeninos, ella es la más inclinada espiritualmente: le encanta explorar y ponerse en contacto con su mundo interior.

La Mística sabe cómo crear un hogar dentro de sí misma. Especialmente cuando percibe una falta de equilibrio, dedica su energía a crear armonía entre sí misma y su entorno.

La paz interior es su prioridad número uno, posee altos niveles de autoconciencia y camina conscientemente por la vida. Dicho esto, puede ser un poco hogareña y no sería una sorpresa encontrarla viviendo en una pequeña cabaña en el campo.

Su intuición le da una visión de las acciones de otras personas, pero prefiere permanecer en un segundo plano. Si bien a menudo se le pasa por alto, en realidad tiene mucho que aportar a una conversación cuando el tema es de su agrado.

Dones: intuición, profunda reflexión

Retos: pérdida de realidad, aislamiento

Energía: calma, balanceada

Te preparé un sencillo test que te ayudará a identificar cuál de estos arquetipos femeninos puede ser dominante en tu personalidad. Por favor, responde las siguientes preguntas eligiendo la opción que más se ajuste a ti:

1. Cuando me enfrento a un desafío, tiendo a:
    A) Buscar apoyo y cuidado de los demás

B) Enfocarme en mi libertad e independencia

C) Reflexionar y buscar conocimiento profundo

D) Dirigir y liderar con autoridad

E) Disfrutar de los placeres sensoriales y emocionales

F) Explorar lo místico y espiritual

G) Enfocarme en la acción y la determinación

2. Mi forma de tomar decisiones se basa principalmente en:

A) El bienestar y la protección de los demás

B) Mi libertad y mis propios intereses

C) La sabiduría y la intuición

D) La autoridad y el poder

E) Las emociones y los sentimientos

F) La conexión con lo espiritual

G) La determinación y la valentía

3. En mis relaciones interpersonales, suelo destacar por ser:

A) Cálida, compasiva y protectora

B) Independiente, enérgica y libre

C) Paciente, sabia y comprensiva

D) Líder, segura y ambiciosa

E) Apasionada, sensual y afectuosa

F) Intuitiva, mística y reflexiva

G) Audaz, determinada y valiente

4. Cuando me siento perdida o confundida, suelo buscar:

A) Consejo y consuelo en otros

B) Tiempo a solas para reflexionar

C) Conocimiento y sabiduría interior

D) Claridad y dirección en mi autoridad

E) Conexión emocional y afectiva

F) Guía espiritual y conexión con lo trascendental

G) Acción y soluciones prácticas

5. En situaciones de conflicto, tiendo a:
   A) Buscar la armonía y el acuerdo
   B) Defender mi independencia y libertad
   C) Negociar y encontrar soluciones pacíficas
   D) Imponer mi autoridad y liderazgo
   E) Expresar mis sentimientos y emociones
   F) Buscar una perspectiva más profunda y espiritual
   G) Afrontar el conflicto con valentía y determinación

Ahora suma cuántas veces elegiste cada letra A, B, C, D, E, F y G en tus respuestas y comprueba cuál es el arquetipo femenino que más se repite. ¡Ése podría ser tu arquetipo dominante! Aquí te presento la correspondencia entre cada arquetipo femenino y la letra que lo representa en el test:

A. Madre

B. Doncella

C. Sabia

D. Reina

E. Amante

F. Mística

G. Cazadora

Recuerda que tenemos todos los arquetipos en nuestro interior, pero uno suele destacar sobre los demás en determinadas circunstancias.

INTEGRACIÓN DE ARQUETIPOS

El trabajo de integrar los arquetipos femeninos es una experiencia muy enriquecedora y transformadora. Aquí tienes algunas sugerencias de dinámicas y actividades que pueden ayudar en este proceso de integración:

1. **Meditación guiada:** realiza una meditación enfocada en invocar a cada uno de los arquetipos femeninos. Visualiza a la madre, la doncella, la sabia, la reina, la amante, la mística y la cazadora. Observa cómo se manifiestan en tu interior y cómo puedes incorporar sus cualidades en tu vida diaria.

2. **Tarjetas de arquetipos:** prepara tarjetas con imágenes o palabras que representen a cada arquetipo. Invita a las participantes a elegir una tarjeta al azar y reflexionar sobre cómo esa energía se manifiesta en su vida y cómo pueden integrarla más plenamente.

3. **Círculo de compartir:** organiza un círculo de mujeres donde cada una comparta qué arquetipo siente que domina en su vida en ese momento y por qué. Anima a las participantes a escuchar con empatía y a brindar apoyo mutuo en el proceso de integración.

4. **Taller de expresión creativa:** proporciona materiales artísticos y guía a las mujeres para que creen una obra (pintura, poesía, música, danza, etcétera) inspirada en uno o varios arquetipos femeninos. La expresión creativa puede ser una forma poderosa de conectar con estas energías.

5. **Rituales personales:** anima a cada mujer a crear un ritual personal en honor a un arquetipo específico. Puede ser encender una vela, escribir una carta, hacer una ofrenda o cualquier otra acción simbólica que les permita conectarse más profundamente con esa energía.

Recuerda que el proceso de integración de los arquetipos femeninos es único para cada persona, por lo que es importante respetar los tiempos, las formas y las necesidades individuales de cada persona.

CAPÍTULO 4

El amante interior

Una vez que conozcamos al amante interior, ya no nos perderemos
en los otros ni esperaremos que sean perfectos. Seremos capaces
de amar más profundamente y más conscientemente. Esto permite que
las relaciones sean libres y más relajadas.

VALERIE HARMS

Osho, en su libro *Secretos de Secretos II*, nos comparte sus puntos de
vista de lo que es ser un individuo y lo que se necesita para llegar a ser
un ser humano completo:

Cada individuo llega como una unidad sola, unitaria y luego se
divide. Es como cuando un rayo pasa a través de un prisma y
se divide en siete colores. La concepción funciona como el prisma. La unidad del Tao se divide en dos polaridades opuestas:
hombre y mujer. Ninguna mujer está sola, trae en sí su otra mitad, su hombre interior. De la misma manera ningún hombre está
solo, la mujer está en él, escondido en él.

Si la mente consciente es un hombre, entonces el inconsciente es una mujer. Si la mente consciente es una mujer, entonces el inconsciente es un hombre. Tiene que ser así. Y el deseo
de encontrarse con la mujer o con el hombre en el exterior no

113

te llenará, a menos que sepas cómo encontrar el hombre o la mujer interiores.

La mujer o el hombre externos pueden darte unos destellos de bellos momentos, pero a un costo alto. Y todos los amantes saben que sí, hay algunos momentos de éxtasis, pero hay que pagar un gran precio por ellos. La persona tiene que perder su libertad, tiene que perder su ser, y tiene que volverse dependiente. La persona tiene que ceder de mil maneras, lo que hiere y lastima. Ese encuentro con la mujer u hombre externo sólo será momentáneo.

Pero hay otro encuentro y ése es uno de los mensajes secretos del Tao: que tú puedes encontrar tu hombre o mujer internos, donde tu consciente y tu inconsciente se encuentran, donde tu luz y tu oscuridad se juntan, donde tu tierra y tu cielo se unen.

Y una vez que ese encuentro ha sucedido en ti, serás un ser completo.

El año 2002 terminó con un periodo muy confuso de mi vida profesional. Justo al inicio de 2000 dejé las empresas, el mundo corporativo, para lanzarme a una aventura que nunca en mis sueños más locos me hubiera atrevido a soñar.

Muchas cosas pasaron entre esas dos fechas y cuando inició 2003 me encontré —como por arte de magia— con un equipo de personas que planeaban la apertura del Osho Center, versión San Miguel Chapultepec en la Ciudad de México.

Ya he hablado de este periodo de mi vida en mis libros anteriores, fue una época muy importante durante la cual pude reconocer el camino que quería tomar, trabajar con el tema de la codependencia, de las heridas de infancia que poco a poco se fue convirtiendo en mi gran pasión en la vida.

El mejor proyecto que tuvimos en esa época fue un entrenamiento conocido como "OTT" (*Osho Therapist Training*), para el cual invitamos a terapeutas internacionales de diferentes especialidades. Uno de mis talleres favoritos de ese proceso fue uno llamado "Inner Man, Inner Woman" (Hombre interior, Mujer interior) impartido por Anand Rafia, a quien no conocía.

No sólo su presencia física era impactante, Rafia es un ser muy especial y conocerlo fue un gran privilegio. Rafia comenzó su búsqueda espiritual a principios de la década de 1970 mientras estaba en la Universidad de California. Estudió psicología humanista y se formó en muchos tipos de terapia, siendo muy influenciado por las enseñanzas de G. I. Gurdjieff y Chögyam Trungpa Rinpoché.

Más tarde conoció a su maestro espiritual, Osho; vivió y trabajó en sus comunas en India y Estados Unidos por muchos años, siendo parte del grupo selecto más cercano al Maestro.

Una de sus especialidades en el trabajo de Tantra es el modelo junguiano de *anima y animus*, y justo basándose en este modelo creó el proceso de Inner Man, Inner Woman, el cual trabaja con los aspectos de masculinidad y feminidad que existen dentro de cada persona, independientemente de su género, mismos que son vistos como las energías universales o arquetípicas de las que hablé en el capítulo anterior.

Este trabajo se basa en la psicología junguiana, que enseña que cada hombre tiene dentro de sí un lado femenino (*anima*) y cada mujer tiene un lado masculino (*animus*). Comprender la dinámica entre ambas polaridades y aprender a abrazar ambos lados nos aporta percepciones poderosas y profundas, equilibrio, un sentido de plenitud y transformación duradera en una relación íntima.

Fueron 10 días de trabajo intenso, éramos aproximadamente un grupo de 50 personas trabajando guiados por Rafia.

El trabajo tuvo algo de teoría, pero más que nada se centraba en el cuerpo y en cómo estamos cada uno de nosotros con nuestra propia energía y con la contraparte interna. En mi caso como mujer: ¿cómo estoy en relación con mi feminidad? ¿Cómo me relaciono con lo masculino? Y para los hombres: ¿cómo estás en relación con tu masculinidad? ¿Cómo te relacionas con lo femenino? Y la pregunta para ambos géneros: ¿eres consciente de que estas dos polaridades viven en ti? ¿Cómo se llevan esos dos aspectos dentro de ti?

Yo lo disfruté enormemente, me encantó el material, especialmente la explicación que nos dio sobre la atracción que se da entre la polaridad interna y la polaridad externa.

Cuando Rafia explicó la relación y la atracción entre los polos opuestos, entre nuestros dos aspectos y nuestra proyección hacia fuera, lo hizo dibujando cuatro triángulos, más menos de la siguiente manera:

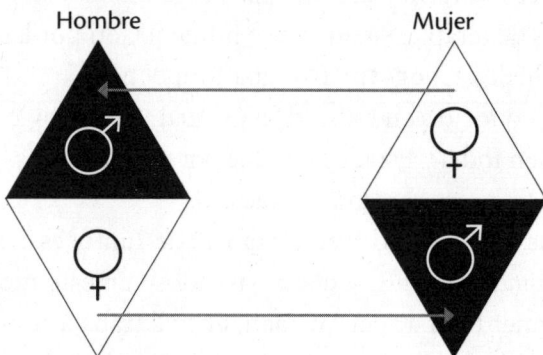

Estos dos triángulos representan a dos personas, una mujer y un hombre. La parte consciente del primero, el hombre, es el aspecto masculino (en negro), mientras en su inconsciente lleva el aspecto femenino (en blanco).

La mujer, el otro triángulo, lleva en el consciente lo femenino y en lo inconsciente lo masculino.

Una forma en que esto funciona —como lo explicó Rafia Morgan— es que las dos partes conscientes (mujer-hombre) se relacionan, mientras que las dos partes inconscientes (*anima-animus*) también se enganchan al mismo tiempo: el *anima* del hombre con esa mujer externa y el *animus* de la mujer con el hombre externo.

Podrían ser dos personas del mismo género; una pareja de mujeres en la cual una de ellas se identifica más con lo masculino y la otra con lo femenino. Lo mismo ocurre en una pareja formada por hombres. Recordemos que todos y todas tenemos las dos polaridades, pero generalmente una es más dominante que la otra y, por ende, nos identificamos más con ella o la rechazamos, moviéndonos al otro aspecto.

Cuando existe una identificación fuerte con alguna de las dos polaridades, con el hombre o la mujer interior, el otro aspecto permanece pequeño, no se desarrolla y por consiguiente no puede expresarse dentro de nuestro mundo interior, y mucho menos afuera.

Nuestras relaciones externas son el espejo de la relación entre nuestros lados internos masculino y femenino. Podemos darnos cuenta de muchos detalles si observamos, en vez de perdernos en culpar o de sentirnos culpables. ¿Con qué lado me relaciono más y me siento más identificada? ¿Qué lado es más fuerte en mí, qué lado es sumiso?

Hay que darse cuenta de cómo cambiamos de lados dependiendo de con quién nos estamos relacionando. Percatarnos de este movimiento nos da la oportunidad de asumir la responsabilidad consciente de nuestras elecciones y de poder caminar hacia la madurez espiritual y la integración de nuestro Ser.

Entender este proceso es apreciar que cada relación en nuestras vidas tiene o tuvo una razón de ser. Si aprendemos a observar, con cada relación podremos conocer diferentes niveles y distintos aspectos de nosotras. Podremos vislumbrar la danza entre la parte masculina —actividad— y la parte femenina —quietud—, entre la mente con sus inagotables pensamientos y el cuerpo siempre sintiendo, entre nuestra fuerza y la parte receptiva, el control y la rendición.

Cuando el lado masculino se desarrolla en exceso, esto fortalece el ego, la parte que quiere controlarlo todo, vencer a costa de lo que sea, y nos lleva a una vida de mucha separación interna. Cuando es el lado femenino el que se desarrolla más, entonces nos volvemos dependientes en exceso, asumimos una actitud pasiva ante la vida, nos ganan los miedos, las inseguridades profundas y hay una incapacidad para pararnos en nuestros propios pies.

Si asumimos y reconocemos ambos lados y somos capaces de abrazar nuestro propio interior masculino y femenino, podremos entonces atestiguar y comprender el drama interno que ocurre entre nuestros aspectos masculino y femenino que se proyecta y crea un drama continuo en las relaciones de afuera.

Esto normalmente ocurre para el hombre y la mujer cuando entran en relaciones cercanas. Y cuando no tenemos la consciencia de lo que sucede dentro, entonces nos perdemos en los dramas externos, pero cuando somos capaces de observar nuestra energía interna masculina y femenina y la forma en que se relacionan, podremos entonces darnos cuenta de que las relaciones externas simplemente reflejan la relación entre nuestro hombre y mujer interiores. En pocas palabras, lo que sucede dentro es lo que sucede afuera.

Relato de Martha

Martha acudió al taller de Inner Man, Inner Woman. Ella es una mujer muy fuerte, inteligente, que se expresa sin ninguna timidez, por decir lo menos. Sus juicios hacia las demás personas son severos, ella puede ser una persona dura en cuanto a las otras personas. De hecho, es un poco intimidante. Si no está de acuerdo con algo, te lo dice sin tapujos y de formas no siempre amables. Está convencida de que siempre tiene la razón.

Ella creció en un ambiente un poco hostil, siendo la única mujer entre otros tres hermanos hombres, un padre muy dominante, controlador y a veces incluso un poco violento. Dos de sus hermanos eran así, el pequeño siempre fue como débil y temeroso y ella lo defendía de los hermanos mayores. Para esto, ella tuvo que hacerse fuerte, ya que sus hermanos eran mayores que ella, y le daban miedo, pero —en sus propias palabras— no podía dejarse dominar por él. Era una cuestión de supervivencia y tuvo que aprender a defenderse e incluso atacar primero.

Sus padres no estaban muy presentes, el padre viajaba mucho por trabajo y cuando aparecía, Martha prefería no decir mucho porque si acusaba a sus hermanos, el padre los castigaría con violencia física y ella no quería eso.

La madre no trabajaba, pero vivía en una especie de depresión; constantemente, cuando el padre no estaba, ella se ponía a tomar vino y escuchar canciones hasta quedar dormida en el sofá. Martha

118

entonces la llevaba a su cuarto y la acostaba. Ella estaba sola para enfrentar a los dos hermanos mayores y defender al pequeño.

Con los años, Martha creó una coraza alrededor de ella, enterró su parte femenina, sensible, suave y aprendió a vivir a la defensiva, usando la espada de su energía masculina. Por supuesto, esto la convirtió en una mujer muy eficiente, excelente en su trabajo, con una fuerza e inteligencia muy especial, pero totalmente desensibilizada a sus necesidades afectuosas, a su parte vulnerable, a su propia ternura.

Cuando contó su historia en el taller, varias mujeres nos sentimos identificadas en algún grado con ella. Sobre todo, en el hecho de enterrar la parte femenina y juzgarla como algo "débil", "sumiso", "inútil", perdiéndonos del gran tesoro que se encuentra en ella.

¡Uf!, es todo un viaje darnos cuenta de que, como mujeres, el hecho de irnos a nuestra energía masculina nos convierte en personas profesionalmente eficientes y hasta poderosas, pero totalmente desconectadas de nuestro centro de sentir, de empatizar. Y cuando se trata de creación de vínculos, de abrirnos a la vida y recibir lo bueno de ella, es casi imposible cuando estamos en la parte masculina.

Rafia trabajó con Martha, ella fue entendiendo cómo desde pequeña fue cerrando el corazón para no ser lastimada. Su madre no la inspiraba y lo que menos quería era ser como ella, el padre —aunque ausente y un poco violento con ella— al menos era funcional y fue con quien se identificó, imitando mucho de lo que él era. Ella entró en un proceso de terapia y poco a poco aprendió a moverse a su lado femenino cuando fuese necesario. Para ello limpió la visión de lo femenino, fue conociendo las características de ese aspecto que son vitales para una buena vida. Aprendió a guardar la espada cuando no era necesaria y a manifestar su poder a través de la imagen de la rosa, esa energía femenina fuerte, sabia, poderosa.

En mi libro *Sanando la herida materna*, en el capítulo 6, "La eterna danza entre lo femenino y lo masculino", toqué a profundidad este tema, sobre todo en lo que se refiere a las relaciones amorosas. He aquí un pasaje:

Dado que los seres humanos son el recipiente o cáliz de estas dos polaridades, una de sus tareas es encontrar el equilibrio entre éstas y realizar dicha unión. Los seres humanos se inclinan a buscar en el exterior esa pareja ideal, en otras palabras, nuestro hombre o mujer interna se expresa en el exterior como relaciones.

Frecuentemente nuestras relaciones más profundas y duraderas con un hombre o mujer afuera son un espejo de nuestro propio hombre o mujer interna. En cada encuentro con un hombre o una mujer ocurre una comparación inconsciente con nuestro propio hombre o mujer internos. Si esta comparación resulta en compatibilidad entonces nos enamoramos. Las relaciones son una danza entre nuestra parte masculina y nuestra parte femenina, reflejo de cómo experimentamos e incorporamos en nosotros patrones de la relación entre papá y mamá.

El problema básico en el mundo de hoy es el desequilibrio entre lo femenino y lo masculino, el desequilibrio entre el conocimiento y la sabiduría, entre el intelecto y la intuición (mentecuerpo) y entre la actividad y el descanso, entre muchos otros aspectos.

Las relaciones son un desarrollo y un baile entre nuestros lados femenino y masculino. Una búsqueda de equilibrio entre el amor y la libertad, entre solitud y el relacionarnos, entre la fuerza y la receptividad, entre la cercanía y la distancia, entre el intelecto y la intuición, entre la relajación y la actividad y entre el encontrarse y el retirarse. Las relaciones externas son un espejo de la relación y la comunicación entre nuestros lados femenino y masculino. Las relaciones externas con un hombre o una mujer son una posibilidad de entender nuestro hombre interno (o mujer en el caso de los hombres).

Abrazar nuestro propio hombre interior (o mujer) significa entender el drama interno que sucede entre nuestros aspectos femeninos y masculinos, el cual se manifiesta en el afuera como relaciones.

Definitivamente si las mujeres, los seres humanos, deseamos realmente encontrar un mayor sentido de plenitud, equilibrio interno, un verdadero empoderamiento necesitamos empezar por reconocer y honrar todo el aspecto de cualidades dentro de nosotras. Esto independientemente de nuestra identidad de género.

Integrar nuestro aspecto femenino y masculino dentro de nosotras nos unifica, nos completa, nos ayuda a dejar de sentirnos como seres rotos que buscan afuera, en otras personas o situaciones, esa sensación de complitud, esa "otra mitad".

Explorar esos aspectos internos forma parte de nuestro desarrollo, de nuestro crecimiento personal, de un mayor conocimiento de quiénes somos y cuáles son nuestras herramientas y dones.

Como mujeres, esto debe ser parte de nuestra autoaceptación y reconciliación con lo masculino y lo femenino en nosotras y posteriormente en lo externo. ¿Quién sabe? Puede incluso ayudarnos a desarrollar una visión mucho más inclusiva y compasiva hacia las dinámicas y relaciones de género en nosotras y en la forma de relacionarnos con otras personas.

A medida que vamos avanzando en nuestro camino de crecimiento, de individuación, como diría Carl G. Jung, nuestros amantes interiores van también moviéndose. En palabras de Emma Jung en *Ánimus y ánima*, estos arquetipos, aspectos internos de nuestra polaridad, a quienes varias veces en este libro llamo "amantes internos", se moverán según nosotras nos movamos y crezcamos.

Lo explico: en algún momento de mi juventud, me atraían los hombres atractivos, guapos, que anduvieran en buenos coches (aunque fueran de su papá) y que fueran altos; cuanto más altos, mejor.

Una vez que salí de mi pueblo y entré en la universidad, me sentí muy atraída por hombres que tuvieran cierta superioridad intelectual, mejor si eran activos en algún tipo de lucha social; eso sí, tenían que ser altos y tener lo que para mí era "mucha personalidad".

Con el tiempo, y más que nada con el trabajo interior, esto cambió un poco, y los hombres que me han gustado en las últimas décadas son hombres con cultura y desarrollo intelectual, que tengan una mentalidad abierta, progresista, inclusiva y una visión compasiva sobre la vida. Pero sobre todo que tengan un compromiso hacia el trabajo que necesitamos todos y todas hacer en la vida, que sea auténtico, que sume al mundo y no sólo se quede en un sillón viendo futbol o tomando cervezas con los amigos cada fin de semana. No es que esté en contra de eso, a veces yo lo hago, pero que por favor no sea su actividad favorita. Y que su propósito de vida le hable al mío, que su camino tenga congruencia con el mío.

Me sigue gustando que sean altos, eso es muy personal.

Soy consciente de que por años busqué al héroe afuera de mí, ese héroe, que es uno de los arquetipos de Jung, mencionados en el capítulo anterior, que también tiene su contraparte, el antihéroe y también lo viví: hombres con potencial que por sus daños emocionales caían en algún tipo de adicción o conducta tóxica y que, por un tiempo de mi vida, insistía en salvar. Mi lucha era tomar a uno de estos hombres "rotos" y pegarlos de tal manera que se convirtieran en el héroe que siempre quise tener cerca.

Ésta es la historia de mi padre, un hombre alto, muy guapo, carismático y con un gran potencial que nunca se cumplió del todo. Y, por supuesto, el hombre que más influenció en los colores que pintaron mi *animus*. Yo desde muy pequeña me convertí en su mayor porrista. Mi padre era visto como un ente inferior por algunos integrantes de la familia de mi madre que se sentían superiores. Desde que era muy pequeña yo me percaté de esto, sin entender nada, y me autonombré su protectora.

Toda mi lealtad fue hacia mi padre, porque según yo era quien lo necesitaba. Mi madre era ya una mujer "perfecta" y todo mundo la veía como tal. Me convertí en la paladina de mi padre creyendo que yo podría ayudarlo a demostrar al mundo lo maravilloso que era. Valerie Harms habla de esto en su libro *El amante interior:*

> Si la mujer incorpora en sí a este héroe, se hará más fuerte y osada. Si no lo incorpora, posiblemente trate de manipular al hombre para que haga lo que ella quiere (pero no se atreve) y

al mismo tiempo será fastidiosa, poco hábil y de ideas convencionales. Sus sueños e imágenes estarán llenas de hombres severos y críticos, dando órdenes e impartiendo castigos.

Dado que nuestra cultura patriarcal promueve la idea de que la mujer es inferior al hombre, a menudo la mujer para llegar a ser espiritual e intelectualmente independiente debe luchar contra su falta de coraje o voluntad. Para poder liberarse del tirano interior o encontrar personajes interiores que le resulten alentadores, frecuentemente deberá rebelarse contra su cultura y educación.

Estas últimas palabras me explican por qué yo, desde muy joven, alimentaba la idea de que me casaría con un extranjero e idealizaba a los hombres de culturas sobre todo europeas, creyendo que allí encontraría a mi héroe, alejándome de los "machos mexicanos" y latinos en general.

La idea es entender que, aún hoy, muchas mujeres continúan proyectando en el hombre la satisfacción de sus vidas, sea emocional, sexual o incluso económica. Continúan proyectando en ellos el valor de su propio ser, tal como lo hicieron las generaciones anteriores por siglos. Estoy convencida de que las mujeres seríamos mucho más felices, más plenas, si asumiéramos la responsabilidad por esa plenitud de nuestras vidas.

Retomando las palabras de Valerie Harms en el libro mencionado arriba:

Aun mujeres muy astutas y sofisticadas tienen dificultad para liberarse de las figuras interiores tiránicas. Algunas permanecen junto a hombres alcohólicos o infieles para no enfrentar la vida en soledad; otras reniegan del hombre a espaldas de éste y lo apoyan si están enfrente de él. Cuando la mujer asume la responsabilidad de sus proyecciones, comienza a recuperar el poder que le es tan necesario. En caso contrario lo entrega, concentrándolo en la persona exterior.

Y esto no es diferente en cuanto a los hombres, ellos también proyectan en sus parejas y llegan a depender tanto de ellas emocionalmente (o de otras formas) que permiten que sean ellas quienes manejen la relación y su vida en general.

Como menciona Harms:

> En general para estos hombres, sus imágenes interiores de mujeres (su *anima*) son de madres, hermanas, maestras, amantes esclavizadas, diosas brujas y beldades seductoras semihumanas. Cuando un hombre ignora sus imágenes interiores femeninas, es posible que sienta que su mujer exterior es la culpable de sus estados de ánimo y es posible que sea celoso, fastidioso o posesivo cuando ella no se comporta como él cree que debería.
>
> Si estas figuras interiores (en hombres y mujeres) son ignoradas, seguirán apareciendo con vestiduras atemorizantes hasta que comencemos a realizar los ajustes adecuados. Cuando les prestamos atención, las figuras interiores son gentiles y ayudan. Al mismo tiempo nos sentimos menos afligidos y con más energía durante el día. Nuestras relaciones exteriores son más livianas y libres.

El hombre y la mujer interiores deben desarrollar su propia independencia e integridad. Cuando tanto el hombre como la mujer interior asumen la responsabilidad y viven su propia verdad, el amor y la compasión fluyen naturalmente entre ellos. La sanación entre nuestro hombre y mujer interiores permite que el amor fluya entre ellos.

La comprensión de estos conceptos, la diferencia entre ambos y la sanación de la relación entre estos dos aspectos es vital para sanar relaciones con nosotras y con el mundo externo. Me atrevería a agregar que la importancia de resolver estos conflictos radica en poder crear verdaderas relaciones de amor.

Darnos cuenta de que independientemente de nuestro género, las dos energías viven en nosotras y tienen un papel muy importante en la forma en que vivimos nuestras vidas.

Mi energía femenina es la que me permite ser, sentir, recibir, permitir que las cosas sucedan, sin el deseo de controlarlas. Es creativa y fértil, tiene la abundancia de la madre tierra. Abarca cualidades como la intuición, la introspección y la sabiduría emocional. Encarna rasgos como la empatía, la compasión, la creatividad y el énfasis en la conexión y la construcción de relaciones. Es mi impulso de amar y acoger.

Mi energía masculina, como la de cualquier otra persona, es la que me impulsa a hacer cosas, a planear, a crear la vida que quiero. Ella es la encargada de tomar decisiones y de estructurar lo que necesita estructura. Esta energía representa cualidades tradicionalmente asociadas con la masculinidad, como la fuerza, la asertividad, la lógica y la independencia. Encarna rasgos como la ambición, el coraje y el enfoque en la acción y el logro. Este aspecto interno también puede abarcar cualidades como la racionalidad, el pensamiento analítico y la resolución de problemas. Es mi aliento de libertad el que me impulsa a ir por mi propia vida.

En algunas de las dinámicas que tuvimos en el taller con Rafia, nos hacía sentir en el cuerpo ambas energías, diferenciarlas. Él usaba la imagen de la espada para definir la energía masculina tanto en hombres como en mujeres, y la de una rosa, para describir la energía femenina, y para mí muy especialmente fue un regalo descubrir la hermosa energía representada por esta bella flor.

Cuando entrábamos en nuestra energía masculina, había mucho movimiento, y nos desplazábamos hacia lo que veíamos como nuestras metas de vida.

Esa energía, la masculina, nos llevaba, sabiendo cada paso que teníamos que tomar para llegar al objetivo. Por momentos se sentía como si fuéramos un ejército que marchaba en conjunto.

Cuando nos movíamos a la energía femenina, hombres y mujeres, todo se suavizaba, nuestra energía dejaba de correr y de moverse y, poco a poco, regresábamos a nuestro interior. Nos conectábamos unos con otros desde ese espacio interno, y desde ahí expresábamos lo que éramos, lo que anhelábamos, lo que necesitábamos. Era un espacio de relajación, de permitir que todo se acomodara por sí mismo y simplemente ser.

Para unas personas, los ejercicios no eran tan difíciles; para otras, significaron mucha confrontación, ya que, como suele pasar, llegamos a creer que nuestras formas de compensar las carencias son formas correctas de vivir la vida.

Pero lo más importante para mí fue saber que traemos ambas energías en nosotras y descubrir cómo se relacionan y cómo esta relación afecta la forma en que nosotras nos relacionamos afuera.

ENERGÍAS LASTIMADAS

La energía femenina lastimada siempre está buscando quién la rescate, es la princesa de la torre esperando al príncipe azul. Las mujeres no tienen motivación para cuidarse a sí mismas, buscan quien lo haga por ellas. Éstos son algunos ejemplos sencillos de la manifestación de este estado herido.

La Cenicienta

Mariana es una mujer que siempre se ha sentido menos que las demás, ella está esperando que su príncipe aparezca y la rescate. Ella está convencida de que el día que esa persona correcta llegue le dará valor, identidad, afirmación, aprobación, propósito y seguridad, mismos aspectos que ella no siente en sí misma.

Rapunzel

Raquel fue una niña sumamente sobreprotegida, le daban muchas cosas, le resolvían la vida, pero no podía salir con amigas, menos tener novio. Sus padres no querían que se contaminara con la vida de afuera. Ella cuenta que se sentía como esta princesa, Rapunzel, siempre encerrada en su torre. Cuando se casó, con alguien que sus padres aprobaron, lo hizo literalmente para escapar, pero como el viejo refrán dice: "Salió de la olla para caer al fuego".

La Bella Durmiente

Ximena vive en un mundo de fantasía, dormida e inconsciente, no quiere ver lo que pasa en su realidad, sobre todo si es algo que amenaza su *statu quo*. Su trabajo para crecer y sanar su vida es abrir los ojos y enfrentar lo que no ha querido ver en su vida para hacer los cambios que se requieran.

Princesita demandante

Lorena cuenta que fue una niña que creció con padres muy permisivos que no le ponían límites, siempre le permitían salirse con la suya. Creció pensando que el mundo le debía la misma pleitesía y le cuesta trabajo entender que las otras personas no están allí para cumplir sus exigencias.

Reina de bagaje emocional

Marcia es una mujer fuerte, con mucha energía y lleva a cuestas mucho enojo, está cargada de experiencias ricas que ha teñido de emociones muy negativas. Se ve a sí misma como víctima y tiende a centrarse en ella. No es consciente de que constantemente ejerce conductas duras, hasta medio tiranas hacia los demás.

Mujer sacrificada. La mártir

Susana vive para los demás, y ella piensa que eso es una buena cualidad. Está convencida de que ser una especie de mártir es lo que le da valor. Como si su valor consistiese en perder valor, y vive una vida de servidumbre hacia los demás. Siempre se pone después de los demás, especialmente de su pareja e hijos.

Feminista de hueso colorado

Laura tuvo un padre muy agresivo y una madre muy sumisa. Creció muy enojada con todo lo masculino. Con el trabajo pudo darse cuenta de cómo rechaza esa parte en ella, reconociendo también que es su parte más fuerte, y frecuentemente ha funcionado con esas características. Se autonombró feminista buscando una forma de aplastar a los hombres.

La energía masculina lastimada se muestra a través de la manipulación, control, ira inconsciente. Siempre intentan salirse con la suya y, cuando no lo logran, hacen literalmente berrinches y agreden sobre todo a los más vulnerables. Algunos ejemplos:

El Caballero andante

Andrés era justo así, como un caballero de la corte buscando aventuras, damiselas a quienes rescatar y dragones a quienes matar. Cuando rescataba a una de estas princesas problemáticas o pasaba tiempo enamorando a otra que jamás le correspondería y con quien sólo mantenía una relación platónica, luego de un tiempo se aburría y se tomaba sus espacios de soltería para descansar de los dramas. Ésta era su forma de no comprometerse, de no entrarle a fondo a las relaciones.

Don Juan Tenorio

Miguel, tal como don Juan Tenorio, el personaje de la literatura española, también se caracteriza por ser un seductor a quien lo único que le interesa es la conquista misma. Miguel vino a terapia porque un día, después de un fin de semana con amigos casados, se dio cuenta de que lo único que hacía en su vida emocional era coleccionar novias-trofeos, con quienes no sabía crear intimidad y de quienes siempre acababa aburriéndose.

El falso independiente

Carlos, como muchas personas, viven en la ilusión de no necesitar a nadie. Para ellos necesitar es peligroso y doloroso, por lo que reprimen sus necesidades de afecto y vínculo. Sólo reconocen las necesidades de libertad, pero hay un desequilibro en esto.

Eterno niño o adolescente

José tiene 45 años, se divorció porque su esposa se cansó de siempre estar en segundo plano respecto de la madre de José. Para él, su madre siempre es la prioridad, aun cuando tenía a su esposa e hijos. Ahora divorciado, regresó a vivir con ella.

Machos

Padres ausentes o muy violentos, hay mucho miedo por la ausencia de un padre que guía, que apoya, que ama. Compensan queriendo demostrar que son más fuertes que los demás y pueden incluso abusar para demostrar su fuerza. Juan tuvo un padre así y se convirtió en una copia de él, hasta que fue capaz de darse cuenta, por casi perder a su familia, y ahora está trabajando con toda esa ira y ese dolor de infancia.

Por lo general, elegimos parejas con quienes actuamos —casi siempre de manera inconsciente— nuestro conflicto interno, por lo que si vivimos de nuestra energía masculina o femenina herida (o una combinación de ambas) elegiremos a alguien que nos refleje eso, atrayendo y siendo atraídas por personas que de alguna manera resuenan con nuestras partes heridas. Esto sucede especialmente en las relaciones románticas.

Claro que cuando esto sucede queremos cambiarlo y creemos que la forma es un mejor "casting", como dicen mucho ahora. Pero no es así, no podrás mejorar el casting si la fuerza interna del arquetipo herido decide engancharse con un cierto tipo de personas, porque al final usando a los demás como espejos es la única manera en que puedes realmente ver tus heridas.

Si quieres de verdad atraer otro tipo de pareja, dejar de involucrarte en luchas de poder y dinámicas dañinas. Primero necesitas sanar la energía en tus dos aspectos internos. No hay otra forma real.

Y esto no sólo aplica a las parejas. En mi experiencia abarca todas las áreas de nuestra vida. Nuestro mundo emocional, intelectual, energético, espiritual y todo lo implicado en estas diferentes dimensiones.

Para sanar primero necesitamos darnos cuenta y empezar a observarnos de una manera objetiva, sin juicios. Hacernos conscientes desde dónde funcionamos.

Para mayor claridad sobre esto, comparto este pasaje escrito por Helen Hart, coach de vida y relaciones y coautora del libro *The Art of Getting the Commitment You Want* (El arte de conseguir el compromiso que deseas):

El primer paso para sanar estas energías dentro de ti mismo es la CONCIENCIA. El darnos cuenta. Observa si siempre estás tratando de "hacer que algo suceda" en tu relación o hacer que tu pareja haga lo que quieres que haga, éste es un ejemplo de energía masculina herida.

Si tiendes a ir al otro extremo de sentirte desesperada y no amada cuando te encuentras en un lugar en el que no quieres estar en tu vida amorosa, o estás frustrada con tus circunstancias actuales y estás ESPERANDO que tu pareja haga todo "bien", éstos son ejemplos de lo femenino herido.

Por ejemplo, si te encuentras esperando a que alguien más tome una decisión sobre ti, o sientes que estás esperando sin cesar para obtener el compromiso que deseas (o para sentirte amada y apreciada), esto es un reflejo de lo femenino herido. Los sentimientos constantes de preocupación y duda también son signos de energía femenina herida.

La energía femenina empoderada se trata de CONFIAR en que las cosas siempre están funcionando para ti. También se trata de centrarse en el placer y el cuidado personal, y decir "no" a las cosas para las que no tienes tiempo, para no acabar sintiéndote abrumada.

La energía masculina empoderada se trata de volver a enfocarte en ti mismo y en tu PROPIA vida, en lugar de usar esa energía para obsesionarte con tu relación. Se trata de ser capaz de cuidar de tus propias necesidades, por lo que no siempre estás buscando a tu pareja para que satisfaga todas tus necesidades.

Mientras que el masculino herido se mostrará con ira o culpa y tratará de forzar un determinado resultado, al masculino empoderado le encanta dar libremente sin una agenda, y sin tratar de "obtener" algo a cambio.

Cuando ambos aspectos se desarrollan e integran surgen sentimientos de amor, alegría, armonía, creatividad y plenitud dentro de nosotras. La mujer interior es la capacidad de entregarse a la vida. El hombre interior es la capacidad de experimentar la vida. Sin él ella no existe; sin ella, él es algo que no se ha manifestado. Ambos se requieren mutuamente para tener la experiencia más completa y gratificante de la vida.

Como he comentado en este capítulo y el anterior, la identificación con alguno de las dos polaridades, femenina o masculina, no necesariamente tiene que ver con preferencias sexuales. Esto lo explico ampliamente en mi libro *Sanando la herida materna*. Les comparto un párrafo al respecto a continuación:

> En algunas ocasiones menciono que yo me movía desde mi aspecto masculino y que me identifiqué más con mi padre que con mi madre. Por eso me sentía tan masculina, es como si estuviese poseída por la energía masculina de mi padre y me moviera en el mundo con ella.

¿Qué quise decir con esto?

Soy una mujer al menos en lo externo, con una apariencia de mucha fuerza, de mucha seguridad. Mi temperamento —con éste se nace— ha sido siempre inquieto, muy proactivo, muy hacia fuera. Me ha sido mucho más fácil siempre tomar acción e ir por lo que quiero.

De niña, fui acusada muchas veces de ser "marimacha" porque disfrutaba más escalando paredes y árboles, explorando, compitiendo en natación, incluso prefería luchar contra mi hermano y primos que jugar a lo que fuera con las niñas.

En la preparatoria tenía más amigos que amigas, éstas últimas me parecían complicadas y a veces aburridas. Alguien de esa época, la hermana de quien era mi mejor amigo en ese entonces, me dijo no hace mucho: "Es que tú eras uno más de los güeyes".

Me costaba mucho trabajo actuar como se suponía que tenía que actuar una niña "bien", ni siquiera entendía qué era eso. Hoy me parece que estaba yo tan identificada con algunas de mis características masculinas que aprendí a moverme con esa energía. Pero esto, insisto, no tiene nada que ver con nuestras preferencias sexuales.

Desde pequeña me encantaban los muchachos, de hecho, fui bien noviera, bien enamorada, pero frecuentemente arruinaba mis relaciones por no ser como más "femenina" o, como hoy reconozco, por no encajar mejor con el estereotipo de una mujer.

Recuerdo que en una ocasión, yo tendría como 14 años, estaba de visita en casa de una amiga cuya familia no era mucho del agrado de mis padres, aparentemente ellos eran mucho más relajados moralmente que la mayoría de las familias de mi entorno. Su hija, mi amiga, era un poco mayor que yo y tenía muchas más libertades que las que nos permitían a nosotros. Pero eso era justo lo que a mí me gustaba. Esa tarde llegó un amigo de mi amiga, me parece que se llamaba Jorge y tendría unos 17 años o algo así. Me gustó mucho desde que lo vi y me pareció que yo a él también. En algún momento, no recuerdo por qué, nos quedamos solos en la sala y estuvimos platicando un buen rato. De pronto estábamos muy cerca el uno del otro, era obvio que él me estaba coqueteando y yo estaba encantada.

Me dieron unas ganas terribles de que me diera un beso. Como dije, yo tenía 14 años, por supuesto que ya había tenido varios novios y me sentía una mujer de gran experiencia. Se me hizo muy fácil pedirle un beso. Y, por supuesto, me lo dio.

Después de ese día, aunque él a veces me buscaba, la verdad es que no lo hacía frecuentemente, y nunca pasó nada entre los dos. Me enteré por otras amigas de que a él le gustaba otra chica, de mi misma edad o un año menor. Esta chica usaba mucho maquillaje al igual que todas sus hermanas; eran las típicas jovencitas populares entre los chicos; por supuesto que ella jamás le pediría un beso, es más ni siquiera se lo daría a menos que fueran novios.

En alguna ocasión que platiqué con Jorge, me confesó que, aunque yo le había gustado mucho de inicio, le había asustado que fuera tan atrevida.

No fue la primera vez que me pasó esto. Yo me rebelaba ante el estereotipo de la mujer que espera a que el tipo la busque y, claro, al tomar yo la iniciativa, los asustaba o trataban de abusar de la situación, pero como fuera, nunca resultaba bien.

Y fueron años de indagar en talleres, en terapias, en procesos de meditación, para poder entender y de alguna manera regular mi propia energía. Más allá de los procesos mentales de si mi actitud es un estereotipo o no, explorar esa parte femenina —sin caer en roles establecidos por una sociedad patriarcal— me permite también relajarme en lo que soy, y funcionar desde esa polaridad. Por supuesto, parte del proceso ha sido también reconocer mi *animus*, mi parte masculina, y ver cómo ella va cambiando, limpiando partes de su propio aspecto y esto sólo me es posible verlo al observar el tipo de pareja con quien estoy o quien me atrae.

En algún momento de los inicios de mi búsqueda espiritual, cayó en mis manos un libro que, aunque en ese momento no lo entendí del todo, con los años y la experiencia de lo vivido, poco a poco ha ido tomando más y más sentido y me ha dado más claridad sobre entender cuándo hacer y cuándo no hacer.

Este libro fue muy famoso por la persona que lo escribió, Eva Pierrakos, y su título es *Del miedo al amor*. Eva Pierrakos fue el vehículo para desarrollar el método Pathwork, un camino espiritual de auto-transformación que es reconocido en todo el mundo. Durante más de 20 años, la autora fue maestra de un sinnúmero de educadores y terapeutas que retomaron sus enseñanzas para su autodescubrimiento y también lo aplicaron en su práctica terapéutica. Junto con su esposo, el psiquiatra John C. Pierrakos, fundador de Core Energetics, Eva dejó un legado de más de 250 conferencias y varios centros Pathwork dedicados a la divulgación y el perfeccionamiento del método.

Eva nació en 1915 en Viena, hija de un famoso novelista austriaco, Jakob Wassermann. En 1952 descubrió que tenía el don de acceder a una voz interior que se manifestaba a través de la escritura automática y, después de años de entrenamiento, mediante el estado de trance. Esta voz, conocida como el "Guía", canalizó su sabiduría en más de 200 conferencias y varios libros.

Del miedo al amor lo escribió como parte del método Pathwork para transformar la relación de pareja. Yo lo tomo como una guía poderosa para llevar ese mismo intento a nuestra pareja interior.

En los siguientes párrafos, extraídos del capítulo "Los principios masculinos y femeninos del proceso creativo", Eva Pierrakos, al canalizar el Guía, nos habla del proceso creativo del universo y yo lo comparto con ustedes, que somos como hologramas de la creación:

Los principios masculino y femenino en el proceso creativo

Saludos, amigos míos. Les extiendo mis bendiciones y mi amor para que lleguen a su ser más profundo en la medida en que ustedes estén abiertos a ellos. Recíbanlos y dejen que penetren en ustedes. Esta noche quiero hablarles de ciertos elementos específicos del poder creativo universal. Cada ser humano posee y expresa este poder. Entrar en contacto con el tuyo significa utilizar el poder creativo, que eres y que emana de tu ser más íntimo, de manera deliberada, consciente y voluntaria. Uno está siempre creando sus circunstancias con este poder, pero lo hace inconscientemente y sin darse cuenta de ello. Lo que piensas y sientes, lo que imaginas, lo que secretamente deseas y temes, todo eso da forma y determina la sustancia creativa que constituye la fuerza motriz de ese poder. ¡Qué diferente es crear tu destino de manera deliberada y consciente, en vez de hacerlo sin darte cuenta!

Al crearlo inconscientemente, piensas que algunas experiencias dependen de un oscuro destino. Tus experiencias parecen tener poco o nada que ver con quién eres, lo que sientes, lo que deseas y en lo que crees ahora, o con lo que decides hacer con tus pensamientos y sentimientos.

Pero los individuos autorrealizados saben exactamente cómo crean sus vidas. Es maravilloso cuando de pronto te das cuenta de que no fue un destino hostil, sino tu propia actitud lo que te trajo obstáculos e infelicidad; entonces puedes ver las cosas inconscientes que originaron los sucesos indeseados. Una vez que veas que hay una conexión entre causa y efecto, te darás cuenta de que el destino no está sujeto a un poder ciego y malévolo ajeno a nosotros.

A partir de ese momento, el individuo deja de ser impotente. En verdad, los seres humanos nunca han estado desamparados en contra de cualquier fuerza o poder externos, que están en un estado de impotencia ante procesos internos hasta que los reconocen y cambian. Así es el camino.

A medida que descubres tus experiencias negativas dentro de ti te vas volviendo capaz de transformarlas. Para crear un destino favorable de manera deliberada es necesario que comprendas más de la fuerza creativa del universo y de qué forma la puedes utilizar.

El funcionamiento de los dos principios fundamentales

Hay dos principios fundamentales a partir de los cuales funciona el proceso creativo. El primero es la activación, el otro es el principio de no interponerse en el camino y permitir que las cosas sigan su propio curso. Estos dos principios creativos existen en todo el universo y se manifiestan en todas las cosas de tu vida.

Controlan todo lo que sucede deseable e indeseable, importante o banal, desde el suceso más pequeño y mundano hasta la creación del universo. Si lo que se crea ha de ser constructivo, fructífero, alegre y placentero, entonces estos principios deben interactuar de manera armoniosa, deben completarse.

Si lo que se crea es destructivo, doloroso, vergonzoso o triste, los dos principios también deben estar trabajando, pero en este caso lo hacen de manera distorsionada e incomprendida. En vez de complementarse, interfieren el uno con el otro. En vez de que configuren una total unidad, un cierto dualismo los convierte en opuestos mutuamente excluyentes. Cuando se reconcilian los dos lados de la dualidad, entonces las dos fuerzas aparentemente opuestas trabajan juntas hacia una meta. La dualidad en contra de la unidad es una situación que se manifiesta en toda la creación: siempre que una entidad es sacada de su centro y por lo tanto está sumida en la ignorancia y el error, aparece la dualidad.

Todo el globo terráqueo, especialmente la conciencia humana, se encuentra en el estado dualista, de modo que todas las funciones creativas perceptibles se encuentran divididas. El proceso creativo también se encuentra afectado por el estado dualista de la conciencia humana. Los dos principios fundamentales de la creación, activar y dejar que las cosas sigan su propio curso, son leyes universales presentes en todo lo que ha sido creado. No se trata de leyes mecánicas como las de la gravedad. Todas las leyes, incluyendo a las leyes físicas e impersonales, surgen de, a través de y por la conciencia, y tienen que haber sido creadas por la combinación de estos dos principios fundamentales.

La creación directa, con sus leyes específicas, siempre es una expresión de la conciencia, pues todo en la creación sólo puede ser resultado de la conciencia. No importa si la conciencia surge de un cerebro individual o de una persona o si la conciencia es el gran espíritu universal que impregna toda la vida. El principio es el mismo. Tu actitud consciente expresa si activas o no y dejas que las cosas sigan su propio curso o no. Estos dos principios y sus papeles requieren de un profundo análisis.

El principio masculino

Activar significa que la entidad consciente deliberadamente busca, pone en movimiento, se mueve hacia, causa, determina o usa estas fuerzas voluntariamente llamándolas a la acción y quitando cualquier obstáculo que pudiera surgir. El esfuerzo y la perseverancia son parte integral del poner las fuerzas creativas en acción. Esto es un hacer de manera activa. Podemos llamarlo el principio masculino dentro de la creación. La actitud de "permitir que las cosas sigan su curso" significa ser receptivo y esperar. También es un movimiento, puesto que todo lo que está vivo debe moverse. Pero este tipo de movimiento es muy diferente de aquél del principio activador. El principio activador se mueve hacia fuera dirigiéndose hacia otro estado y éste es el principio masculino.

El principio femenino

La actitud de permitir que las cosas sigan su curso está sostenida por una actitud de esperar paciente y confiada, en permitir que el proceso madure hasta fructificar. En someterse a las fuerzas que están en movimiento. Este puede ser llamado el principio femenino de la creación. El aliarse a las fuerzas creativas, sometiéndose a ellas, muestra una profunda confianza en la vida y en el estado del ser que no requiere ni un ápice más de movimiento que la activación de los poderes en los que una confía. Todo lo que funciona bien en el universo, desde las más pequeñas manifestaciones de la vida mundana, combina los dos aspectos de la vida y de la conciencia.

Nada puede crearse sin que estos dos principios actúen.

Tanto los hombres como las mujeres representan ambos principios, sólo cambia su organización, énfasis, grado, proporción y relación del uno con el otro. El hombre sano e integral no representa exclusivamente al principio activador, del mismo modo que la mujer sana e integrada no sólo representa al principio de permitir que las cosas sigan su curso.

Los hombres y las mujeres deben expresar ambos aspectos, pero el énfasis de cada uno difiere y las áreas en las que los dos aspectos creativos se manifiestan también son diferentes. Una vez que empiezas a pensar en esto y a mirar la vida con este nuevo enfoque que reconoce a los dos principios en su funcionamiento, verás y comprenderás mucho más acerca de la creación misma y acerca de los sucesos del mundo.

Ya sea que abras un negocio, que inicies una relación con otra persona, que seas la creadora de tu destino o de un universo, todo dependerá de la medida en la que comprendas y utilices de manera armoniosa los principios creativos masculino y femenino y qué tan consciente seas de ambos dejándolos que surjan de ti.

Cuando estos principios creativos se distorsionan y se les utiliza de manera equivocada generan confusión y falta de armonía. El resultado no puede ser más que la destrucción...

Con este extracto del libro de Eva Pierrakos, reafirmo todo lo que en este capítulo he escrito. Todos, hombres y mujeres, nos movemos con los impulsos de estos principios, ambos somos esos dos principios y se manifiestan en nuestra vida como poderosos arquetipos que poseen su propia fuerza y, si permanecemos en la inconsciencia de esta fuerza, nos puede destruir. Aquí el asunto es darnos cuenta de cómo se mueven en nosotras y cómo se relacionan entre ellos y hacia fuera. Y para ello, es necesario conocernos a fondo.

En mi camino ha sido más que clara la importancia del autoconocimiento: poder conocer y asumir todo lo que soy como ser humano, como mujer específicamente en mi caso, sin dejar afuera el aspecto masculino.

Y con relación a la destrucción creada por la distorsión de esos aspectos creativos en nosotras y en el mundo, justo hace poco participé en una meditación en línea guiada por mi maestro de años, Carlos de León de Wit. Antes de guiar la meditación mencionó cómo varias personas de la Sangha (comunidad) le escriben para preguntarle su postura ante ciertos conflictos mundiales y habló de las personas que toman partidos y satanizan a quienes no concuerdan con ellas.

Nos hablaba de cómo todos estos conflictos son una mera manifestación del estado de conciencia (o no conciencia) de la humanidad. Nos vamos en contra de quienes supuestamente están mal, los acusamos de cuestiones que no nos parecen correctas, los acusamos y los señalamos por sus actos agresivos, pero no reconocemos la violencia que existe dentro de nosotros.

Y esto es a nivel mundial. Si lo traemos un poco más a casa, podemos tomar como ejemplo los miles y miles de feministas que están enojadas contra la sociedad patriarcal que ha reprimido y castigado a las mujeres por siglos y siglos, y continúa haciéndolo. Y claro que ha sido así y las mujeres tenemos todo el derecho de sentir mucho enojo por esto, pero siendo bien honestas y tal como lo comento en mi libro *Sanando la herida materna*, ¿cuántas de nosotras —muchas veces de forma inconsciente— traemos esa marca patriarcal en nuestro interior? La misma agresión, violencia, odio… Esto viene desde lo más profundo de nuestro inconsciente: la lucha y la gran ruptura entre nuestros aspectos femenino y masculino. Los dos lados de nuestro cuerpo, de nuestro cerebro, de nuestra polaridad están divididos, peleados, jalando cada uno para su lado, y ese conflicto interno es justo el que proyectamos, y atraemos a la persona que representa precisamente la parte que no queremos ver de nosotras. A veces es la pareja, a veces nuestras hijas, nuestros hijos.

Si queremos ser parte de un verdadero cambio, y poner nuestro granito de arena, es importante reconocer qué está pasando dentro de nosotras, qué conflictos traemos sin resolver en nuestro mundo interno.

En mi opinión se trata de unificar nuestros dos aspectos, sanar la grieta y encontrar la forma de integrar estas dos polaridades. Esto nos puede llevar a experimentar al amante interior.

El amante interior es un concepto que se refiere a una parte de nosotras mismas que representa la energía del amor, la pasión y la conexión íntima. Es esa voz interna que nos impulsa a amarnos a nosotras y a los demás de manera incondicional.

El amante interior puede ser considerado como una fuerza positiva y compasiva dentro de nuestro ser, que nos guía hacia relaciones saludables y satisfactorias, tanto con nosotras mismas como con los demás. Esta parte de nosotras busca el equilibrio entre el amor propio y la conexión con los demás, fomentando una sexualidad sana y respetuosa.

Cultivar una relación sólida con nuestro amante interior implica aprender a escuchar y honrar nuestras necesidades emocionales y físicas. Significa cuidar de nosotras mismas, reconocer nuestros límites y establecer relaciones basadas en el respeto mutuo y la comunicación abierta.

Esta conexión íntima con nuestra propia esencia amorosa también nos permite acercarnos a los demás desde un lugar de compasión y empatía, fomentando relaciones más auténticas y satisfactorias.

El amante interior también desempeña un papel importante en la exploración y el desarrollo de nuestra propia sexualidad. Nos permite conectarnos con nuestras propias preferencias y deseos, y nos ayuda a establecer límites saludables y comunicar nuestras necesidades de manera clara y respetuosa.

Trabajar en el fortalecimiento de nuestra relación con el amante interior implica cultivar la autoaceptación, la autoestima y el auto-cuidado. Puede implicar también la práctica de la atención plena, la terapia y el apoyo de profesionales especializados.

En resumen, el amante interior es esa parte de nosotras mismas que nos guía hacia el amor propio, la conexión íntima y relaciones saludables. Nutrir esta conexión nos permite vivir una vida más plena y satisfactoria, tanto en nuestra relación con nosotras mismas como en nuestras interacciones con los demás.

Yo he creado mi propio amante interior, vive en mi fantasía y en mis sueños, pero sobre todo en mis procesos creativos, de reflexión, de meditación. A veces es una energía de color hermoso, como una luz muy brillante que emana del centro de mi pecho, del corazón energético y me llena, me cubre, me abraza cuando la necesito. A veces es una combinación de hombres e incluso mujeres que han sido importantes en mi vida y posee también características de deidades y divinidades de las prácticas de meditación que he aprendido y practicado a lo largo de los años. Este amante me da paz, me da calma, me acompaña cuando me siento sola.

En mi relación de pareja, me guía. Me ayuda recordándome por qué me enamoré de mi hombre, por qué lo elegí como compañero de vida, aun cuando estoy enojada y quiero salir corriendo. Puedo entonces cerrar los ojos e invocarlo, él se hace presente y contiene mi parte emocional herida —la niña interior— haciéndome sentir a salvo, y desde ese espacio, puedo ver las cosas con más claridad y objetividad.

NOSOTRAS

Las mujeres, en particular, estamos transitando una búsqueda muy interesante, y cada una tenemos que encontrar nuestra propia solución a la relación entre lo masculino y lo femenino en todos los niveles (interior y exterior).

Para cada una de nosotras esto es aún un trabajo pionero y está muy lejos de abarcar todo el colectivo femenino. Es un movimiento que está todavía en gestación, en algunos lugares más que en otros.

Aquellas que realmente están llevando a cabo un trabajo de liberación real, muchas veces lo hacen en silencio y en soledad, esperando que el nuevo espíritu nazca en ellas mismas, cuando el tiempo esté maduro. El camino interior es verdaderamente heroico, porque estas mujeres se enfrentan a lo desconocido y se embarcan en las aguas inexploradas del inconsciente profundo, la Gran Madre de la renovación que entrega sus tesoros sólo a aquellas que se acercan a ella con devoción, paciencia, coraje y un corazón abierto.

Aunque la energía de un enojo consciente puede despertarnos y ayudarnos a movernos de un lugar donde ya no queremos estar, ese enojo tiene que disolverse para dar paso a la conciencia y a formas constructivas y amorosas de sanación.

Les comparto estas palabras de Bethany Webster, autora de *Discovering the Inner Mother* (Descubriendo a la madre interior):

> Hoy en día se habla mucho de "encarnar lo divino femenino" y de ser una "mujer despierta". La realidad es que no podemos ser un fuerte contenedor del poder de lo divino femenino si aún no hemos abordado los lugares dentro de nosotros donde nos hemos sentido desterrados y en exilio de lo femenino. Nuestro primer encuentro con la Diosa fue con nuestras madres. Hasta que tengamos el coraje de romper el tabú y enfrentar el dolor que hemos experimentado en relación con nuestras madres, lo divino femenino es otra forma de cuento de hadas, una fantasía de rescate por parte de una madre que no llega.

Esto nos mantiene en la inmadurez espiritual. Tenemos que separar a la madre humana del arquetipo para ser verdaderos portadores de esta energía. Tenemos que deconstruir las estructuras defectuosas dentro de nosotros antes de que realmente podamos construir nuevas estructuras para sostenerlo. Hasta que no lo hagamos, nos quedaremos atrapados en una especie de limbo en el que nuestro empoderamiento es efímero y la única explicación a nuestra situación que parece tener sentido es culparnos a nosotros mismos. Si evitamos reconocer el impacto total del dolor de nuestra madre en nuestras vidas, seguimos siendo, hasta cierto punto, niños. [...]

Un camino hacia el empoderamiento

Llegar al empoderamiento completo requiere mirar nuestra relación con nuestras madres y otras figuras femeninas y tener el coraje de separar nuestras propias creencias, valores y pensamientos individuales de los de ella. Requiere sentir el dolor de tener que presenciar el dolor que sufrieron nuestras madres y procesar nuestro propio dolor legítimo que sufrimos como resultado. Esto es muy desafiante, pero es el comienzo de la verdadera libertad. Una vez que sentimos el dolor, éste puede ser transformado y dejará de crear obstáculos en nuestras vidas.

Bethany Webster se refiere únicamente a la relación con la madre y me parece muy importante para sanar la parte femenina. Pero también es importante considerar la relación con el padre, como la primera gran influencia de nuestro aspecto masculino.

Integrar y equilibrar la parte femenina y masculina dentro de cada individuo es fundamental para alcanzar un desarrollo personal armonioso. Aquí te presento unas preguntas de autoindagación y algunas dinámicas que podrían ayudarte a explorar y fortalecer estas energías dentro de ti:

Escritura de autoindagación

- Observa tus dos aspectos, el femenino y el masculino. Escribe, en general, qué piensas acerca de los hombres y qué acerca de las mujeres.
- Haz una lista de todas las figuras femeninas que han nutrido tu aspecto femenino y de todas las figuras masculinas que han formado tu aspecto masculino.
- ¿Cómo están cada uno? ¿Están maduros, en armonía, en conflicto, qué sensaciones tienes al ver las listas?
- Crea a tu amante interno. Usa tu intuición, tu imaginación, confía en ti y escribe cómo es.

Dinámicas

- **Danza de los elementos:** crea un espacio amplio donde puedas moverte con libertad. Imagina los cuatro elementos (tierra, agua, aire, fuego) y asigna a cada uno la cualidad asociada con la energía femenina o masculina. Fuego y aire son masculinos. Tierra y agua son femeninos. Baila libremente, explorando cómo encarnar y equilibrar estas cualidades en tus movimientos.
- **Diálogo interior:** dedica tiempo a escribir en tu diario dos cartas, una desde tu energía femenina y otra desde tu energía masculina. Expresa tus pensamientos, emociones y deseos desde cada perspectiva. Luego, reflexiona sobre los mensajes y busca integrar las cualidades positivas de ambas partes en tu vida diaria.
- **Meditación de integración interna:** encuentra un lugar tranquilo donde puedas meditar sin distracciones. Visualiza tu energía femenina y masculina como dos entidades separadas que coexisten dentro de ti. Imagina un encuentro pacífico entre ambas partes, donde se reconozcan mutuamente y se abracen en signo de unidad y equilibrio.
- **Círculo de conversación:** reúne a un grupo de personas cercanas que estén interesadas en explorar estas energías. Organicen un círculo de conversación donde cada participante comparta

experiencias, retos y aprendizajes relacionados con su parte femenina y masculina. Escuchen activamente y brinden apoyo mutuo.

- **Rituales de integración:** diseña rituales personales o en grupo que te ayuden a honrar y equilibrar tus energías femenina y masculina. Puedes incorporar elementos simbólicos, como velas, piedras preciosas, aromas o colores que representen cada aspecto de tu ser.

Recuerda que este proceso de integración puede ser único y personal para cada individuo. Experimenta con estas dinámicas, adapta las actividades a tus necesidades y preferencias, y date el tiempo necesario para explorar y fortalecer tu relación con tu parte femenina y masculina. ¡Confía en tu proceso de crecimiento y autoconocimiento!

CAPÍTULO 5

El laberinto del autodescubrimiento

Un héroe se aventura desde el mundo cotidiano a una región
de maravillas sobrenaturales, allí se encuentran fuerzas fabulosas
y obtiene una victoria decisiva. El héroe regresa de esta misteriosa
aventura con el poder de otorgar bendiciones a sus semejantes.
En la Cueva que temes entrar, está el tesoro que quieres encontrar.

JOSEPH CAMPBELL

EL ADVERSARIO TAMBIÉN ES PARTE MÍA

Hace unos días en un grupo de apoyo, una mujer se quejaba lasti-
meramente de su vida, de lo mucho que estaba sufriendo y cómo
nadie la entendía. Divorciada, 50 y tantos, hijos ya adultos con su
propia vida, sin ninguna preocupación económica, desea más que
nada una pareja, pero aparentemente —o al menos eso dice— los
hombres que se le acercan sólo quieren sexo y cuando ella dice "no",
se aleja.

Nadie —de nuevo sus palabras— la aprecia por lo que es. "¿Por
qué todos los hombres son así?", se pregunta ante todos mientras so-
lloza profundamente, sintiendo que de verdad las otras personas no
entienden su sufrimiento.

¿Cuántas de nosotras nos sentimos así? ¿Que nadie entiende lo que
realmente sucede dentro de nosotras, que estamos solas en la vida y

que el mundo externo no nos aprecia? Creo que de alguna manera esto es cierto, pero no desde la parte fatalista desde la que lo estamos viendo.

Los demás no están para entender lo que nos pasa, ni para resolver lo que nos aflige, ni para hacernos sentir apreciadas. Ésa es la visión de la niña herida, que cree que aún tiene que venir mamá o papá a rescatarla. Hoy ya no nos toca esto. Ya no somos esas niñas, y nuestra pareja, nuestros hijos, incluso las amigas, no tienen la obligación de darnos eso que buscamos desesperadamente. Eso nos toca a nosotras encontrarlo.

Somos mujeres, quizá rotas, quizá con miedo. Pero la esencia de este libro es que aun reconociendo que tenemos esa parte carente, con miedo, con inseguridades, también sepamos, reconozcamos, asumamos esta otra parte que es nuestra fuerza, nuestra guía, nuestra cuidadora, nuestra madre interna, como queramos llamarle.

Y por eso necesitamos hacer este viaje interno.

La terapia, un guía, el acompañamiento de los grupos de apoyo (12 pasos) son herramientas importantes sobre todo al inicio de nuestro viaje. Aunque, reitero, esto nos toca a nosotras. Sí se vale pedir ayuda, pero no esperando que nos rescaten, sino sabiendo que haremos el trabajo interno y entonces la ayuda aparecerá.

Yo he compartido mi camino, mi propio laberinto en todos mis libros y mi audiolibro, y siempre he encontrado ayuda; siempre ha habido alguien esperándome al otro lado de ese río que necesito cruzar y, aunque no ha nadado por mí, porque no es posible, a veces desde la otra orilla me ha guiado, me ha acompañado. Pero definitivamente, a mí me ha tocado, y me sigue tocando, hacer mi trabajo.

Te comparto una historia entre fantasía, realidad y magia.

En mi libro *Crear el espacio para el amor* y el audiolibro *De la codependencia a la conciencia*, hablo acerca de una relación con una persona que tenía problemas serios de alcoholismo, que era mujeriego y que estuvo en mi vida durante dos años y medio aproximadamente.

Dos años y medio no suena mucho tiempo, pero de verdad para mí fue agotador, fue muy doloroso y vergonzoso, porque además se suponía que yo era una "experta" en cuestiones de codependencia. Y allí estaba yo, totalmente atrapada en esa situación, sin saber cómo liberarme; de hecho, creo que cada vez que intentaba escapar, me enredaba más y más.

Busqué terapia, tomé talleres, me fui a un retiro, entré en un grupo de Al-Anon, hice todo lo que digo que hay que hacer para salirme de esta situación. Salía un poquito, pero siempre regresaba y cada vez me complicaba más.

Un día me rendí, me di cuenta de que lo que estaba haciendo era tratar de controlar lo externo, luchar contra monstruos externos que en realidad ni existían, eran simples fantasmas de mi mente. Y allí estaba perdiendo toda mi energía, mi intento, mi fuerza.

No voy a describir todo lo que hacía en ese intento de transformar la relación que yo quería que fuera, en la que él, gran vendedor, me había vendido lo que sería, y yo, gran codependiente, le había comprado sin chistar. Era como haber caído en las redes de una gran araña —así como el hobbit en el *Señor de los Anillos*—, y cuanto más luchaba, más me enmarañaba. Pero a diferencia de la escena de la película, donde el hobbit sí es atrapado por una araña grande y horrible "de verdad", mi araña no era real, era mi mente. Mi mente y sus mil formas de querer controlar.

Me rendí y reconocí que no podía hacer nada que realmente funcionara. Este hombre es como es, y la relación era lo que era. Y en esa rendición llegó la fuerza. Pude alejarme (no lo cuento aquí con detalles, pero pueden leerlo o escucharlo en el libro o el audiolibro que mencioné anteriormente).

Pero lo mágico vino después. Aun cuando ya no estaba con esta persona, y me sentía bien con ello, ya estaba de vuelta en casa, en mi pueblo mágico de donde me salí con él en un último intento de que la relación funcionara, algo no estaba completo, algo faltaba para mí.

Curiosamente, sentía casi todo el tiempo una sensación muy clara: un gran vacío y un remolino energético cerca del plexo solar. Para quienes están familiarizados con el término, justo en el tercer chakra, el centro energético de donde surgen las luchas de poder, los conflictos con las relaciones y, de acuerdo con algunos maestros, las adicciones. No era algo doloroso, pero sí molesto y sentía también que venía desde la zona sexual, desde el primer chakra.

Así anduve varias semanas, hasta que un día coincidí con mi hermano en la Ciudad de México, en casa de nuestra hermana Patricia, adonde llegábamos a trabajar. Siempre que coincidíamos, al final del día, nos íbamos a cenar, o cocinábamos en casa con un buen vino y una excelente charla. Allí mencioné lo de esta sensación energética que continuaba en mi cuerpo. Raúl ofreció hacerme una sesión a la mañana siguiente y explorar qué pasaba.

Normalmente las sesiones de Raúl toman hasta cuatro horas, a veces más con la entrevista que hace y luego la exploración. Yo pienso que estaba tan lista que en menos de una hora terminamos. Les cuento: Raúl sabía de esta relación que recién había terminado, como toda mi familia conocía al sujeto en cuestión, ya que era supuestamente una relación muy "formal"; estuvimos hasta comprometidos, compromiso que, en un momento de sanidad rompí, regresándole el anillo y saliéndome de su casa, a la que unas semanas más tarde regresé, como pasó tantas veces.

Durante la sesión le mencioné a Raúl mi sensación corporal y por allí empezamos. Entré en trance, muy consciente, muy relajada y empecé a ver imágenes en mi mente. Me vi como una bruja, una mujer de poder que había perdido todo. Estaba en un bosque, no perdida, pero buscando algo. Esta imagen de mí como bruja ya la había tenido unos años antes en una sesión de terapia muy profunda. Esta vez, yo, la bruja, buscaba algo que había perdido, algo que le habían quitado del pecho, no sabía qué, pero sí sabía que faltaba algo. Llegué a lo que parecían las ruinas de un castillo y me acerqué. Vi desde lejos una chimenea bastante derruida y enfrente a un personaje sentado en una mecedora. Sentí miedo porque lo reconocí. Ese personaje también había surgido en esa sesión de terapia de años antes.

Quiero aclarar algo antes de continuar: yo creo en otras vidas. Es una creencia que me hace mucho sentido y pienso que en algunos momentos recordamos algunas cosas como una manera de resolver situaciones que están atoradas. También sé que hay mucha charlatanería en esto y soy sumamente cuidadosa con el tema.

Personalmente, creo firmemente en lo que escribí en el capítulo de los arquetipos, en esa gran alberca de información que es el inconsciente colectivo y creo en la magia de los símbolos como el lenguaje de nuestro inconsciente personal, que constantemente busca apoyarnos desde su sabiduría y se muestra en sueños y en otro tipo de viajes internos y externos. Mi experiencia puede ser cualquiera de estas cosas; no importa, lo importante es lo que se aprende, lo que se entiende y lo que nos deja. Y así fue para mí.

En esa historia, yo había puesto mi poder, mi magia al servicio de un rey poderoso. Y de acuerdo con lo que viví en la terapia de años antes, al final este rey se había sentido atemorizado por mi poder y me quemó en una hoguera.

Antes de morir, en la celda donde yo estaba, esperando a que amaneciera para ser sacrificada, apareció un ser de luz: mi maestro cuya enseñanza y comunidad yo había abandonado para irme en pos del poder de ese rey. Él me habló y me recordó mi propia luz, ofreciéndome dos alternativas: yo iba a morir, sería quemada al amanecer, eso tenía que ser. Sin embargo, podía renunciar a mis poderes y regresar en una próxima vida ya sin ellos, pero también sin el mal en mi corazón. En pocas palabras, regresaría al camino blanco. La otra opción era morir con mis poderes intactos y seguir el camino negro a donde me llevara. Según esta historia, yo había renunciado al poder para regresar al camino de luz. Recuerdo que lloré mucho durante esa sesión, sentí el corazón llenándose de luz y de amor a mí misma. Sentí que finalmente el perdón entraba en mí. Esto, como dije, pasó muchos años antes de tener la sesión con mi hermano. En esta última —que era como una continuación—, yo regresaba a ese mundo buscando "eso" que me faltaba, de alguna manera sabiendo que se lo había quedado ese ser a quien llamaba rey. Lo veía de lejos y, aunque sentí miedo, me fui acercando. Lo vi en su trono o silla o lo que fuera, era un anciano, totalmente decrépito, no había rastro de su gran poder de otros tiempos.

Me acerqué más, guiada por la voz de mi hermano a quien yo le iba relatando todo, y vi que de su pecho colgaba un medallón, una especie de guardapelo. Lo reconocí, sabía que dentro de ese relicario había una gota de mi energía. Algo que seguramente él me robó, o que quizá incluso yo se lo di buscando conseguir más cosas de él.

Esa gota de energía representaba mi poder, no el de la magia negra, sino el poder espiritual, mi poder de mujer, hija de la Gran Diosa, la Gran Madre. Supe que tenía que recuperarlo, porque, de no hacerlo, seguiría, como muchas otras mujeres, caminando por la vida sin poder personal, mismo que regalé a otra persona.

Me acerqué al anciano, quien no se movió, posiblemente porque no podía, sólo me miró a través de unos ojos muy viejos, cubiertos de una especie de cataratas azules y se aferró al medallón con sus manos huesudas. Yo sentí mucha repulsión de tocarlo, pero aun así le arrebaté el medallón y, con él en mis manos, me alejé. Fue tan fácil hacer esto que yo misma me sorprendí.

Ya lejos de este sitio, me senté en un hermoso lugar del bosque iluminada por una mágica luz de luna. Sentí mucha calma y pude llorar en paz. Luego supe que tenía que liberar mi energía de ese medallón y colocarla en el hueco que sentía en mi plexo.

No sabía cómo hacerlo. Con los ojos aún cerrados, le pregunté a Raúl y él me dijo que le preguntara a mi ser sabio. Lo hice y me escuché diciéndome: "Yo te guiaré hacia el ser que puede colocar tu energía de regreso en tu cuerpo".

Y así empecé, en este mi mundo interno, a caminar hacia una montaña que se veía no muy lejos. Conforme me iba acercando pude ver una fogata y escuchar voces de mujeres entonando unos hermosos cánticos. Ellas estaban sentadas en un gran círculo alrededor del fuego; sentí mucha emoción y me acerqué aún más.

Entonces la vi: una mujer anciana que estaba de espaldas. Gracias a la luz de la fogata, pude distinguir sus largos cabellos canosos y el chal que la cubría. Sentí algo especial cuando la vi, entre otras emociones, unas fuertes ganas de llorar.

Pregunté a mi guía interna qué debía hacer, me indicó acercarme, pedí permiso para ello. Aunque la mujer anciana seguía de espaldas pude "sentir" su invitación a acercarme con el medallón. Así lo hice, muy lentamente, mientras mi corazón latía muy rápido.

Cuando estaba a un paso de ella, se volteó y pude verme en su mirada. Dije en voz alta que estaba enfrente de ella y Raúl me preguntó: "¿Sabes quién es?". Y entonces la reconocí: "Sí, Raúl, es mi ser del futuro, yo misma en muchos años, mi ser anciana". Y me reí.

En mi mundo interior yo le entregué el medallón y ella lo colocó con sus manos en mi plexo solar. Pude sentir una fuerte energía que salía del medallón y se acomodaba dentro de mi cuerpo. Luego, la anciana me abrazó y escuché su voz en mi interior: "Sigue tu camino, Aura, el camino que te traerá hasta mí". Y se volteó, regresando a los cantos con las otras mujeres y tirando el medallón al fuego.

Yo me fui alejando hasta llegar a un punto en el cual empecé a regresar al mundo consciente, con todo muy claro en mí, tal como Raúl me había dicho que sucedería. Escribí la aventura y retomé la vida. Pero una cosa que sí quiero decir es que esa sensación de vacío y el remolino en mi plexo desaparecieron para siempre. Nunca más los he vuelto a sentir y algo profundo cambió en mi forma de relacionarme con los hombres.

De nuevo, no sé de qué se trató esta historia. Lo que sí sé es que yo la viví y la sigo viviendo como una aventura dentro de la gran búsqueda, tan necesaria en el camino de completarme. Todos esos personajes —y hay muchos más en las distintas historias que he vivido— son parte de mi propio ser, diferentes aspectos de mí.

Son arquetipos que toman vida y actúan con toda su fuerza. La bruja, el mago malo —que representan al antihéroe—, el camino, el renacimiento y el arquetipo del *self*, o el sí-mismo, es la imagen central de la persona en la teoría de Carl G. Jung. Representa la totalidad de la persona, tanto la parte consciente como la inconsciente manifestándose en mi ser interior y en la anciana, todos juntos siendo los actores y actrices de las historias que me ayudan a crecer.

Tampoco es que estas cosas me sucedan a la ligera, aunque a lo mejor así les ocurre a algunas personas. Para mí, esta victoria fue una consecuencia de años y años de trabajo personal, de meditaciones, de viajes profundos internos y del valor de querer ver más allá del mundo que una se construye en la mente.

Si algo puedo reconocer de mí es que soy bien entrona en lo que se refiere al camino espiritual; he sido valiente y me permito correr ciertos riesgos, pero al mismo tiempo soy sumamente cuidadosa de con quién comparto mi camino.

El camino que he andado ha sido este laberinto donde he encontrado mil aventuras, mil historias, mil personajes, y todos me han ayudado en su momento a pasar alguna prueba que me permita continuar el camino del autoconocimiento. Paso a paso, descubrir quién soy.

Lo que me es claro es que la búsqueda y la lucha son y seguirán siendo internas. Por eso no nos sirve culpar o intentar cambiar a otras personas o circunstancias que están fuera de nuestro control. En algún momento de la relación que les compartí, hice a mi expareja el enemigo; pero no era él, el enemigo estaba en mí y ése fue un gran aprendizaje.

Él estaba en mi vida porque yo no quería ver ese aspecto en mí. Las mentiras, la infidelidad, las adicciones, todo eso era parte de las características que formaron mi *animus*, tal como lo comento en el capítulo 4. Y mientras yo pensara que el problema era el otro y yo tenía que cambiarlo de alguna manera, seguiría prisionera y perdida en el laberinto.

Todas las personas, en mayor o menor medida y en diferentes momentos de la vida, nos hemos enfrentado a diferentes tipos de retos. Y no hace falta luchar contra dragones o hacer uso de la magia. Una nueva relación o un cambio repentino —como perder a alguien significativo, quedarte sin trabajo o mudarte a otra ciudad— pueden llevarnos al centro de nuestra experiencia y enseñarnos a sobrevivir, a aprender a encontrar todas las respuestas por el camino. Quizá no haya nada más heroico que eso.

Nuestro adversario es interno, aunque se presente en el exterior como "el malo, la mala"; la verdadera lucha se libra dentro de ti. Y en la breve historia que relato al inicio de este capítulo acerca de la mujer que sufre, yo espero que algún día se dé cuenta de que no "todos los hombres buscan sólo sexo"; que si se rindiera —que en su caso sería dejar de buscar pareja por ahora y mejor dedicarse a trabajar honestamente en ella, salirse de su papel de víctima y responsabilizarse de sus asuntos emocionales— quizá podría percatarse de que el asunto de no ser apreciada como mujer y ser vista como objeto sexual —como ella expresó que se siente— es algo que trae dentro y por eso "jala", literalmente, a este tipo de hombres.

Darse cuenta, hacerse responsable y trabajar con esto seguramente cambiaría su frecuencia y atraería a otro tipo de hombres, mujeres, e incluso circunstancias. Su autoapreciación y autorrespeto atraerían a personas y situaciones que manifiesten justo eso: aprecio y respeto en su vida.

EL VIAJE DE LA HEROÍNA

El viaje del héroe, en este caso de la heroína, trata menos de la persona como tal que del camino que se necesita recorrer para conocerse a sí misma. No se trata de sentirnos heroínas, porque al final ése es uno más de los arquetipos que necesitamos integrar, sino apreciar el camino, el laberinto y estar dispuestas a enfrentar lo que vaya surgiendo, siempre con el intento de ir más profundamente en nosotras, conocernos mejor.

Y desde el umbral de este libro, se abre ante ti un universo de posibilidades y descubrimientos. La idea en este capítulo es que no sólo seas una simple espectadora, sino protagonista de tu propia historia, la cual, lo sepas o no, está en constante evolución.

Para los griegos, cualquier persona que no se conociera a sí misma estaba condenada a deambular sin rumbo por toda su existencia. Entonces es mejor tomarnos el tiempo de realmente saber quiénes somos y abrazar todo aquello que nos ayude en esta jornada.

Los seres humanos, como dijo Viktor Frankl, somos seres espirituales en una experiencia humana, y esta experiencia es nuestro camino espiritual. Hoy en día hay mucha información, tanta que a veces puede resultar confusa: creer o no en otras vidas, en otros cuerpos sutiles, ¿quiénes somos realmente?, ¿cuál es nuestro karma?, etcétera. Hay de todo en el mercado espiritual: desde personas que aseguran hablar con ángeles —pero si les preguntas acerca de su familia no hablan con muchos de ellos— hasta gurús que prometen esto o aquello si les das "like", los sigues, entras a sus talleres o compras pócimas o lo que estén ofreciendo.

Carlos de León, cuando iniciamos el sendero espiritual hace más de 40 años, hablaba ya de esta situación y de la posibilidad de equivocar el camino y caer en manos de maestros o maestras que no necesariamente son malas personas, pero que muchas veces ofrecen un camino a favor del ego: "Te mereces", "Puedes tenerlo todo", "Sé feliz" "Siéntete única y especial". Ésta es una línea muy fina, porque, aunque todos somos especiales, nadie lo es por encima de los demás, y creernos que somos y "merecemos" algo especial lo vuelve un camino del ego, no para crecer en espíritu.

Por eso es importante desarrollar nuestra intuición, que es la gran brújula en nuestras vidas, y cultivar esa sabiduría que nos ofrezca la capacidad del discernimiento sobre lo que tomamos de afuera.

Hoy, más que nunca, esto es verdad. Basta meterse a los medios para ver la cantidad de "maestros" y "gurús wannabe" que simplemente se aprovechan de la ingenuidad de muchas personas, de sus miedos y de su necesidad de sentirse importantes, para atraerlos como mosquitas a la red de la araña. Esa telaraña es la sociedad de afuera; quizá actúa de manera impersonal, pero si no desarrollamos la intuición y la sabiduría necesarias para el camino, si no despertamos la conciencia, esta red nos atraerá y nos atrapará.

"Uno no se ilumina imaginando figuras de luz,
sino haciendo consciente la oscuridad".

CARL G. JUNG

Carl Jung, de quien hablé ampliamente en los primeros capítulos, desarrolló el concepto de la "sombra". Este concepto lo he tocado anteriormente en mis otros libros, porque de verdad es vital entenderlo y trabajarlo en nuestro proceso. Si ignoramos esta parte de nosotros, creyendo que así no tendremos que lidiar con ella, nos tomará, nos controlará y sin darnos cuenta le habremos dado el mando de nuestras vidas. Hablemos un poco de la sombra entonces.

En el viaje de la sanación y transformación de nuestro ser herido hacia un ser consciente, necesitamos reconocer, asumir, abrazar literalmente todo lo que nos forma; esto incluye esas partes que hemos escondido, negado por considerarlas "no correctas", arrojado a lo más profundo de nuestro inconsciente ante el temor de ser rechazados por las otras personas. Esto se conoce como la "sombra".

Es la parte que negamos o reprimimos porque nos incomoda o nos atemoriza. Nuestra sombra es todo eso que creemos que NO somos. Cualquier cosa que no encaja en nuestro "ser ideal" se convierte en nuestra sombra.

Consiste en una acumulación de situaciones en nuestra vida o parte del ser que nos rehusamos a mirar y a aceptar, y que por lo mismo se convierte en la oscuridad almacenada en nuestro inconsciente. Ahí guardamos todo aquello que rechazamos y que odiamos dentro de nosotras, tal como nuestra ira, celos, miedo, vergüenza, mentiras, ignorancia, amargura, sexualidad, viajes de poder, etcétera.

Nuestra sombra guarda todo lo que creemos que es "malo", ya que generalmente sólo queremos aceptar nuestras cualidades "buenas"; entonces empujamos nuestros secretos más oscuros hacia lo más profundo de nuestro inconsciente, creando nuestra "sombra".

Pero no hay otra opción: si queremos ser seres completos, si estamos buscando recuperar nuestro poder como mujeres —y también los hombres— necesitamos reconocer todas las piezas del rompecabezas, aun las que no nos gustan, y entonces armarlo con todas ellas. De otra manera, el trabajo estará incompleto.

Cuando puedes decir "yo soy eso" refiriéndote a todos los aspectos más oscuros de tu ser, entonces estarás abrazando tu ser completo.

Para cumplir con esta tarea, metafóricamente has de estar dispuesta a bajar al inframundo y reconocer tus propios tesoros. Para explicar este proceso usaré de nuevo las historias mitológicas de Deméter y Perséfone —de quienes hablé en el capítulo 3— y de la diosa Inanna, que ejemplifican el descenso a nuestras profundidades; ese reino del inconsciente y el regreso que trae la transformación profunda de cualquier proceso de crisis sostenido por la conciencia y la visión terapéutica.

Como escribí antes, Perséfone es raptada inesperadamente por Hades, rey de la muerte y del mundo subterráneo, y es convertida en su esposa. Mientras tanto, su madre, Deméter, diosa de las cosechas, la busca desesperadamente. Finalmente consigue saber dónde está su hija y negocia su salida del mundo subterráneo con Zeus.

Deméter pregunta a Perséfone si ha comido algo en el mundo subterráneo, Perséfone le responde que ha comido el fruto de la granada que Hades le ofreció. Deméter sabe entonces que ya nada será como antes, su hija ya no es la chica joven e inocente que fue raptada; ha crecido, se ha transformado en mujer y ahora emerge como la reina del mundo subterráneo.

Finalmente, Perséfone pasará seis meses cada año en el mundo visible y seis meses en el mundo invisible. Este mito nos cuenta en forma poética este descenso a la oscuridad del que una emerge y ya no es la misma; después de las experiencias nunca seremos las mismas. En el proceso, Perséfone aprende el funcionamiento del mundo subterráneo y vuelve al mundo externo con el conocimiento adquirido y la sabiduría.

La segunda historia es de Inanna, una antigua diosa sumeria que abandona su lugar como reina del cielo para bajar al submundo a fin de encontrarse con su hermana Ereshkigal. Inanna representa distintos aspectos positivos de lo femenino: independencia, poder, determinación, autodominio, pasión. Ereshkigal, al verla, se resiente ante la feminidad, belleza y fuerza de su hermana. Ordena que le abran las siete puertas que dan acceso al mundo de los muertos, a condición de que en cada puerta Inanna debe desprenderse de algo de lo que lleva: sus joyas y vestidos, su corona, pendientes de lapislázuli, las perlas de su cuello, su cinturón de oro, todos sus símbolos de realeza. Al encontrarse con Ereshkigal, ésta posa sus ojos de muerte en su hermana, la golpea hasta matarla, luego coloca su cuerpo en un gancho para colgar animales.

Al enterarse de esto, Enki, padre de Inanna, manda a dos ayudantes con regalos para Ereshkigal a cambio del cadáver de Inanna. Finalmente, Inanna es rociada con el agua de la vida y renace, transformada. Ereshkigal simboliza el lado oscuro, negado de Inanna, la envidia, los celos, la rabia, los patrones autodestructivos. Inanna necesita entrar en contacto con sus aspectos inconscientes reprimidos y negados. En su descenso, debe desprenderse de falsas ilusiones y de viejos patrones. Debe desistir de un modo obsoleto de vida para renacer transformada. Inanna desciende, abandona su control y muere, renaciendo a una nueva forma de vida y de sabiduría.

Estas dos historias personifican el viaje de la heroína y del alma hacia lo más profundo, para volver con el tesoro de la sabiduría.

En los mitos y las leyendas de todas las culturas encontramos la historia más antigua jamás contada: la del viaje del héroe o en este caso, la heroína.

Estas historias son una metáfora para describir el viaje interno de transformación que pasa inevitablemente por un descenso al inframundo del cual regresamos transformadas, con un "tesoro" para compartir.

Estos mitos —la historia de Inanna o el relato griego de Perséfone, que descienden al inframundo— implican que, para sanarnos a un nivel profundo y abrazar nuestra plenitud y autenticidad como mujeres adultas, requerimos transitar inevitablemente por la experiencia de mirar y acoger las partes nuestras que hemos negado o rechazado para protegernos del dolor de nuestras heridas.

En el tarot se habla de algo similar, los 22 Arcanos Mayores, las cartas principales —que también menciono en el primer capítulo—, representan en un sentido el viaje del alma desde la separación y el regreso a Dios. Y en este viaje vamos conociendo diferentes aspectos no sólo de la vida, sino de nosotras mismas. La idea es aprender a abrazarlos e integrarlos en nosotras, no sólo la bella carta de la Emperatriz, sino también la del Diablo, que representa nuestra oscura sombra.

El Loco, carta que tiene el cero como número, es el arquetipo que representa el estado, inocente y confiado de los humanos cuando se inicia el viaje, porque, como decía mi maestra Regina, q.e.p.d., hay que estar locos o locas para aventarnos en este mundo.

En los números arábigos, el cero tiene la forma de un huevo, para indicar que en él se encuentran todas las posibilidades. Originalmente el cero se representaba como un punto, mismo que encontramos en la tradición hermética y cabalística para expresar que el universo emerge de un punto: Bereshit, el Huevo de Luz. Por otro lado, el Loco no tiene un lugar fijo en la Jornada de los Arcanos, es movimiento, cambio, el salto constante a través de la vida. Es el impulso del amor y del espíritu que nos mueve y nos ayuda a salir de esos huecos en los que a veces caemos y, a veces, brincamos en ellos voluntariamente y luego no sabemos cómo salir.

El Loco nos enseña que la vida es una continua danza de experiencias. Además, simboliza el salto que nos lleva al interior del mundo arquetípico de los arcanos. Y como dije antes, sólo estando locas nos metemos en el mundo de símbolos e imágenes del inconsciente. Pero es una locura necesaria, si queremos crecer y florecer en nuestro potencial.

La siguiente es una descripción del Loco de Rachel Pollack, extraída de su libro *Los Arcanos Mayores del tarot* (el original viene escrito en masculino, lo paso al femenino por la naturaleza de este libro):

Como en muchos cuentos, donde los personajes se acompañan de animales que los ayudan en sus aventuras, el Loco de Waite va acompañado de un perro que salta, en otros de un gato e incluso de un cocodrilo. El animal simboliza las fuerzas de la naturaleza y el lado animal de la mujer en armonía con el espíritu que actúa a partir del instinto.

Los perros mitológicos suelen ser terribles, como el Mastín del Infierno que persigue a las almas perdidas, pero es la misma bestia, lo único que cambia es nuestra actitud interior. Si niegas tu propio instinto, éste se volverá feroz. Sé su amiga y te acompañará siempre, ayudándote en las aventuras.

El Loco de Waite lleva una rosa blanca en su mano, la rosa simboliza la pasión, pero aquí, el blanco color tradicional de la pureza, unido a la delicadeza con que es sostenida la flor, indica que las pasiones se han elevado a un nivel superior.

El hato que carga en la espalda son sus experiencias, no las abandona, no las olvida, simplemente, ellas no lo controlan, tal como frecuentemente los recuerdos y los traumas del pasado controlan nuestras vidas. El hato muestra la cabeza de un águila, símbolo del espíritu que asciende. Su instinto superior impregna y transforma toda la experiencia. El águila es también el símbolo de Escorpio elevado a un nivel superior, es decir, de la sexualidad elevada a la condición de Espíritu.

Como una vagabunda, el Loco anda con un palo al hombro, pero esta vara es en realidad una vara mágica, símbolo de poder. El Loco la sostiene de manera tan despreocupada que no vemos que hay ese poder. La vara del Loco es negra, lo cual expresa la potencialidad de todas las cosas, la energía infinita de todas las cosas antes que la conciencia haya erigido límite alguno. Este negro es la propia y profunda fuente inconsciente de la vida. Como el comodín, el Loco puede ocupar realmente cualquier lugar junto a otro de los arquetipos, trayendo vida y animación a las imágenes estáticas.

Tal como se describe aquí, iniciamos nuestro viaje y, al igual que en las historias mitológicas, necesitamos entrar a nuestro propio infierno, que es la parte del inconsciente personal y el colectivo, de los cuales hablo en el tercer capítulo. Una vez que surgimos de él, la inocencia persiste, pero ya no es una inocencia ingenua, es la sabiduría que conserva la inocencia del asombro, del sabernos siempre aprendices, entendiendo que estamos eternamente experimentando y aprendiendo. La terapia, la meditación —trabajos profundos— y el trabajo con los sueños son algunas de las formas en que podemos tocar lo profundo del inconsciente.

El mitólogo y antropólogo Joseph Campbell habló y escribió acerca del gran mito del héroe que, de acuerdo con él, se encuentra en todas las culturas y en todos los tiempos.

Campbell utilizó el término "el viaje del héroe o de la heroína" para referirse a esta jornada del espíritu, ese impulso que nos empuja a la aventura de la vida, para transformarnos, despertando la conciencia a través de las experiencias y devolver un regalo sanador a la comunidad.

Campbell, como muchos maestros antes y después que él, se dio cuenta de que cada historia de transformación humana sigue una estructura increíblemente similar: la búsqueda del héroe, heroína, que abandona el mundo ordinario, su vida cotidiana, para enfrentarse a un adversario, alguna situación, un reto difícil y regresar a su tierra después de una profunda transformación interna.

Esto lo vemos en tantas y tantas historias, antiguas y contemporáneas, ya que es la base de la aventura humana. Mientras escribo esto, me viene claramente la historia de *El Señor de los Anillos*, excelente ejemplo de este viaje. Como comenté, en casa éramos amantes de este tipo de libros y cuando salió la película corrimos a verla. La historia es exactamente lo que conlleva el viaje del héroe.

Para quienes no la conocen, les comento: *El Señor de los Anillos*, escrito por J. R. R. Tolkien, se desarrolla en la Tercera Edad de la Tierra Media, un lugar ficticio poblado por hombres y otras razas humanoides (hobbits, elfos y enanos), así como por muchas otras criaturas reales y fantásticas. La novela cuenta el viaje del protagonista, el hobbit Frodo Bolsón, para destruir el Anillo Único y la consiguiente guerra que provocará el enemigo para recuperarlo, ya que es la principal fuente de poder de su creador, el Señor Oscuro, Sauron. En esta historia podemos claramente vislumbrar las tres etapas que menciona Campbell en *El viaje del héroe*:

1. **La inocencia del jardín:** la vida cotidiana de los hobbits en su hermosa pradera, donde viven para celebrar y disfrutar.

2. **El exilio y las pruebas del desierto:** justo ocurre cuando tienen que emprender el viaje, mismo que no desean hacer pero que saben que es necesario para salvar a la humanidad. Se enfrentan a muchos peligros durante el viaje, surgen otros personajes, aliados, enemigos, magos blancos, magos negros, seres horribles y otros hermosos. Unos ayudan y otros los atacan.

3. **Llamado a regresar a la comunidad con un nuevo yo:** al final de esta gran aventura, los sobrevivientes regresan a casa, o encuentran nuevos hogares. En el caso de Frodo, el héroe principal, él se da cuenta de que ya no es el mismo hobbit amante de travesuras y simples placeres. Principalmente en él se nota un cambio profundo derivado de esta travesía.

Algo similar nos relata Campbell: el héroe o la heroína debe cruzar los umbrales hacia un nuevo territorio, saliendo de su zona de confort, a fin de encontrar los guardianes adecuados y enfrentar y transformar los "demonios" o "sombras".

Estos relatos, nociones, historias, del viaje del héroe o de la heroína nos regalan un poderoso mapa de ruta para transitar y afrontar los desafíos del crecimiento y el cambio personal. Algo que cualquiera de nosotras enfrentaremos ante el deseo de un verdadero crecimiento integral.

Es verdad que, con frecuencia, cuando encaramos los desafíos de la vida —nuestros demonios, que son más bien demonios internos— al principio nos podemos sentir muy abrumadas, más víctimas que heroínas, y el ejemplo del hobbit Frodo es muy preciso, ya que jamás se vio a sí mismo como el héroe, no era alguien particularmente valiente, pero su corazón lo guía a través de peligros mortales.

Y me parece que todas las que hemos pasado a través de procesos difíciles —y si estás en esta realidad no los puedes evitar— conocemos esta sensación y también cómo al volver la vista atrás, cuando ya todo se calmó, podemos ver los cambios y algo nuevo en nosotras.

Campbell describe 17 etapas o pasos a lo largo del viaje que debe seguir el héroe —la heroína en nuestro caso—, pero más adelante se disminuyó a 12 pasos. Estos 12 pasos, en resumen, tratan una historia circular en la que un protagonista inicia un viaje que le cambiará la vida, pasando por dificultades para conseguir un objetivo y poder volver a casa.

Veamos entonces cuáles son estos pasos y la invitación es escribir acerca de cada uno de ellos todo lo que vaya surgiendo, con la idea de descubrir cómo se asemejan a las etapas en nuestra propia vida.

Recordemos que nuestro ser necesita siempre viajar a los rincones oscuros del inconsciente para crear más y más conciencia. Es, en concepto de Jung, el proceso de individuación de cada ser vivo.

El viaje del héroe, la heroína, de Campbell se divide en tres etapas principales: la partida, la iniciación y el regreso. Cada una de estas etapas se divide en subetapas que se repiten en todas las historias.

LAS 12 ETAPAS DE LA JORNADA ESPIRITUAL DE LA HEROÍNA

1. Mundo ordinario
Aquí es donde existimos, antes de siquiera imaginar el viaje y las aventuras que están por venir. Es nuestra zona de confort, nuestra vida cotidiana. Aquí escribe los detalles de tu vida, de tu zona cómoda. Como ejemplo podemos usar una relación que no funciona (puede ser una situación si así lo prefieres), pero que de alguna manera no estás lista para dejar. Es tu zona de confort.

2. Llamada a la aventura
La aventura de la heroína comienza cuando recibe una llamada a la acción. Puede tratarse de una amenaza directa a la seguridad de tu vida, algo que altera tu zona de confort, incluso un sentimiento profundo de no estar a gusto con lo que vives hoy.

Puede que no sea algo demasiado dramático, simplemente algo sucede que te hace ver que ya no estás bien donde estás.

3. Rechazo de la llamada

Aquí es cuando nos rehusamos al cambio. Quizá por comodidad, quizá por miedo. Y mucho porque aquí se tocan las grandes inseguridades de una misma.

Es posible que una parte de nosotras quiera salir de la situación, o relación, que ya no funciona, encontrar algo mejor, pero los miedos aparecen y por lo mismo no nos atrevemos a tomar la acción, es decir, aceptar la misión del alma. Surgen muchas dudas personales, es una etapa de estancamiento, de sufrimiento, de inseguridad. Nuestra mente encuentra todo tipo de justificaciones para no movernos de donde estamos. "Más vale malo por conocido, que bueno por conocer", nos dice la mente.

4. Encuentro con la maestra

En este punto de estancamiento, cuando la heroína necesita desesperadamente orientación, se encuentra con la figura de un maestro, una maestra, un guía que le da algo que necesita. Puede ser un consejo de ir a terapia, a grupos de apoyo, buscar ayuda espiritual, algo que ayude a clarificar el camino a seguir. En el ejemplo que estamos usando, es sentir que se llegó a un punto en el cual ya no se tolera tanto sufrimiento causado por la ambivalencia interna, esos tirones internos de ir a un lado y luego al otro. ¿Me quedo o me voy? Decidimos finalmente buscar ayuda.

5. Cruzando el umbral

Estamos listas para tomar acción y trabajar seriamente en nosotras, comenzar verdaderamente la búsqueda en los niveles que se requiera. A veces lo hacemos de manera voluntaria, a veces un poco empujadas, pero al final cruzamos el umbral, ese punto entre lo conocido y lo desconocido, con todo y el miedo.

En el ejemplo, la persona busca terapia y finalmente se compromete a un verdadero proceso. No más curas rápidas, ahora sí vamos a lo cierto.

6. Pruebas, aliados y enemigos

Finalmente, fuera de nuestra zona de confort, nos enfrentamos a diferentes desafíos que nos ponen a prueba de diversas maneras. Surgen obstáculos en el camino, ya sean físicos o personas que de forma consciente o inconsciente están empeñadas en bloquear el camino, incluso impedir que la persona continúe hacia el otro lado del umbral. En esta etapa nuestra heroína encuentra a sus aliados, que, junto al maestro, la acompañarán en el resto del viaje aportando diferentes cualidades y defectos al grupo. Para hacer frente a la heroína y a sus aliados estarán los enemigos, unas fuerzas poderosas con las que la heroína tendrá que lidiar; el objetivo del enemigo es simple: impedir que ella cumpla su plan.

¿Qué nos recuerda esto en nuestra propia vida? Situaciones que se presentan cuando decidimos salirnos de esa relación y nos concentramos en nuestra sanación. No falta la "amiga" que con sus consejos trae confusión a nuestras decisiones, o el familiar que te hace sentir que estás mal. Aquí nos toca aprender a confiar en nosotras, en nuestra intuición y saber en quién se puede confiar y en quién no. Empezamos a conocernos mejor, enfrentamos nuestros miedos, pero también encontramos nuestros recursos, nuestras habilidades. Hallamos una comunidad, un grupo de personas que también desean cruzar su propio umbral y tener su viaje de autodescubrimiento. Quizá haya un maestro o maestra física o más espiritual.

En cuanto a los enemigos, aunque es cierto que hay personas que nos confunden y hasta dañan, estoy convencida de que éstas son proyecciones de los enemigos internos, a los que hay que vencer. Recuerda el viaje de Inanna al inframundo y cómo morir y renacer trae consigo la integración de todas las cualidades negativas atribuidas a la hermana Ereshkigal, pero en realidad son parte de ella misma y el integrarlas es el verdadero objetivo de su viaje.

7. Acercamiento a la caverna más profunda

La historia avanza y las pruebas cada vez son más difíciles, la heroína puede superarlas o no, pero, en cualquier caso, gana experiencia. Conoce mejor a sus enemigos, internos y externos, lo cual le proporciona un mayor conocimiento de sí misma. Este autoconocimiento será su gran arma, su gran herramienta a lo largo del camino y le será de gran utilidad para prepararse en su salto a lo desconocido, lo nuevo.

En el umbral de la cueva, la heroína vuelve a enfrentarse a algunas de las dudas y temores que surgieron por primera vez tras su llamada a la aventura. Es posible que necesite algo de tiempo para reflexionar sobre su viaje y el camino que tiene por delante a fin de encontrar el valor para continuar.

En el ejemplo de abandonar una relación disfuncional, podría tratarse de una separación definitiva, legal. Antes de firmar el divorcio o de hacer algo que cierre la relación.

8. El calvario o la gran prueba

Momento dramático, de clímax en el que la heroína vive algún tipo de crisis que le pone a prueba al más alto nivel, una situación de vida o muerte en el que se decidirá el rumbo del camino. La heroína lo supera gracias a las experiencias ganadas. Podríamos imaginar que es la lucha contra los demonios internos, nuestros miedos profundos, la soledad, las inseguridades, alguien de fuera que parece amenazante y se teme por la propia seguridad.

Este paso nos llama a usar todas las habilidades y experiencias acumuladas en el camino para superar el desafío más difícil. Es necesaria una muerte para experimentar el renacimiento y por eso se dice que éste es el punto culminante de la historia de la heroína y donde todo lo que ama se pone en juego.

¿Puedes pensar en algo en tu vida que te recuerde esta situación?

9. Recompensa

Después de derrotar al enemigo, sobrevivir a la muerte y finalmente superar su mayor desafío personal, la heroína alcanza un nuevo estado de conciencia, emergiendo de la batalla como una persona más fuerte y, a menudo, con un premio físico, moral o trascendental. La recompensa puede presentarse de muchas formas: un objeto de gran importancia o poder, un secreto, mayor conocimiento o percepción, o incluso una reconciliación con un ser querido o aliado.

Pero aún no es tiempo de descansar y celebrar, aún faltan pasos para concluir el viaje.

¿Cómo podemos visualizar algo así en nuestras vidas? Algún momento donde logramos una victoria sobre algo importante, pero supimos que aún faltaban pasos. La guerra, aunque ganada una batalla, todavía no terminaba.

Y justo me viene a la mente el regreso físico cuando dejé una relación terrible. Finalmente encontré el valor para hacerlo, tomé mi coche, lo llené con mis cosas y mis gatitas y emprendí el regreso a casa, un viaje de cinco horas. Estaba libre, pero aún faltaba el camino de retorno y parte de esto era limpiar todo el dolor vivido y recuperar mi vida con una nueva visión.

10. El camino de vuelta

Es momento de regresar con la recompensa, pero no todo ha terminado, nuestra heroína se enfrentará a una prueba final para regresar al mundo ordinario. Quizá un nuevo combate contra un villano que parecía derrotado.

No creo que siempre se viva esta segunda batalla o a veces es casi imperceptible. En mi caso, fue enfrentarme con esa parte de mi codependencia que seguía viva en mí. No por haberme ido de la relación significaba que ya todo estaba resuelto, aún requirió de mucho trabajo personal para estar en paz conmigo.

11. Resurrección de la heroína

Éste es el acto que lleva a la heroína al gran reto de la propia transformación. Dejar atrás la identificación con su propio yo y utilizar toda la experiencia vivida para recrearse, superar sus defectos y surgir como un nuevo ser, con mucha más conciencia.

Cuando esto se logra, el camino de regreso a casa se abre, pero la vida ha cambiado para siempre. Y su regreso a casa tendrá consecuencias positivas, no sólo para ella sino para la gente de la comunidad. Al final, la heroína tendrá éxito, destruirá a su enemigo y emergerá de la batalla limpia y renacida.

12. Regreso con el elixir

Ésta es la etapa final del viaje. Regresa a su mundo ordinario como una mujer transformada. Habrá crecido como persona y aprendido muchas cosas, se habrá enfrentado a muchos retos en el camino, pero ahora espera con ansias el comienzo de una nueva vida.

La heroína regresó finalmente al mundo ordinario. Como dicen los budistas, la mano vuelve a ser la mano. Pero ya nada es igual. Este viaje trae profundos cambios aun cuando algunos no sean tan obvios para la mirada externa.

Una vuelta al orden tras esta jornada, pero el orden ya no es el mismo de cuando se fue. En este viaje ha pasado por grandes transformaciones, ha adquirido conocimientos, pero sobre todo experiencia, la cual permanecerá por siempre. En definitiva, ya no es la misma persona de cuando empezó.

Y ahora comparto contigo estos elementos básicos que siempre necesitarás en tus viajes por la vida misma, que es el gran viaje.

- **Capacidad de asombro.** El asombro es una emoción fundamental en el aprendizaje, ya que invita a explorar, descubrir y preguntar. Nos saca de nuestro pequeño mundo, permitiéndonos ver más allá de éste.
- **Curiosidad.** Fundamental cultivar nuestro espíritu de búsqueda, el gusto por descubrir y conocer. Y con la curiosidad, la apertura y las ganas de experimentar.
- **Objetividad.** Aprende a observarte sin juicios ni críticas. Simplemente observa para notar lo que va surgiendo.
- **Compasión.** La compasión es un valor humano que se caracteriza porque impulsa a aliviar el sufrimiento de los demás. Es un comportamiento que se basa en el amor y en el deseo de ayudar

a los otros, pero también debe cultivarse hacia una misma, hacia la parte que sufre y que está dolida.

Y ahora, para continuar con la aventura del viaje hacia nuestro ser interno, te presento un ejercicio que te ayudará a ver de dónde partes y con qué elementos cuentas.

Durante 15 minutos pregúntate: ¿quién soy?, y escribe la respuesta sin pensar demasiado, simplemente escribe lo que vaya surgiendo. Escribe tantas respuestas como puedas. Trabaja rápido sin perder tiempo en juicios, críticas o racionalizaciones.

Repítete la pregunta una y otra vez.

Una vez que hayas terminado el ejercicio responde las siguientes preguntas:

¿Qué sentiste al hacerte rápidamente esta pregunta?

¿Hay alguna o algunas respuestas que te hayan sorprendido?

No hay nada que concluir, simplemente nota todo lo que este ejercicio trae a tu observación.

EL LABERINTO DEL ALMA

En mi primer libro, *Amor... ¿o codependencia?*, expliqué desde mi visión cómo las mujeres nos fuimos rompiendo, dividiendo, perdiendo, alejándonos de nuestra esencia, de nuestra inocencia, apertura, curiosidad, gozo y muchas otras cualidades esenciales. Para explicar esto, usé la metáfora de un castillo, la fosa que lo rodeaba, llena de monstruos, y las murallas que fuimos construyendo sin darnos cuenta de que nos íbamos quedando afuera.

En esta ocasión trabajaremos con nuestro laberinto. Gracias a la escritura de este libro, me fui sumergiendo, como cuando era joven, en las maravillosas leyendas de la mitología griega y esto me hizo recordar justamente la leyenda del Minotauro y el laberinto.

Antes de empezar el viaje por nuestro laberinto interno, voy a detenerme un instante para mencionar el mito del que procede esta idea, la historia de Teseo y el Minotauro. Aunque el laberinto en sí sea una de las estructuras más sugerentes jamás pensadas, me parece que mucho del encanto y misterio procede del hecho de haber servido como escenario de las aventuras de Teseo.

Si no la conocen, yo las invito a que la lean. Esta leyenda constituye uno de los episodios más interesantes de la mitología griega y cuenta con todos los ingredientes necesarios de cualquier relato fascinante: héroes y protagonistas medio cuestionables, sobre todo en su moral, amores apasionados y muy extraños, seres malos tan poderosos como grotescos, mujeres infieles, inventores geniales y monstruos de terror.

Me parece que éstos son aspectos que, de una manera u otra, llevamos en nosotras y si nos detenemos un momento para revisar nuestro mundo interno —ayudadas por la simbología de los arquetipos que hemos explorado anteriormente y usando la imaginación y la fantasía para penetrar en el universo de la mitología— podemos descubrir cada uno de ellos en nuestra psique.

Por ahora prepárense para sumergirse en un viaje interactivo donde las palabras nacidas de sus reflexiones moldearán el rumbo de la narrativa. Ustedes serán las artífices de su destino dentro de estas páginas. Cada paso que den, cada pregunta que se hagan y cada elección que tomen tendrán un impacto directo en el desarrollo de la trama y en su propio autodescubrimiento. Éste no es un ejercicio de escritura estático, sino dinámico y participativo, donde su voz y su creatividad se unirán en armonía con la historia que están a punto de escribir.

Abracen la oportunidad de explorar, cuestionar, imaginar y crear junto a mí, su compañera de aventura. Juntas desentrañaremos enigmas, confrontaremos desafíos y celebraremos logros en este trabajo interactivo que nos espera. Permítanme guiarlas con paciencia y entusiasmo, mientras se adentran en este mundo de posibilidades ilimitadas y autoconocimiento profundo.

Hoy en día, se nos presenta el mayor reto que hayamos imaginado: el conocimiento de nuestro interior, el autoconocimiento. El autoconocimiento es quien nos enseña quiénes somos, cuál es nuestra actitud ante la vida, cuáles son los sentimientos que nos mueven, cuáles las creencias y valores que nos guían y cómo nosotras mismas hemos generado el mundo que vivimos.

A continuación, ustedes escribirán una historia a título personal, tan larga como quieran. No tienen que terminarla hoy o mañana, o incluso esta semana. Tómense el tiempo que requieran, dense el espacio para escribir sin presionarse, pero de manera disciplinada. Estoy segura de que el resultado les encantará.

A través de estas letras, yo las acompaño en cada paso del camino y soy su cómplice en este emocionante viaje de autodescubrimiento interactivo. ¡Empecemos juntas esta aventura! Y cuando terminen, si quieren compartirla conmigo pueden enviarla al correo amorocodependencia@hotmail.com, me encantará leerlas.

Esta aventura, la iniciamos a través de la escritura. Necesitan un cuaderno especial para el viaje y conforme vayan escribiendo pueden incluir imágenes que recorten, que dibujen, frases que las apoyen en el camino, poemas, cuentos pequeños y cualquier detalle que sea significativo para ustedes. Permitan que su ser se exprese a través de la escritura.

Sin más preámbulos, iniciamos:

Introducción al laberinto

Describe cómo es tu personaje principal, recuerda que eres tú misma, y ve contando cómo te encuentras ante un laberinto misterioso y aparentemente sin salida. Describe cómo es este laberinto, qué representa en tu vida actual y usa una infinidad de detalles para hacerlo.

Desafíos internos

A medida que avanzas por el laberinto, tú, la protagonista de esta historia, te enfrentas a diversos desafíos que representan tus propias inseguridades, miedos o barreras emocionales. Cada obstáculo requiere una reflexión interna y el descubrimiento de fortalezas ocultas.

Escribe exhaustivamente cuáles son todos estos desafíos en tu vida y cuáles son los obstáculos que bloquean tu camino hoy en día.

Encuentros significativos

Durante tu travesía, te cruzas con otros seres misteriosos que simbolizan diferentes aspectos de tu personalidad o experiencias pasadas. Estos encuentros te ayudan a enfrentar tu pasado y a comprender mejor quién eres en realidad.

La búsqueda de respuestas

A medida que avanzas por el laberinto, te cuestionas sobre tu propósito en la vida, tus sueños y deseos más profundos. Este proceso de autorreflexión te lleva a descubrir nuevas facetas de ti misma que desconocías.

La revelación final

Finalmente, alcanzas el centro del laberinto, donde se produce una revelación transformadora. Aquí, logras integrar todos los aspectos de tu ser y encuentras las respuestas, la claridad y la paz interior que tanto has anhelado.

Recuerda enfocarte en la introspección, la exploración interna y el crecimiento personal de tu personaje a lo largo de tu historia. Espero que las historias, mías y de la mitología que comparto, te ayuden a encontrar tu inspiración.

Al terminar con tu historia, o incluso durante la elaboración de ella, responde las siguientes preguntas:

1. ¿Cuáles son mis verdaderos deseos y sueños en la vida?
2. ¿Cómo puedo nutrir mi propia felicidad y bienestar emocional?
3. ¿Qué aspectos de mí misma me gustaría mejorar o trabajar?
4. ¿Cuáles son mis valores fundamentales y cómo se reflejan en mis decisiones diarias?
5. ¿Qué me define realmente como mujer y cómo puedo abrazar plenamente mi feminidad?
6. ¿Cómo puedo cultivar una relación más amorosa y compasiva conmigo misma?
7. ¿Qué pasiones y talentos únicos poseo y cómo puedo expresarlos plenamente en el mundo?

8. ¿Cuáles son mis mayores miedos y cómo puedo superarlos para alcanzar mi máximo potencial?

9. ¿Qué patrones de pensamiento o comportamiento limitantes debo dejar atrás para crecer y evolucionar?

10. ¿Cómo puedo construir una comunidad de apoyo y sororidad que me impulse en mi camino de autodescubrimiento?

Estas preguntas pueden servirte como punto de partida para explorar tu identidad, tus metas y tus deseos más profundos como mujer. Recuerda tomarte el tiempo necesario para reflexionar sobre cada una y estar abierta a las respuestas que surjan en tu interior. ¡Tu viaje de autodescubrimiento es único y valioso, así que disfrútalo y aprende de él en cada paso del camino!

CAPÍTULO 6

Maternarnos

Tenemos una tarea por hacer: reclamar nuestra gloria. Nos costará trabajo y no todo mundo quedará contento. Nos llamarán engreídas. Nos acusarán de negar peligrosamente nuestros defectos, neurosis y debilidades. Pero decirle a una mujer que su gloria es su enfermedad es un viejo truco.

Sí, seguro que negamos cosas. Negamos el poder de la debilidad que nos refrena, ya sea la del mundo o la de nuestro propio pasado. Nos interesan cosas mejores, como ser dueñas de nuestra belleza y respetar la valentía que hemos necesitado para llegar hasta aquí y reclamar nuestro poder natural para sanar y ser sanadas.

No somos engreídas, sino que estamos cansadas, hartas de fingir que somos culpables cuando sabemos que somos inocentes, que somos feas cuando sabemos que somos bellas, que somos débiles cuando sabemos que somos fuertes.

Hemos olvidado durante demasiado tiempo que somos majestades cósmicas. Nuestras madres lo olvidaron, sus madres lo olvidaron y las madres de sus madres.

Lamentamos sus lágrimas, nos afligimos por su tristeza. Pero ahora al fin, rompemos las cadenas.

Cuando la Diosa está lista para volver a emerger, lo hace. No hay persona, ley ni institución que pueda impedirlo. Como la energía de Cristo, de la que formamos parte, la Diosa se abre camino por los corazones y las mentes de millones de mujeres, y éstas cambian.

Cuando suficientes personas cambian, no importa las que no lo han hecho, porque cuando una idea ha llegado a un cierto número de personas, no hay manera de detener el cambio que genera.

MARIANNE WILLIAMSON,
El valor de lo femenino

Las mujeres tenemos talentos que han estado ocultos por siglos por las constantes limitaciones culturales, sociales, familiares, que incluso ahora vivimos. La mayoría de las mujeres —por nuestra propia historia— carecemos de confianza en nosotras mismas. Muchas ni siquiera saben lo que quieren o necesitan, acostumbradas a que otros decidan por ellas.

Hoy en día se habla constantemente del "empoderamiento femenino", se habla de "encarnar nuestra divinidad", de ser mujeres poderosas, capaces, libres, de conciencia.

Se habla y se busca la forma de serlo y eso está muy bien, pero recordemos que para convertirnos en ese contenedor fuerte y puro que reciba y contenga la energía y el poder de la Divinidad, necesitamos trabajar en las partes que están rotas o dañadas.

"La herida es el lugar por donde entra la luz", dijo el gran poeta y místico Rumi y así necesitamos entenderlo. No avergonzarnos de nuestras heridas o rechazar la parte rota. Es justo en el trabajo y aceptación de nuestras imperfecciones como podemos rescatarnos y convertirnos en los seres humanos, las mujeres que brillan con luz propia.

Nuestra flama interior crecerá en el amor propio y el trabajo interno, e inspirará con el mero ejemplo a otras mujeres, a otros hombres, a encontrar su propia luz e iluminar cada vez más caminos para las personas que vienen atrás. Y nosotras podremos seguir los senderos ya iluminados por otras mujeres y otros hombres que van caminando adelante para guiarnos a través de la oscuridad exterior.

Porque no importa qué tan iluminado esté el mundo externo, cuántas luces se prendan, la oscuridad está allí; por eso, no encontraremos eso que tanto anhelamos afuera. Hay que ir adentro, allí es donde reside nuestro verdadero valor, para mujeres y para hombres.

Pero no podemos —ni debemos— saltarnos los procesos de sanación profunda y el aprender a sanarnos y cuidarnos a nosotras, porque, aunque seamos todo lo que somos, llevamos una parte herida y hay que atenderla. Es parte de la experiencia humana.

No se requiere que seamos perfectas, se requiere aceptar nuestras imperfecciones y amarlas. Yo personalmente no creo que sea posible —o necesario siquiera— alcanzar la perfección en este plano. De dónde venimos o adónde vamos, seguramente allá somos seres perfectos, pero éste es un plano imperfecto y es lo que necesitamos amar.

Si traemos heridas es porque ellas son el trabajo que nos toca hacer en esta vida. Nuestras circunstancias —origen, familia, etcétera— son justo lo que necesitamos para la tarea a realizar. No requerimos de ir a buscar en otros lados, en otras vidas: todo está en la vida que nos tocó aquí y ahora.

Y por eso a mí me ha parecido tan importante en mi propio camino trabajar con mis creencias, mis condicionamientos, sanar emociones, sentimientos y separar a mis padres humanos de los arquetipos. Limpiar esa energía para, entre otras cosas, purificar mi visión de vida. Dejar de ver la vida desde los ojos de la niña interior herida.

Éste no es un libro para hablar de las heridas infantiles, ese tema lo he explorado a detalle en mis libros anteriores, pero para recuperar nuestro poder, nuestro centro, necesitamos literalmente abrazar a la niña interior, y esto significa abrazar nuestra vulnerabilidad. Por eso tocaré a profundidad el tema del amor propio, del autocuidado, del aprender a *maternarnos*, porque es imposible crear verdaderas vidas plenas y luminosas ignorando la parte herida.

Y eso es mucho de lo que sucede en el mundo. Caemos en la tentación de soluciones rápidas, pastillas mágicas para sentirnos iluminadas. Les comparto esta frase de Carl G. Jung que es perfecta para lo que deseo expresar: "Uno no se ilumina imaginando figuras de luz, sino haciendo consciente la oscuridad". Y justo eso es lo que ahora toca.

Debemos empezar por reconocer las estructuras dañadas en nosotras antes de pretender construir algo encima de ellas o de siquiera querer construir nuevas. Uno de los pasos principales en el camino de un verdadero empoderamiento es tener el valor de separar nuestras creencias, valores, pensamientos de los de nuestras familias, muy principalmente de las mujeres, sobre todo de nuestras madres.

Como comenté en mi libro *Sanando la herida materna*, es de vital importancia que nos permitamos sentir el dolor de nuestro linaje femenino, ese dolor de ser mujeres que por siglos hemos cargado por la sumisión ante un tirano patriarcal, una especie de monstruo formado no sólo por hombres, sino también por mujeres. Un ente maligno al que desgraciadamente las mujeres le han sacrificado sus vidas y las de sus hijas creyendo que ésa era la forma de sobrevivir.

Pero es igualmente importante, una vez realizado el duelo, que trabajemos en nuestra libertad, en nuestras propias vidas; que aprendamos que no tenemos que quedarnos pequeñas o escondernos detrás del dolor de nuestro género; que ese dolor es legítimo y debe ser abrazado, pero no debe ser lo que nos defina. No más.

Es posible que muchas de nosotras necesitemos enojarnos, usar un poco esa ira para dejar bien claro que se acabó la tolerancia al maltrato y al abuso, venga de hombres o de otras mujeres, incluso de nuestras propias madres, padres, o cualquier familiar.

Ese dolor que hemos cargado debe ser sanado y, junto con la ira justa que hemos reprimido por siglos, transformarlo en sabiduría y verdadero poder. Y las mujeres que vamos logrando esto, necesitamos reunirnos y crear lugares seguros para las otras mujeres a fin de que puedan expresar todo lo que se han tragado, dentro de un círculo de apoyo y empatía amorosa.

Y no estoy intentando incitar a las mujeres a una guerra contra los hombres, nada de eso, porque tampoco ha funcionado. Al contrario, justo por eso insisto en que antes de crear otras estructuras debemos sanar las que existen hoy, es decir, antes de intentar un empoderamiento sobre la parte dañada, es mejor que sanemos primero eso que tanto duele y, entonces, la libertad será una consecuencia natural y nacida del amor y la conciencia, no sólo del enojo y la tristeza.

Les comparto un par de relatos que siempre me han encantado y que ejemplifican justo esto que comento: el camino no es pelear contra los hombres o contra otras mujeres, el enemigo no está afuera.

El primero proviene de *El albergue de las mujeres tristes*, novela de Marcela Serrano de 1997. Yo la leí más menos por esos años y me quedé siempre con la idea de crear un refugio para "mujeres tristes", un proyecto que sigue presente en mi corazón. En esta novela se narra una pequeña historia acerca de cómo los hombres y las mujeres han peleado por el poder a través de los años.

El segundo relato, más conocido, es el de las amazonas. Ambos hablan de una fragmentación más que de una unión y es la misma cuestión que menciono en el capítulo dedicado al amante interno, la lucha afuera sigue, tal como en estas historias.

Cuenta la mitología que antiguamente, cuando mandaban las mujeres, los hombres estaban obligados a obedecer y a efectuar todos los trabajos, aun los menos agradables. Para mantener a los hombres en esta subordinación, las mujeres habían inventado unos juegos que transformaron en la ceremonia llamada Kloketen. Éstos consistían en que las mujeres se pintaban el cuerpo de formas diversas y a través de la pintura se convertían en espíritus. Por medio de apariciones de estos espíritus fingidos, atemorizaban a los hombres haciéndoles creer que tales espíritus descendían del cielo o salían del interior de la tierra.

Sigue refiriendo la mitología que el Sol, en aquel entonces hombre inteligente y buen cazador, era marido de la Luna, la que ejercía gran influencia sobre las demás mujeres. Un día el Sol, al regresar de la caza, observó cómo dos mujeres se bañaban en el río, haciendo desaparecer del cuerpo la pintura con la cual se presentaban como espíritus.

El Sol comunicó sus observaciones y sospechas a los demás hombres, quienes empezaron a observar a las mujeres sigilosamente; de este modo se descubrieron los engaños. Entonces los hombres, muy enojados y armados de un gran palo, asaltaron el rancho del Kloketen, matando a todas las mujeres.

La Luna, que era de gran poder, recibió también un fuerte golpe. Pero enseguida se estremeció el mundo entero y el cielo amenazaba con romperse. Nadie se atrevió a darle un segundo golpe para terminar con ella. Al final, un hombre valiente la echó al fuego; mas la Luna logró huir hacia el cielo, llevándose en el rostro algunas quemaduras que todavía pueden verse.

Muertas así las mujeres, con excepción de las creaturas pequeñas, los hombres estudiaron la manera de imitar y practicar los juegos que antes ellas ejecutaban. Se pintaron de la forma más variada y según las características del espíritu a quien querían representar. Engañaron a las jóvenes mujeres de igual modo y las tuvieron bajo su dominación.

Hoy, ellas contemplan desde lejos los movimientos y bailes de esos espíritus y el miedo las mantiene sujetas a la voluntad de sus maridos.

¿Será, mujer, que aún no has descubierto sus pinturas y que él es igual que TÚ?

¿Será, hombre, que aún necesitas ese juego para sentirte mejor?

¿Será que no estamos ya todos muy cansados de juegos?

Aquí el segundo relato, que extraje del artículo "Amazonas, la sociedad mitológica de mujeres guerreras", escrito por Daniel Delgado, periodista especializado en divulgación histórica y cultural, y publicado en Muyinteresante.com:

Según la mitología griega, las amazonas eran una sociedad formada exclusivamente por mujeres y famosa por su dominio del arco y su fiereza en el combate.

De ellas se decía que eran tan fieras como hábiles y tan peligrosas como bellas. Aunque incluso ya en la Antigüedad se cuestionaba su existencia y muchos las veían únicamente como un mito, la leyenda de las amazonas ha perdurado hasta nuestros días para hablarnos de una raza o pueblo formado exclusivamente por mujeres que vivían en una sociedad matriarcal, eran maestras montando a caballo y con el arco y su simple mención hacía que a los guerreros más valientes de la Hélade les temblaran las grebas.

Resulta curioso saber que, si bien es cierto que la imagen más popular de las amazonas en Occidente es la que proviene de la cultura clásica griega (influencia de representaciones populares posteriores como la superheroína Wonder Woman o Mujer maravilla), el mito de las amazonas está presente en muchas culturas de Oriente Medio y Asia.

La extensión de este mito común en culturas tan distintas ha llevado a los historiadores a pensar que debió existir algún referente real que sirviera como base. Aunque no se ha podido corroborar la existencia de una sociedad femenina de esa índole, sí que se han encontrado numerosas tumbas de mujeres escitas, un pueblo nómada que habitó Euroasia entre el siglo VIII a.C. y el siglo II a.C., que fueron enterradas con armas y armaduras, tenían heridas de flecha o presentaban un arqueamiento en las piernas derivado de una intensa actividad hípica.

Durante mucho tiempo se creyó que la palabra *amazona* provenía del término griego Ἀμαζόνες, que podría traducirse como "sin pecho" o "con un solo pecho". Esto popularizó la creencia de que las amazonas se cortaban o cauterizaban el seno derecho para que no les estorbase a la hora de tensar y disparar el arco. Sin embargo, los expertos parecen haber desestimado esta teoría y defienden que es más probable que el término derive del persa *ha-mazan*, que significa "guerrero".

La versión griega

La primera mención que se conoce de las amazonas en la cultura griega se la debemos a Homero. En su *Ilíada*, el poeta afirma que las amazonas eran una raza de mujeres extremadamente bellas y valientes que combatieron contra los aqueos en la Guerra de Troya y fueron derrotadas por éstos.

Según la leyenda, las amazonas eran hijas de Aries, el dios de la guerra, y a él le debían su arrojo en el combate. También adoraban a Atenea (solían ser representadas vistiendo armadura, yelmo, escudo y lanza como la propia diosa) y a Artemisa, quien les otorgaba la habilidad con el arco. Aunque se las relacionó con numerosos lugares a lo largo de los años y se cree que fundaron ciudades como Éfeso o Pafos, su capital era Temiscira, una ciudad amurallada en el territorio que hoy es Turquía, a orillas del Mar Negro.

Existen varias versiones sobre cómo se estructuraba su sociedad y cómo lograban perpetuarla siendo sólo mujeres. Algunos autores, entre ellos el historiador Heródoto, defendían que la sociedad no era exclusivamente de mujeres sino que estaba formada por amazonas y hombres escitos, de quienes se habían enamorado, con la particularidad de que los roles estaban cambiados respecto al resto de la Hélade y eran las mujeres quienes se encargaban de la guerra y el gobierno mientras los hombres administraban la casa y cuidaban de los hijos.

Otra versión afirma que las amazonas vivían aisladas del mundo de los hombres y que sólo iban a su encuentro (en son de paz) una vez al año para quedarse embarazadas. Las niñas que nacían de esa unión permanecían en Temiscira y eran educadas como amazonas y los niños eran enviados con sus padres.

Amazonomaquia

Las amazonas eran tan admiradas como temidas por los griegos y su presencia en el arte clásico demuestra el interés que generaban en la sociedad. Aunque existe más variedad, la escena por excelencia de las amazonas en el arte griego es la llamada amazonomaquia o "combate de las amazonas". Se trata de un tema iconográfico en el que se representa una encarnizada lucha entre amazonas y hombres (hoplitas anónimos o héroes mitológicos). Estas imágenes suelen ser muy recurrentes en los bajorrelieves y se suelen encontrar como parte de la decoración de sarcófagos o en edificios tan importantes como el Partenón de Atenas (fachada oeste).

Las batallas más famosas de las amazonas son aquellas que libraron contra los grandes héroes de la mitología griega. Hércules tuvo que robar el cinturón de Hipólita (reina de las amazonas) como parte de los 12 trabajos que realizó para el rey Euristeo. Teseo, que acompañó al hijo de Zeus hasta Temiscira, se enamoró de la amazona Antíope y se la llevó con él, provocando que las amazonas invadieran la península de Ática y una guerra contra ellas. El héroe Belerofonte también se enfrentó a las amazonas (y ganó) después de haber matado a la quimera. Aquiles, el de los pies ligeros, combatió y mató a la amazona Pentesilea durante la Guerra de Troya y se dice que, cuando le quitó el yelmo, quedó prendado de su belleza.

Y éstos son dos de los muchos relatos en esta historia de amor y odio entre hombres y mujeres. Puedo pasar horas escuchando o leyendo discursos feministas y, aunque les doy la razón en muchas cosas, todo este razonamiento, por verdadero y justo que sea, no ha sido suficiente para sanarnos, porque, una vez más, la solución no está afuera.

Quizá peco de ingenua, pero no lo creo; entre las muchas cosas de las que sí peco, la ingenuidad no me parece una de ellas. Y es que simplemente observar el mundo durante todos los años que llevo en este planeta algo me ha enseñado, y una de las reglas que mejor he aprendido es que los cambios se realizan internamente.

Las mujeres somos poderosas, posiblemente más de lo que creemos, y cuando entendamos cómo nosotras mismas nos atrapamos y limitamos en diferentes formas de autoopresión, estaremos en el camino de la verdadera liberación.

Culpar a otros no nos sirve, sólo nos distrae de nuestro verdadero camino. Lo que sí nos sirve es conocernos a fondo, enfrentar lo que hay dentro de nosotras y trabajar con eso con aceptación y amor.

Hay mucho trabajo que hacer aún en el mundo y éste necesita aprender a apreciar lo femenino. Trump es por segunda vez presidente de los Estados Unidos de América. Esto me puso triste. No es que esté demasiado metida en la política. La verdad me parece que es un *reality show* con demasiado presupuesto y muy mala producción, pero es parte de la vida y sé que al final a todos nos afecta lo que pasa en Estados Unidos y en cualquier parte del mundo.

Bob, mi pareja actual, es estadounidense. Él siempre ha sido un activista muy comprometido con los derechos humanos y con la ecología. Puedo ver cómo en él se refleja mi parte masculina, para la cual los acontecimientos externos son muy importantes. Pero yo prefiero centrarme más en la revolución interna, porque es lo que más sentido me hace y, al final, lo que estoy dispuesta a hacer hasta el fin de mis días.

En México tenemos una mujer presidenta. No me voy a meter en controversias sobre política, ni aquí ni en otro lugar. Pero sí diré que a mí ella me cae bien. No sé cómo será su papel de presidenta, todo está demasiado complicado y ella tomó el país hecho pedazos por décadas de corrupción, guerras y saqueos. Pero ése no es el tema aquí, lo que quiero decir es que me gusta tener una mujer presidenta, aunque me queda claro que eso no garantiza nada.

Tener mujeres en cargos políticamente poderosos no asegura la expresión de una voz femenina en el mundo. Hay demasiados ejemplos en la historia de mujeres poderosas, atrapadas por la parte masculina en una especie de contubernio con el sistema patriarcal, que tan "amablemente" les permitió ser parte de su equipo.

En palabras de Marianne Williamson:

> Sólo cuando las mujeres participen en el mundo para expresar un auténtico equilibrio entre inteligencia y compasión, representando no sólo a las mujeres sino al esfuerzo de todos los seres humanos para recuperar el corazón que perdimos, se logrará la

auténtica liberación de la Diosa prisionera. ¿Qué es la Diosa prisionera? El desprecio por la pasión, la invalidación de lo femenino y de nuestra forma compleja de pensar y ser, el rechazo del sentimiento, el asombro ante la sugerencia de que el amor es la única respuesta. ¿Y quién la tiene presa? Los hombres y las mujeres.

No puede decirse mejor. Esto me reitera que el trabajo que necesitamos hacer, antes de salir a intentar conquistar el mundo, está en nosotras. En encontrar el equilibrio de los dos aspectos, femenino y masculino, y la sanación de las heridas en cada uno de ellos. A medida que las mujeres podamos sanar nuestra herida materna, la herida a lo femenino, dejaremos de creer que debemos quedarnos pequeñas o que tenemos que pasar por encima de quien sea para tener poder.

¿Los hombres? Sí, ellos también tienen mucho trabajo que hacer, pero por el momento debemos concentrarnos en nosotras, porque una vez sanadas nuestras heridas y liberada la Diosa, seremos parte de ese cambio mayor. Por el momento, la mayoría de los hombres están cómodos creyendo que son quienes tienen el poder, y la verdad es que nosotras mismas se los hemos hecho creer.

Como madres, como parejas, hermanas, amigas, cada vez que toleramos conductas que nos lastiman, que les permitimos acciones que no les permitimos a las mujeres, que nos peleamos entre nosotras por un hombre, que nos mutilamos para quedar bien con ellos; cada vez que hablamos mal de otra mujer, con ellos o entre nosotras, que la atacamos, que la juzgamos, criticamos, estamos siendo cómplices del monstruo patriarcal.

Por todo esto es necesario que antes que decidamos convertirnos en diosas o guerreras y salgamos a salvar a la humanidad, trabajemos a profundidad con nuestra niña interior, nuestra parte emocional infantil, nuestras heridas.

Esto nos ayudará a entender mucho acerca de nosotras, es el trabajo de autoconocimiento indispensable para ir cultivando el amor propio. ¿Cómo amar algo o a alguien a quien no conocemos?

Más allá de la herida materna

LOS TRIÁNGULOS DE LORENA

Lorena trabaja en mercadotecnia, tiene 36 años y está soltera. No se ha casado, pero no por decisión propia, es una cuestión de "mala suerte", dice ella. Lo mismo le pasó a su madre, quien no fue esposa del papá, fue su amante por casi toda su vida; él nunca dejó a su esposa y a su otra familia. María, la madre de Lorena, sólo la tuvo a ella y, aunque dice que le hubiese gustado tener más hijos, su pareja se lo prohibió. Ya tenía suficientes con su esposa.

Lorena creció un poco en la sombra y sintiéndose avergonzada, ya que desde chica fue consciente de que ella y su madre eran "las otras" y que siempre estarían en un segundo lugar. Cuando Lorena decidió tomar terapia, estaba harta de tener siempre el papel de la amante, de la "otra", repetía el papel de su madre y, por lo que pudimos averiguar después, también de la abuela materna.

En su proceso, Lorena pudo poco a poco darse cuenta de cómo estaba haciendo justo lo que había aprendido de su madre, quien sin palabras le había enseñado a ser la segunda. Aceptaba las relaciones con hombres casados o no disponibles porque era lo "normal" para ella.

Aunque una parte de ella no lo deseaba, acababa cediendo ante sus propios condicionamientos. Y cuando la relación en turno se terminaba, Lorena se juraba que esta vez sería diferente, pero volvía a caer en otro triángulo.

Por supuesto que hay un profundo condicionamiento que nos controla desde el inconsciente, y es lo que aprendimos en casa, en la escuela, en nuestro entorno. Y eso lo ha trabajado Lorena, por un lado, dándose cuenta y aprendiendo a observar y a no identificarse con esa parte infantil interna que se "engancha" con hombres no disponibles, y por el otro, cultivando la parte de la adulta consciente que, como una madre interior sabia, materna a su niña interior.

Algo que sorprendió a Lorena de su proceso ha sido descubrir que, aunque quiere una pareja disponible, un hombre honesto en su relación, en realidad esa clase de hombres no le atraen, y que con los que siempre se engancha —aunque crea de inicio que no son su tipo— son

184

con quienes ya tienen una relación, pero se abren a otras más, es decir, los que no saben ser fieles y que no están realmente disponibles.

Darse cuenta de esto la llevó a entender que es su parte infantil la que se está enganchando; al parecer, ve a su padre en cada uno de estos hombres y se dice a sí misma: "Esta vez sí lo lograré, lograré que papá se quede con nosotras".

Lorena tomó conciencia de que mientras ella sólo se vea como la "niña herida" y siga relacionándose desde esa parte, continuará repitiendo el mismo patrón porque es lo que sabe hacer la parte infantil. Ésta reacciona, no tiene conciencia, actúa en automático. La solución entonces no es actuar desde la parte infantil, debe ser desde la parte de la adulta consciente, pero ésta obviamente no está muy presente, por lo que hay que trabajar para cultivarla, crecerla y hacerla fuerte.

Uno de los primeros talleres que di fue cuando trabajaba en el centro de meditación que dirigía a inicios de la primera década de 2000 fue uno al que nombré "Kriya", palabra en sánscrito que significa "acción, hecho, esfuerzo". Era un taller para mujeres que tocaba o pretendía tocar la dimensión cuerpo-mente y consistía en una mezcla de meditaciones activas, dinámicas aprendidas de otras maestras y algo de teoría.

El objetivo de ese taller era guiar a las participantes a conectarse con el cuerpo y desde esta conexión experimentar la expresión de lo que hubiese allí para quitar los juicios y, en la medida de lo posible, aceptar por completo lo que fuese surgiendo. Y lo que surge en esta apertura son sentimientos y emociones que nos comunican cómo andamos en el cuidado de nuestras necesidades.

Nosotras las mujeres nos debemos una mirada honesta a esta parte de nuestras vidas, porque de verdad que uno de los condicionamientos más pesados, más encriptados en nosotras, es que estamos aquí para cuidar a los demás, para hacernos cargo de las necesidades de los demás, dejando a un lado las nuestras.

Y por allí empieza el autocuidado: reconocer nuestras necesidades y buscar formas creativas y funcionales de proporcionarnos eso que necesitamos.

Nuestro propósito del taller era el siguiente:

> Éste es un compromiso contigo misma, con tu cuerpo, con tu mente, pero sobre todo con ese ser interno que está hambriento de amor, de ternura, de espiritualidad, de un nutriente que sólo puede encontrarse en tu relación personal contigo misma y con el universo.
>
> El amor es el verdadero alimento que nutrirá tu ser para lograr esta transformación que te llevará a una vida plena, gozosa y llena de creatividad. Haz por ti lo que harías por tu hija, hijo, hermana, hermano, alguien que te sea muy amado.
>
> La recuperación es acerca de rituales saludables que nos vinculan a otros. Es lograr conectarse al mundo de una manera significativa y profunda. Y, sobre todo, es estar conectada a tu Ser Interior Real, quien puede guiarte a través de este camino.

Hace poco en mi live dominguero, *Café con Aura*, charlaba con Patricia, mi socia y hermana, acerca de la importancia de los rituales y —más allá de lo que hacemos— de la intención que ponemos en éstos y nuestra perseverancia y disciplina. Porque son justo estos rituales, estas acciones diarias que tenemos con nosotras, los que pueden hacer la gran diferencia y deben ser guiados por el amor, la parte femenina, y también por la parte masculina, que vemos en la estructura y organización de nuestras vidas, para darles el espacio y el tiempo que requieren.

El arte de maternarme es justo eso: crear rituales de autocuidado diarios, escribirlos, recordarlos, día a día. No se trata de un curso intensivo de yoga o de meditación durante tres días y, una vez en casa, olvidarnos de esas rutinas hasta el próximo curso, sino más bien de establecer rutinas que contribuyan a nuestro bienestar emocional, físico, espiritual; rutinas de cuidado personal y de buenos hábitos que se arraiguen más y más en nuestra vida cotidiana. Esto es lo que hará la verdadera diferencia.

Maternar es aprender a cuidar a tu niña interior, a darle todo lo que no recibiste de tu propia madre, de tu padre, cuando eras una niña, a guiarla hacia lo que sí es bueno para ella, para su bienestar. Como si estuvieras de verdad cuidando a una niña real: contenerla e incluso ponerle límites cuando sea necesario.

¡Así, tal cual!, como una madre madura, consciente, cuidando a una hija. ¿A poco una madre permitiría que su hijita se asomara a un balcón sin acudir a alejarla del posible peligro? Cuando no recibimos de mamá, en su momento, el nutrimiento necesario, partes de nosotras se quedaron inmaduras; estas partes son, como lo he comentado muchas veces, nuestra niña interior quien, por su inmadurez, no sabe cuidarse.

Si estoy atrapada por la energía de la niña interior, repito los patrones aprendidos, sigo cayendo en las mismas trampas y, por mucho que me dé cuenta, si no hago algo al respecto, si no tomo acciones, me quedo allí.

No es sólo darme cuenta de las cosas, no es sólo llenarme de conocimiento y creer que ya estoy del otro lado porque leo muchos libros, escucho muchos pódcasts, voy a terapia, pero aun así repito lo mismo.

Para Lorena, cuya historia conocimos, como para todas las que estamos en este camino, no es una cuestión sencilla y rápida. Es un proceso que toma tiempo, que implica un compromiso profundo con una misma y una verdadera intención de estar mejor. Hacernos responsables de esta parte emocional. Sin esta responsabilidad, difícilmente podemos hablar de empoderamiento o desarrollo espiritual. Y esta responsabilidad incluye aprender a contener nuestra parte infantil que, por principio, es sumamente reactiva.

A continuación, les comparto una hermosa y sencilla meditación justo para aprender a contener esta parte infantil. Como si fuéramos unas madres superconscientes y amorosas, y nuestra bebita empezara a llorar, o se enojara e hiciera berrinche o quisiera ir corriendo a buscar a quien no debe o a hacer algo que la pudiera perjudicar. Tú eres la madre, tú decides lo que es bueno o no para ella, y la enseñas a través de los cuidados y tu amor.

Empecemos con esta meditación. Puedes pedirle a alguien cuya voz te agrade que te la grabe o grabarla tu misma para escucharla:

Encuentra un lugar cómodo para sentarte o acostarte.

Toma unos momentos para relajarte y permitirte entrar en ti.

Toma varias respiraciones profundas que ayuden a relajar tu mente y tu cuerpo.

Ahora permítete recordar una ocasión reciente en que te sentiste molesta, que algo te sacó de tu centro.

¿Qué fue lo que detonó tu molestia?

¿Sentiste que te habían faltado el respeto, que te ignoraron, hubo un mal entendido, o te sentiste lastimada por alguien?

Observa el detonante y permítete darte cuenta de cómo tus emociones pueden fácilmente ser trastornadas por eventos externos o por la forma en que fuimos tratadas.

Esos detonantes te ayudan a aprender más acerca de tu ser emocional.

Para estar más conectada con tu energía.

Tómate unos momentos para reconocer qué sentimiento se detonó dentro de ti.

¿Cómo se siente en tu cuerpo?

Permítete sentir las sensaciones que se detonaron en tu cuerpo por esta situación.

Y mientras lo haces, sé gentil y paciente contigo misma.

Tómate el tiempo necesario para sentir.

Déjate estar con lo que es, sin hacer nada para cambiarlo, simplemente reconociendo y aceptando.

Aceptando la experiencia de sentir lo que está en ti.

Dándote tiempo para estar con tu ser emocional.

Y mientras lo observas, permítete sentir, pero al mismo tiempo, toma distancia de esos sentimientos.

Observa tus sentimientos siendo generosa y amorosa contigo.

Respira en esto que sientes y al tiempo crea distancia del detonante.

Cada vez que sientas alguna emoción, vergüenza, ira, tristeza, miedo, o incluso gozo, permítete notar el sentimiento, cualquiera que sea.

De esta manera puedes practicar gentilmente a estar con esta parte tuya.

Con conciencia y amor.

Ahora a tu propio ritmo, puedes ir regresando suavemente.

Siente tu cuerpo, sentado o acostado.
Y cuando estés lista, abre tus ojos y regresa al momento y lugar presente.

REGLAS DE ORO EN EL AUTOCUIDADO

Aceptar que nadie puede —o debe— llenar nuestros vacíos. Esa parte nos toca a cada una de nosotras.

El tiempo en el que sí tuvimos el derecho a esperar ser cuidadas, nutridas, que alguien más se hiciera cargo de nosotras, fue la infancia, y tuvieron que ser los padres. Lo que fue o no fue, ya pasó, y no es posible regresar al pasado ni podemos traerlo al presente.

Como personas adultas necesitamos ser responsables de nosotras, no esperar que alguien más lo sea, en ningún aspecto. Se vale pedir ayuda, siempre que sea necesario, pero colgarnos de alguien más, categóricamente no.

Como adultas somos responsables de nosotras. Nuestras necesidades, sentimientos, emociones, pensamientos, acciones son nuestra responsabilidad. No está bien culpar o responsabilizar a nadie más. Esto es lo que nos atrapa en estados permanentes de actitudes infantiles.

Y desde este estado, ¿cómo entonces recuperar nuestro poder personal? Ya lo dije antes: es absurdo querer asumirnos como diosas si no podemos ni siquiera cuidar a nuestra niña interior, y ella es la que está llevando el control de nuestras vidas. Entonces antes de querer saltar a lo divino, trabajemos con lo cotidiano, lo mundano, a fin de desarrollar esa "madre interna" —la adulta consciente—, crear y cultivar el vínculo entre ella y la parte infantil inconsciente, que es justo la que llamamos nuestra niña interior.

Imagina un diálogo entre tu adulta consciente y tus padres durante el cual les comentas todo lo que te hubiera gustado recibir de ellos. ¿Qué fue eso que te faltó?

Escríbelo con detalle.

Haz una lista de las necesidades que no sientes satisfechas en tu vida, de tus agujeros emocionales, es decir, aquellos vacíos que se forman en nosotros cuando alguna de las necesidades no es atendida apropiadamente en nuestra infancia.

Los procesos de sanación, de crecimiento, no son una línea recta en la cual marcamos "ya hice esto", más bien son como espirales donde tocamos varias veces un mismo asunto, pero la idea es ir cada vez más profundo. Y esto de las necesidades es algo básico en el aprender a maternar a nuestra niña interior.

Empieza reconociendo qué te falta, no sólo con relación a tu infancia, sino hoy, aquí y ahora, en la mujer que eres. Luego crea rituales, formas de autocuidado para ir poco a poco llenando estos vacíos con tu propia energía de amor y aceptación.

Habrá veces en que necesitarás de alguien más. Parte del proceso de aprender a cuidarte es saber cuándo pedir ayuda y a quién pedírsela.

Te comparto ejemplos de mi vida diaria: hay días en los que siento un inmenso vacío en mi pecho, y me llega mucha nostalgia. Cuando esto me pasa, me dan ganas de comer cierto tipo de alimentos, los que consideraba mis "favoritos" cuando era una niña: puré de papa, alguna pasta, mucha gelatina, gomitas, chocolate.

Poco a poco he ido aprendiendo que, en vez de salir corriendo a comer, cosa que no va a llenar mi vacío, me funciona más dejarme sentir esa añoranza, no tratar de entenderla ni pensar que así la eliminaré.

A veces el entendimiento llega por sí solo, a veces no; a veces es sólo permitirme sentir ese vacío y dejar que la energía fluya, permitirme llorar o decir algo que necesite expresarse. A veces es hacer cosas que me ayudan a transitar esos estados de ánimo, por ejemplo, meditar me ayuda mucho; hablar con cierto tipo de personas que saben escuchar y no van a juzgar o a querer ofrecer consejo, sólo me dan su presencia amorosa; escribir, cantar, bailar y caminar con mis perros. Éstas son algunas de las actividades que me ayudan. Pero hay ocasiones en que es sólo permitirme estar con los sentimientos sin tratar de cambiar nada, sólo observar.

Te comparto una bella visualización que a mí me ayuda mucho en esos momentos, precisamente a observar lo que pasa en nuestro cuerpo, sobre todo a nivel emocional y permitir la transformación de la energía.

Igual que te he dicho antes con otras visualizaciones, puede ayudarte si la grabas con tu voz o le pides a alguien cuya voz te agrade que la grabe para poderla usar cuando la necesites.

Meditación del vientre

Permítete ponerte en una posición cómoda de modo que tus brazos y piernas estén relajados y cómodos.

Ahora, suavemente deslízate a tu interior y comienza a relajarte en tu respiración, observando la inhalación y la exhalación.

Mientras descansas en la respiración, siente el suave subir y bajar de tu vientre. Subiendo al inhalar, bajando al exhalar. Lenta y suavemente, inhala, exhala, sube y baja. Muy relajada, muy tranquila.

Y mientras te enfocas en el vientre, sintiendo el vientre, observa si puedes permitir un espacio en él. Imagínatelo como un gran tazón que es muy espacioso, muy relajado.

Dando espacio a los sentimientos, a los pensamientos, todas las sensaciones que vengan en total aceptación. Sin juicio, solamente aceptación.

Permítete visualizar este gran tazón en tu vientre, un lugar donde puedes contener todos los sentimientos.

Este tazón es suficientemente grande para contener todos y cada uno de los sentimientos que surjan. Un lugar para guardar los sentimientos y observarlos. No importa qué tan fuertes sean estos sentimientos, puedes contenerlos allí en el vientre. Permitiendo, sin juicios.

Ahora visualiza la llama de una vela en el centro de tu vientre, ardiendo de una manera intensa y estable.

Imagina que alrededor de la llama de esta vela puede haber huracanes de emociones, pensamientos, caos de todo tipo, pero nada molesta a esta flama.

Continúa ardiendo tan fuerte y brillante sin importar lo que sucede afuera. Nada la toca. Permítete sentir la intensidad de esta llama.

Nuestro centro es como la llama de esta vela, nuestro observador es como la llama. Observa, siente, permite, pero se mantiene en calma, relajado.

Sin juicio, sin necesidad de reaccionar, sin necesidad de entrar en pánico.

Simplemente observando, sintiendo, permitiendo. Centrada, relajada, en calma.

Este lugar está en todas nosotras, simplemente esperando a ser descubierto.

Y ahora, tomando una profunda respiración, permítete regresar suavemente.

Regresa lentamente, abriendo los ojos cuando estés lista y retornando al aquí y ahora.

Abrí este capítulo con las palabras de uno de los libros de Marianne Williamson, y ahora cierro con otras palabras del mismo libro:

> Las mujeres están muy confundidas con el poder, y en realidad los hombres también.
>
> El poder femenino no es algo que tengamos que salir a buscar afuera: ya está dentro de nosotras. Es algo que poco a poco vamos aceptando experimentar, es algo que hemos de admitir que tenemos.
>
> Mientras no lo hacemos, el poder no se expresa. Está ahí, pero no funciona. Poseemos algo a lo que no sabemos cómo acceder. Como nos han enseñado de diversas maneras a que el poder de las mujeres fuertes es sospechoso, a muchas nos resultar difícil aceptarlo completamente. Tenemos miedo, pero la Diosa interna está dispuesta a corregir esta visión.
>
> Su llave, el acceso, el milagro es el amor. Estamos aquí sólo para amar y el amor disipa el miedo. Cuando comprendemos que el amor es la razón de nuestro poder —que es nuestro poder— perdemos el miedo a ser dueñas de nuestra fuerza. Empezamos a estar dispuestas a experimentar el poder que hay dentro de nosotras, que puede usarse como un canal para expresar amor a toda la humanidad.

CAPÍTULO 7

Sexualidad consciente

Pedí a Patricia, mi hermana de sangre y de camino, que escribiera sobre este tema. Es un tema aún complicado para mí, a pesar de tanto trabajo terapéutico. Como ella explicará en los siguiente párrafos, crecimos en una ciudad pequeña, llena de prejuicios y tabúes. Pertenecíamos a un nivel social medio alto y medio bastante absurdo, pero en aquellos tiempos yo no lo sabía y creía que realmente la sociedad tenía razón.

Estamos tan contaminadas por lo que nos dicen y enseñan que llegamos a creer que estamos muy mal por gozar nuestro cuerpo y nuestra sexualidad, al menos eso fue lo que nos pasó a nosotras.

Aún recuerdo haber leído en un libro para jóvenes que el autor les recomendaba a los muchachos que no tuvieran sexo con la novia seria, que buscaran chicas fáciles para eso, para experimentar. Recuerdo que incluso comparaba ese sexo experimental con aprender a montar una bicicleta, diciendo algo como: "No aprendas en la bici nueva, porque la puedes dañar, mejor consíguete una usada y aprende en ella, cuando ya sepas bien, entonces usa la nueva".

Ésa era la mentalidad de la mayoría de los chicos de nuestra juventud, y lo mismo de las chicas. Creo que eso era lo peor, la crítica despiadada de las mismas niñas hacia las que se permitían más libertades, por las razones que fueran. Yo fui de estas últimas. Conozco muy bien el dolor y la humillación de la letra escarlata en la frente, en el alma.

Por eso es tan importante despertar y salirnos de esa pesadilla. Aquí les dejo las palabras de Patricia.

Quiero empezar agradeciendo a Aura por el gran privilegio de escribir un capítulo para su libro.

Primero, porque Aura es una mujer que respondió al llamado de la conciencia desde muy joven. Aura, y lo sé porque es mi hermana de sangre, tenía en su historia muchos retos que salvar, muchas heridas que sanar y muchos recursos por descubrir.

Y en ese camino de vida y de aprendizaje no sólo ha logrado una gran madurez, que la hace sabia, que la hace amorosa, sino que se ha convertido también en inspiración y guía de muchas mujeres para que puedan recorrer su propio camino bajo un ala que las cobija y les da espacios de empatía, de aprendizaje, de sororidad, de verdad, de fuerza.

Segundo, porque el tema es uno de vital importancia para cualquier ser humano: la sexualidad. Y, por si fuera poco, la sexualidad de la mujer… misterio donde descansa la Shakti universal.

Y quiero seguir ahora agradeciendo a todas las mujeres que compartieron un pedazo de su historia, que fue vivida por cada una de ellas con lágrimas, ternura, asombro, resistencia, inocencia, ira, miedo, trascendencia, gozo y todo lo que somos capaces de sentir cuando nos conectamos con nuestra sexualidad.

Algunas firmaron con su nombre verdadero, otras con nombres que velan su identidad, pero todas nos regalan un pedazo de su alma. Gracias, porque al compartir este encuentro con su sexualidad y cómo fueron sanando, ayudamos a ir tejiendo otra realidad, más luminosa, más consciente, más empática, primero para las mujeres y enseguida para nuestros hijos, nuestras parejas, nuestros hermanos, nuestros amigos y, finalmente, nuestra sociedad.

Me gustaría contarles un poco de quién soy y por qué quiero hablar de este tema: mi nombre es Patricia Medina de Wit, hermana de Aura y compañera de su camino desde que éramos muy jóvenes las dos. Soy psicóloga clínica, psicoterapeuta con varias especialidades, instructora de meditaciones y, como Aura, empecé mi camino de desarrollo con Carlos de León, psicólogo también, místico, investigador de la conciencia y maestro de varias tradiciones espirituales, quien creó su propia escuela llamada Ontogonía.

Con él empecé a experimentar las terapias grupales, donde el fundamento en ese entonces era la visión de Wilhelm Reich, creador de una terapia que requiere de la expresión de las emociones para poder sanar los traumas y heridas emocionales. Wilhelm Reich —médico, psiquiatra y psicoanalista— fue discípulo y colaborador de Sigmund Freud —neurólogo, creador del psicoanálisis— y cuando trabajaba con él ambos descubren que la represión sexual subyace en el origen de nuestros trastornos emocionales y mentales (ansiedad, trastorno compulsivo, narcisismo, depresiones, manías, adicciones, psicopatías, disfunciones sexuales, bipolaridad, déficit de atención, etcétera).

También conocí a una psicóloga que luego se convirtió en una de mis mejores amigas, Mercedes del Val, que centraba su trabajo en la escuela de John Pierrakos, uno de los alumnos estrella de Reich, quien creó junto con Alexander Lowen la escuela terapéutica llamada Bioenergética. Me formé con ella y su pareja de ese entonces.

Tiempo después, entré al mundo de Osho y ahí conocí a Aneesha, una mujer muy interesante y vital, quien se formó como terapeuta con un discípulo directo de Reich: Charles Kelly.

Ella se convirtió en una de las principales terapeutas psico-corporales (que así se puede nombrar a todo este movimiento terapéutico, ya que considera el cuerpo como el fundamento en los procesos psicológicos), basándose en las enseñanzas de Osho, un gran místico revolucionario que murió en 1990 y que abogaba por una actitud mucho más liberal con respecto a la sexualidad. Osho admiraba el trabajo de Wilhelm Reich y lo veía como un hombre que tocó linderos que nunca antes se habían considerado en el mundo occidental.

Eso en cuanto a mis principales mentores de la psicoterapia corporal.

Con Carlos de León, me inicié también en el mundo espiritual, principalmente en el Tantra. A través de él conocí a un par de maestros hindúes y otros maestros tibetanos que enriquecieron mi entendimiento y experiencia en esta cosmogonía. Con Aneesha y otros terapeutas de Osho, tuve oportunidad de conocer otro aspecto del Tantra, una escuela que describiré más ampliamente.

Lo interesante de la terapia de Reich es que, a pesar de ser él occidental y científico, sus fundamentos son tántricos, por lo que parecería que es el Ngondro (la preparación) para entrar en el camino del Tantra.

Ésta soy yo en cuanto respecta al ámbito de mi educación profesional. Pero en el área personal, igual que todas las mujeres que compartieron su historia, yo también tengo la mía, en la cual hubo mucha omisión de una verdadera guía con respecto a la sexualidad y la información que tuve era pervertida, limitada, misógina y puritana.

Mi principal fuente de información eran revistas pornográficas muy populares de esa época, que mi padre tenía en casa. Éstas daban una visión de la sexualidad femenina machista y totalmente distorsionada, y en las que el punto principal era que la sexualidad femenina tiene como objetivo darle placer al hombre y eso le debe dar placer a la mujer.

Son tan fuertes estas creencias que impiden a la mujer sentir qué es lo verdaderamente bueno y gozoso para ella, ya que ella "debe de" estar al servicio del otro, como un objeto.

Pero hay que decir que no cualquier mujer tiene ese muy dudoso "privilegio". Debes ser joven y bella y de preferencia no querer "una relación seria". Una visión que, además, fragmenta a la mujer: o eres puta y entonces puedes gozar de tu sexualidad, o eres santa y no la disfrutas, pero te toman "en serio".

En mi cultura, como en muchas otras, estaba bien que los hombres jóvenes tuvieran sexo. Los chicos de la colonia tenían permiso de ir a los burdeles; de hecho, no sólo permiso, sino que algunos eran llevados por sus propios padres como ritual de iniciación de cierta mayoría de edad. También tomaban ventaja de chicas de estratos sociales más bajos para satisfacer sus deseos.

Pero las mujeres debían permanecer castas y si no, había el peligro de ser etiquetadas como "las fáciles". Y para crear más confusión, mis hermanos y yo íbamos a una escuela de monjas católicas que llegaban al extremo de bañarse con ropa para que no tuvieran la tentación de tocarse.

Ése es el contexto en el cual mi sexualidad empezó a desarrollarse.

Por supuesto que también podemos hablar de cómo los hombres han sufrido por creencias distorsionadas acerca de su sexualidad. Pero como la idea de este capítulo es enfocarnos en la sexualidad femenina, ofrezco disculpas por el hecho de que no hablaré desde su perspectiva.

Mi encuentro con la psicoterapia corporal fue conocer cómo los traumas vividos y la represión emocional afectan la capacidad del cuerpo para experimentar placer, no sólo sexual, sino el placer que emana del hecho de estar vivos en un cuerpo que siente y que limita gravemente nuestra capacidad de encontrarnos, de relacionarnos de una forma profunda con la vida y con el otro.

El encuentro con el Tantra me enseñó que la sexualidad puede ser la puerta para conectarnos con el misterio. Pero para considerarse una vivencia sagrada, requiere un desarrollo energético y la capacidad de abrir el corazón y de entregarse no sólo física sino psicológica y espiritualmente a lo que se está viviendo y compartirlo con el amado. Esto lleva a experimentar el amor y la unidad, que son requisitos para conectar conscientemente con la sacralidad. Lo anterior lo he aprendido a través de estas dos maravillosas enseñanzas: la terapia psico-corporal y el Tantra, por ello quiero compartírselas hoy.

LA TRIDIMENSIONALIDAD DE LA SEXUALIDAD CONSCIENTE

Para hablar de la sexualidad consciente es necesario mencionar que el ser humano es tridimensional. Es decir, vivimos en tres dimensiones que se interrelacionan y se afectan una a la otra, pero cada una funciona de cierta forma.

¿Cuáles son?

- La dimensión animal (o la del cuerpo)
- La dimensión humana (la de la psique o alma)
- La dimensión de la trascendencia (la del espíritu)

Ninguna es más importante que la otra. Se complementan, se enriquecen. *Somos espíritus teniendo una experiencia humana en un cuerpo.* Somos diosas, humanas y animales.

Y esta tridimensionalidad la podemos ver en todas las áreas de nuestro ser humano, pero en este capítulo pondré énfasis en cómo vivimos nuestra sexualidad.

Desde nuestro ser animal, la sexualidad es una de las formas en que podemos experimentar un gran placer en nuestro cuerpo y por eso estamos atraídas hacia ella. Todo ser viviente se mueve hacia el placer. Pero también es el instinto que garantiza la supervivencia de la especie. Por ello va a ser una fuerza que nos va a mover.

Además, la sexualidad se ha utilizado como un indicador de poderío. Lo vemos en algunos animales donde las hembras aceptan la autoridad del más fuerte al mostrar que están disponibles para el coito. Lo vemos también una y otra vez como consecuencia de las guerras entre los seres humanos. Generalmente el vencedor acaba violando a las mujeres de su enemigo.

La sexualidad en la dimensión humana nos muestra otra cara. Aquí un motor muy profundo son nuestras necesidades emocionales. Y en la sexualidad podemos satisfacer una de las necesidades humanas más básicas: tener vínculos íntimos y profundos que nos ayuden a sentirnos únicas, especiales, queridas, acompañadas, conectadas.

Pero también la sexualidad nos permite sentirnos arraigadas, fortalecidas y es parte de lo que forma el poder personal. En esta dimensión podemos hablar de que la sexualidad también se puede volver una moneda de cambio cuando estamos lastimadas emocionalmente: intercambiar el sexo por atención o cariño, estatus, sensación falsa de libertad, etcétera.

Y por último está la dimensión espiritual, donde lo que nos mueve es el amor y la conciencia. Esta dimensión es muy poco experimentada por la mayoría de las personas, ya que existe un problema humano: perdemos conexión con nuestra parte trascendente por la forma inmadura e involucionada en la que somos criados.

Esto significa que, para poder vivirla, tenemos que reconectarnos y eso lo hacemos al sanar nuestras heridas y al depurar nuestras creencias. Pero es en esta dimensión donde la sexualidad se vuelve la puerta para vivir nuestra espiritualidad.

Para mí, la sexualidad consciente implica aceptar el gozo animal que existe en mi cuerpo, poder vivir la conexión con el otro y, por último, vivir la experiencia de unión con lo divino, lo que nos hace estar en el aquí y el ahora y sentir la plenitud, la unidad, la expansión, la conciencia de ser, el éxtasis de la existencia.

La primera pregunta que surge entonces es si estoy viviendo mi sexualidad en equilibrio con estas tres dimensiones y, en caso negativo, ¿en dónde está más centrada mi experiencia de la sexualidad? Y cuestionarnos además si la vivimos de una forma sana o corrupta.

EL CUERPO VISTO DESDE LA VISIÓN DE LA ENERGÍA

Para entender nuestra sexualidad es necesario ver a nuestro cuerpo como un conjunto de energías que tienen consciencia y que nos mueven.

Sigmund Freud descubrió que hay una energía en la psique humana que es lo que la hace funcionar. Y la llama libido, ya que se dio cuenta de que su naturaleza es inminentemente sexual.

Wilhelm Reich se percató de que esta energía no sólo está en nuestro cuerpo físico y energético, sino que también está circulando en el cosmos. Y nombra a esta energía *orgone* (u orgón), una palabra que une organismo y orgasmo, porque es en el orgasmo donde esta energía se presenta de una manera más obvia.

Reich creía que la energía del orgón es la fuerza creativa que se encuentra debajo de nuestra sexualidad, y de hecho de toda la vida y crecimiento en el universo.

Esta energía, en el nivel físico, nos mantiene vivos y sanos. En el nivel psicológico nos habla a través de las emociones, de los sentimientos y de las sensaciones y es parte del proceso de crecimiento, nombrado por los humanistas como individuación o realización.

La energía descubierta por Reich también coincide con las energías descritas en la enseñanza espiritual llamada Tantra, la cual nos dice que tenemos un cuerpo sutil por donde circula la energía, o como sus adeptos la nombran *prana*, *lung*, *chi*.

En ese sistema energético también existen unas estructuras llamadas chakras. Son siete básicos y cada uno tiene una función: física, psicológica y espiritual.

El primero es el sexual y es en donde comienza nuestro desarrollo personal, tanto psicológico como espiritual.

Este sistema de energía es abierto. Esto quiere decir que no sólo circula dentro de nosotros, sino que también hay un intercambio constante con el exterior.

Es un flujo de energía que tiene un proceso de carga y descarga energética, física y psicológica. A este movimiento natural de energía en el cuerpo, de contracción y expansión que todo organismo necesita para vivir, le llamamos pulsación.

¿Cuándo cargamos energía? Cuando comemos, cuando inhalamos, cuando nos acarician, cuando nos gritan.

¿Cuándo descargamos energía? Cuando vamos al baño, cuando exhalamos, cuando hacemos un berrinche.

Para que haya salud física y emocional, esta carga debe ser adecuada a lo que el cuerpo o la psique requieren y debe procesarse para que podamos descargar lo que no nos sirve.

El problema a nivel psicológico comienza en nuestra infancia, cuando esto no sucede de una forma sana, ya que generalmente nuestros padres o guías no cuentan con la madurez emocional para mantener ese equilibrio y mucho menos procurárselo al infante.

Problemas en la carga

Se presentan estos problemas cuando nuestro sistema está congestionado. A continuación, enumero las diferentes razones:

- La carga es inadecuada o demasiada intensa, por ejemplo, cuando la forma de educarnos ha sido a través de gritos o regaños.
- Nuestro sistema es inmaduro o insuficiente para procesar la carga. Esto sucede en situaciones en las cuales nos dan una responsabilidad que no corresponde a nuestra edad. Un ejemplo de esto es poner a un niño de siete años o menos a cuidar a sus hermanitos pequeños; otro es que, al tener una madre que no sabe ponerle límites al abuso de su pareja, el niño o la niña se vuelven sus defensores.
- La carga es ambivalente. Un ejemplo cásico es cuando nuestros padres, o uno de ellos, nos castiga y luego nos lleva a comer helado porque se siente culpable de castigarnos.
- Cuando la carga no es nutritiva o suficiente: nuestra madre no nos abraza, nuestro padre no se da tiempo para leernos un libro y decirnos que nos quiere.

Problemas en la descarga

Estos problemas suceden cuando no puedes expresarte como quisieras. Ocurre con frecuencia, ya que vivimos en una cultura que se especializa en la represión.

Nos dicen: no te enojes, no llores, no grites, no te rías, no te toques, no te muevas así, no le hables así a tu maestra, a tu papá, no pienses, haz lo que te digo, no me acaricies que me molesta.

Lo sano, lo natural, es que nuestra energía pulse, que cargue y descargue.

Lo enfermo y antinatural es que esa energía se bloquee.

Cuando somos pequeñas ese flujo es libre, espontáneo y expresa sus necesidades correctamente. Cuando somos bebés y no nos sentimos seguras, experimentamos el miedo y buscamos la protección de mamá. Cuando no nos sentimos queridas, nos da tristeza y lloramos. Cuando no conseguimos lo que queremos, nos frustramos y mostramos nuestro enojo. Cuando estamos felices, bailamos, brincamos, jugamos. Cuando sentimos el amor, lo expresamos con abrazos o besos, y cuando estamos cansadas, nos relajamos y dormimos.

El problema surge con la educación. Nuestros padres quieren que hagamos lo "correcto" según las normas familiares, sociales y culturales. Muchas veces lo "correcto" va en contra de nuestra naturaleza. Por ejemplo, nuestra curiosidad sexual infantil puede ser considerada por los adultos como una "perversión", cuando en realidad los perversos son ellos al ver algo natural como algo "sucio o inadecuado". O nuestras lágrimas son vistas como "debilidad". Nuestros enojos podrán ser castigados sin ni siquiera investigar cuál es la razón de ese enojo, y es que para la niña o niño siempre hay un motivo.

Esto no quiere decir que no tengamos que guiar a nuestros hijos para que maduren, para que modulen sus formas de expresar sus necesidades y emociones. Pero hay una diferencia muy grande entre educarlos desde la conciencia y la reflexión, desde un lugar de amor, empatía y respeto, donde la individualidad y las necesidades del niño sean tomadas en cuenta, a "educarlos" a fuerza de culpas, de vergüenzas, de meter miedo a través de gritos o golpes, donde la guía se convierta en una imposición y se haga lo que los padres quieren sin tomar en cuenta a sus hijos.

Esto último, en vez de permitirnos madurar emocionalmente, nos crea heridas emocionales que hacen que nos vayamos desconectando cada vez más de ese flujo natural, energético y emocional, y aprendemos a que si queremos recibir "amor", "aceptación" requerimos reprimir nuestra expresión emocional natural y, por supuesto, nuestra expresión vital y sensual. Perdemos el derecho de sentir, de necesitar y de expresar lo que necesita nuestro flujo.

En sus investigaciones, Reich pudo darse cuenta de que la forma en que el cuerpo reprime su energía vital y emocional es a través de contracturar la musculatura correspondiente a la emoción sentida y de bajar la respiración al mínimo. Por ejemplo, si el niño tiene ganas de llorar, pero ha aprendido que eso es prohibido en casa, los músculos de la garganta y del diafragma se contraerán para impedir que el llanto salga.

Para no expresar o, peor aún, ni siquiera sentir su enojo, un niño tiene que tensar sus manos y su mandíbula y bajar su respiración al mínimo.

Se contrae, se queda inmóvil. Y por esto, el flujo de energía vital, de impulso, de creación, de expresión emocional que corre por el cuerpo, se ve severamente dañado.

Este bloqueo energético, por una parte, nos desensibiliza para no sentir y entonces reprimimos aquello que es considerado por la familia o la sociedad como algo inadecuado o malo, pero también minimiza la capacidad de disfrutar y de gozar, no sólo nuestro cuerpo sino también nuestra propia existencia. En vez de vivir la esencia a través de ese flujo vital, espontáneo, creativo, sensual, de gozo, vivimos el estancamiento con todo lo que conlleva: enojos guardados, miedos infantiles, sensación de no merecer, de no ser suficientes, creencias de no poder, etcétera.

Reich propone una visión integral de la sexualidad, donde el cuerpo y las emociones están profundamente entrelazados y sostiene que la represión emocional afecta la capacidad del cuerpo para experimentar placer y disfrutar plenamente no solamente el sexo y el orgasmo, sino la vida misma.

Su terapia consistía en derribar las barreras que bloqueaban el libre flujo de esta energía, a través de la liberación de las tensiones musculares crónicas, con ejercicios de respiración, movimiento y expresión, lo que resultaba en una intensa carga energética en el cuerpo del paciente y una descarga igual de intensa de sentimientos y emociones.

Su objetivo era despertar la fuerza de la vida, esa energía llamada orgón, y devolverla a su estado natural y volver a sensibilizar nuestras emociones y sentimientos y, por ende, las necesidades de nuestro flujo. Esto nos lleva a ir sanando nuestras heridas emocionales, a tener una apertura mayor a la vida, y también a reconectarnos con nuestra parte más trascendente, donde se encuentran nuestros recursos innatos.

TANTRA

Éste es el punto donde termina la parte psicológica y comienza la parte espiritual.

El camino del Tantra puede aceptarse como una evolución natural del trabajo de Reich, ya que inicia desde el mismo punto. Comienza con el cuerpo físico, con la energía vital, y se eleva hasta la dimensión mística de la meditación.

Es el Tantra el que nos enseña qué podemos hacer con esta energía para evolucionar e ir creciendo en sabiduría y amor, a través de ir expandiendo la conciencia y conectarnos con niveles más sutiles de la energía.

Comenté al principio que he estado en contacto con dos escuelas del Tantra. La que conocí con Carlos de León y con otros maestros hindúes y tibetanos corresponde al Tantra original, que es una cosmogonía más compleja y ambiciosa, ya que explica qué es el ser humano, cuál es la meta de la vida humana y nos da las herramientas para llegar a esa meta. En esta tradición se trata de despertar una energía que normalmente tenemos dormida y que la necesitamos para alcanzar estados de conciencia más verdaderos, unificados, absolutos y cósmicos. Esa energía se llama kundalini y, al despertar, sube por un canal que tenemos en el centro del cuerpo; va limpiando y activando los siete chakras, los cuales, a su vez, ayudan a la transformación y utilización de la energía y a la expansión de la conciencia. Este proceso se llama *iluminación* y termina cuando la persona realiza su naturaleza búdica. Hay una escuela especializada en el uso de la energía sexual para esto, pero el requisito es que los practicantes deben de ser yoguis, tener un nivel espiritual alto para realmente poder hacer de la sexualidad un camino. Esa escuela se llama AOLA.

El neotantra de Osho es una versión novedosa y mucho más sencilla, en la que se pone énfasis en el encuentro sexual de dos personas que buscan fundirse y fusionarse hasta el punto en que pueden moverse profundamente en este movimiento pulsante, en ella también se busca una experiencia de unidad no solamente con el ser amado, sino con la existencia misma.

Sin embargo, es interesante ver que Reich creía que, al unirse en un acto sexual dos seres desbloqueados energéticamente, la energía iba a fluir por los canales centrales de una manera natural, llevando cada vez más y más energía a los centros superiores de la cabeza, que harían que hubiera una experiencia de conciencia y por ello las personas podían evolucionar.

Desgraciadamente, el neotantra ha sido mal entendido y se ha creado una cultura pseudoneotántrica donde se cree que el objetivo es solamente el gozo de la sexualidad, cosa que no es así. También hay que tener cuidado con los pseudomaestros tántricos, que usan su posición de poder para tomar ventaja de sus alumnos e incluso cometer abusos de tipo sexual.

Entonces ¿qué se requiere para vivir una sexualidad más plena y consciente?

Definitivamente requerimos tener un proceso de desbloqueo emocional y de restauración de nuestra energía vital, la que, como he dicho, es de naturaleza sexual.

Para vivir el placer que reside naturalmente en nuestro cuerpo, necesitamos estar libres de tensiones y bloqueos que impidan el flujo de la energía, ese que nos permite estar vivos, sintiendo y pulsando. Pero también requerimos abrir el corazón, porque es a través de nuestra parte sensible que podemos ver y tocar realmente a otro ser humano y dejarnos ver y ser tocados.

Para tener nuestro flujo desbloqueado y nuestro corazón abierto es necesario que sanemos nuestras heridas emocionales. Ellas son las que nos impiden sentir nuestro cuerpo sin culpas ni vergüenzas, nos imposibilitan abrirnos y confiar en lo que percibimos, nos impiden cuidarnos, amarnos y amar.

¿Suena muy ambicioso? Lo es....

Si buscamos una mayor integración de cuerpo, mente y espíritu para lograr una vida más equilibrada y plena, tenemos que trabajar. Y el trabajo es conocerte y sanarte a través de amarte.

Un camino muy transitado por mí y por Aura son las psicoterapias basadas en la visión de Reich, que incluyen prácticas con énfasis en el uso de la respiración profunda y consciente, movimiento y expresión emocional. Todo lo cual ayuda a reconectar a la persona con su propio cuerpo, a ir sanando heridas emocionales, ir recuperando recursos y aumentar la conciencia de nuestra verdadera esencia.

Al liberar la energía emocional y sexual reprimida y aprender a manejarlas conscientemente, las personas pueden transformar su experiencia sexual en una fuente de crecimiento personal y espiritual.

LAS HISTORIAS

Me siento profundamente agradecida por las mujeres que me compartieron su experiencia con la sexualidad. Ellas describen lo que nos ha pasado a casi todas las mujeres: una educación sexual en la infancia y la adolescencia o nula o sumamente confusa y distorsionada. Son mujeres que decidieron tomar el camino de la sanación y de la transformación, lo que dio como resultado una relación totalmente nueva, amorosa y luminosa con su sexualidad, que las ha llevado a vivir una conexión más profunda con su parte trascendente y espiritual.

Esto es lo que llamo el camino de la sexualidad consciente.

Relato de Ámbar, mujer de 61 años, amiga amorosa, artista y madre

Crecí en el seno de una familia profundamente conservadora, en la cual los temas relacionados con la sexualidad eran completamente ignorados. Lo único que me enseñaron fue algo sobre la menstruación, y nada más. Desde niña, se me inculcó la fe católica y, con ella, el peso de la culpa. Lo más importante era llegar virgen al matrimonio.

No obstante, ahora recuerdo que alrededor de los ocho años empecé a sentir mis primeros deseos y emociones, que hoy reconozco como sexuales, cuando me besaba en secreto con un vecino de mi misma edad. Un par de años después, viví otras experiencias similares, siempre en secreto, pues ya en mí empezaba a formarse el prejuicio del pecado, aunque de manera aún inconsciente. A los 17 años tuve mi primer novio, y aunque nos tocábamos y acariciábamos mutuamente, nunca llegamos a la penetración.

A los 17, mis deseos físicos habían crecido. Después de leer un libro sobre educación sexual, decidí comenzar a explorar mi sexualidad con un novio, con quien "perdí" mi virginidad. Subrayo la carga peyorativa de la palabra "perdí", a la que me referiré más adelante. En esta primera experiencia, no sangré, lo que llevó a mi novio a insinuar que no era mi primera vez. Esto me generó una profunda inseguridad y dolor emocional. Nuestra relación duró un par de años, pero nuestra vida sexual era poco frecuente, y con el tiempo me di cuenta de que también era poco satisfactoria, debido a su bajo deseo sexual y a su pequeño pene.

A los 18 años me fui de casa para estudiar danza contemporánea en la Ciudad de México. Tras haber vivido en una ciudad pequeña y provincial, mi vida dio un giro radical. Mi mente se abrió y comencé a explorar mi sexualidad de una forma mucho más libre y placentera. Descubrí cómo la sociedad, la religión y la ignorancia nos limitan, impidiéndonos vivir nuestra sexualidad sin sentirnos juzgadas, incluso por otras mujeres. Durante ese tiempo, tuve diversas parejas sexuales, entre las que destacan dos: una mujer un poco mayor que yo, con quien viví seis meses y experimenté una sexualidad diferente, aunque yo de manera mayormente pasiva. Con ella, además, conocí el mundo del activismo feminista, participando en fiestas y manifestaciones lésbicas. A los 25 años, conocí al hombre que eventualmente sería el padre de mis hijas y mi única pareja sexual hasta los 43 años. Con él viví, como dice Joan Manuel Serrat, "el sexo con amor de los casados".

A los 45, conocí a mi pareja actual, un hombre 20 años mayor que yo, con una amplia experiencia sexual y una mentalidad muy abierta. Con él, empecé a darme permiso de explorar mi sexualidad al máximo, permitiéndome volar cada vez más alto. Me invitó a disfrutar plenamente de la libertad de descubrir mi sexualidad a mi manera. Disfruté de playas nudistas, tuve amantes con total honestidad y sin secretos, y exploré mi placer sin prejuicios ni tabúes, liberándome por completo de la culpa.

En este proceso he descubierto cómo experimentar mi sexualidad desde una perspectiva sagrada. Para mí, mi cuerpo es mucho más que un simple vehículo; es un medio para vivir una experiencia espiritual profunda. Aprender a verlo con gratitud y respeto, en lugar de cargarlo con vergüenza o juicio, ha sido liberador. Me he permitido apreciarlo como una manifestación de energía vital y divina, una fuerza que merece ser honrada.

La culpa fue uno de los mayores obstáculos que tuve que enfrentar para vivir plenamente mi sexualidad. Me tomé el tiempo para cuestionar las creencias que tenía sobre el sexo, para ver si realmente me ayudaban o me limitaban. Reconocer que el placer es una expresión natural de mi ser y no algo que deba ocultar o sentir como un pecado cambió mi vida. Poco a poco, he aprendido a explorar mis deseos y mi propio cuerpo con curiosidad, y esto me ha permitido conocerme mejor. La autoexploración a través de la masturbación consciente me abrió un nuevo mundo; me enseñó a entender y a disfrutar mi placer como una forma de amor propio.

Además, la respiración ha sido una aliada poderosa en este camino. Practico respiraciones lentas y profundas durante el sexo, lo cual expande mi energía y me ayuda a conectar más profundamente con mi cuerpo y con el momento. Este simple acto de estar presente en mi respiración ha transformado la experiencia sexual en algo mucho más pleno y satisfactorio.

He aprendido también a abrazar y honrar mi derecho al placer, a pesar de que muchas tradiciones lo hayan reprimido o ignorado. Para mí, celebrar el poder de mi sexualidad ha sido una manera de afirmar su sacralidad y de liberarme de limitaciones impuestas. Ahora, repito afirmaciones que me recuerdan mi derecho a disfrutar y a experimentar mi sexualidad plenamente.

Otra parte importante de mi camino ha sido aceptar mis fantasías sin vergüenza. Al principio, me costaba reconocerlas, pero entendí que son una parte natural de mi sexualidad. Aunque no tengo que actuar cada una, permitir que existan en mi mente me ha ayudado a comprender mis deseos más profundos y a explorar nuevas dimensiones de placer y autoconocimiento.

Reconozco que mi energía sexual es, en esencia, energía creativa, y la dejo fluir hacia todas las áreas de mi vida. Esa vitalidad inspira mi creatividad y enriquece mis relaciones, mi trabajo, y mi conexión con el mundo.

Practicar el sexo como una experiencia meditativa también me ha ayudado a encontrar una conexión más profunda. Estar totalmente presente, concentrada en cada sensación, en mi respiración y en mi conexión con mi pareja, ha convertido el sexo en una experiencia espiritual. En lugar de verlo como algo separado de mi espiritualidad, lo abordo como un acto de trascendencia, como una vía hacia la sanación y el amor propio.

He comprendido que el sexo consciente me ayuda a sanar cicatrices emocionales relacionadas con la sexualidad, muchas veces arraigadas en enseñanzas pasadas. A través de la aceptación y del amor propio puedo transformar esas heridas en una fuente de poder y bienestar.

Finalmente, he aprendido a ver la sexualidad como un camino hacia la trascendencia y la conexión con lo divino. Lejos de alejarme de mi espiritualidad, me ha permitido acercarme a ella, convirtiendo el sexo en una expresión sagrada que me conecta con lo más elevado en mí y en la vida misma.

Silvia, mujer de 51 años, soltera, madre de dos hijos, bióloga. Cultiva y medita desde hace 26 años. Muy afín a las artes marciales, al tantra, al taoísmo y judeocristiana

Mi sexualidad es una complitud entre mi energía y mi conciencia, entre lo que observo y lo que siento, entre yo y el otro, entre mi realidad física y mi espiritualidad.

Es decir, la sexualidad no solamente es con la pareja, sino hay muchas maneras de vivirla, y la experimento desde aceptarme, abrirme, observarme. Y también permitir que la otra persona esté, me toque, me bese. Aceptar que la emoción que sea se exprese y después se vaya combinando con otras energías en mi cuerpo para luego despertar y revolcarse con la conciencia, volverla luminosa, expandida y terminar en gozo.

La sexualidad es volverse uno con el otro, puede ser haciendo el amor, en donde no se sabe dónde termina mi piel y dónde empieza la de mi pareja; en donde en una caricia se pierde el tiempo; en donde al final del orgasmo la respiración es infinita y me quedo dormida y despierto y ya resolví medio desmadre interior o todo.

Para mí, la sexualidad es la capacidad de resolución de conflictos conmigo misma y con los demás. Es aceptar que necesito una nueva energía o una energía diferente para cambiar un patrón o para resolver un problema, y eso lo logro viendo las situaciones de otra manera, pensando diferente, saliéndome de mi caja de realidad. La energía que te da el poder para cambiar las cosas, para atreverte a hacer algo nuevo, ésa es la energía sexual.

La sexualidad la expreso a través de cómo me comunico, de cómo soy y quiero ser. Ser consciente de mis necesidades, de mis deseos, de mis carencias, de mis ganas de dar y compartir, es estar viva y la sexualidad es vida.

La sexualidad es fluidez. Cuando estoy fluyendo estoy en contacto con mi energía sexual y me puedo expresar de muchas maneras. La energía sexual siempre es espontánea, libre y única; es creatividad pura, genialidad, ternura, asombro y gozo.

A través de mi vida he limpiado, transformado y cultivado mi energía sexual de diferentes maneras, con distintos tipos de terapias energéticas, limpieza de chakras y órganos, con meditaciones terapéuticas como chod (práctica chamánica para limpiar vivencias traumáticas), prácticas budistas para limpieza del karma, prácticas tántricas para limpieza de abusos y para transformar la energía sexual, tener relaciones sexuales amorosas, trabajando el apego a las relaciones que no me hacen bien. Me acepto tal cual soy, haciendo ejercicio, cultivando la energía yin (femenina) de mi cuerpo, haciendo prácticas con la luna. Además, como sano, no abuso de las drogas ni del alcohol, pongo límites, tomo tónicos para fortalecer mi cuerpo y acepto y honro mis diferentes etapas como mujer.

Tuve una infancia difícil, tuve que hacerme cargo de mí y de mi casa desde muy chica y dejé de ser niña pronto, así que he hecho terapia para sanar esos traumas y abusos. Y sé que todos de alguna u otra manera estamos rotos y nos falta amor, así que desde las formas que sé y que descubro a través del tiempo trato de darme amor y de expresarlo afuera.

Siento que la sexualidad y el amor se entrelazan todo el tiempo y deben vivir juntos; ese regalo nos da la vida a todas, y nosotras lo podemos expresar de muchas maneras en nuestras diferentes etapas como mujeres, tenemos el privilegio de hacerlo y ése es el legado de las mujeres al mundo.

Nina, mujer de 61 años, abuela, deportista, emprendedora

Me considero una mujer afortunada por compartir la vida en pareja y seguir juntos después de casi 40 años. Soy madre de dos hijos varones y abuela de dos nietas preciosas. Creo que lo más importante de estar viva es llevar una cotidianidad basada en la honestidad conmigo misma y con los demás.

Desde muy pequeña tuve encuentros con la sexualidad sin saber muy bien de qué se trataba. A mi alrededor había pocas explicaciones y muchas murmuraciones, siempre con connotaciones de lo prohibido, sin espacio para hablar de ello.

Todo lo que tenía que ver con la desnudez, las diferencias entre hombres y mujeres y el desarrollo sexual era algo de lo que no se hablaba, no se preguntaba y no se explicaba. Por otro lado, la afectividad, las relaciones sexuales, los besos o los abrazos en pareja sólo se concebían en la intimidad. No se vivía como algo natural, intrínseco a los seres humanos o a la experiencia de estar vivo, de expresar el afecto a tus seres queridos.

Mis primeros encuentros con la sexualidad se dieron siendo yo muy pequeña (ocho o nueve años) en una relación de abuso. No sabía que eso que sucedía eran juegos sexuales en situación de abuso.

Fue después de mucho tiempo que me percaté de que algo no estaba bien. Me tomó mucho tiempo darme cuenta de que no quería seguir ahí y más tiempo armarme de valor, no para denunciar al abusador —que, está por demás decirlo, era miembro de mi familia—, sino para acabar con esa situación con la que no me sentía a gusto.

¿Cómo pude salir de eso? Creo que he sido afortunada por poder entrar en contacto conmigo misma, y el hecho de no querer ser una víctima. Poder tomar mi vida en mis manos me ayudó a dejar atrás ese capítulo a los 16 años. Desde entonces, el lema que me ha guiado siempre es "a partir de ahora, me pase lo que me pase, soy consciente de mis acciones, soy parte de la situación y asumo las consecuencias de haber decidido hacer o participar en una cosa u otra".

Esto me ha permitido tener confianza en mí misma, aceptarme como soy y recuperar mi autoestima.

Desde entonces mi vida en general, y en particular la sexual, se ha transformado mucho. Desde el miedo a no ser aceptada por traer cargando una "mancha" que no me hacía "digna de nadie, ni ser pura" hasta vivir una sexualidad plena y consciente en una relación de pareja amorosa y saludable, que me ha permitido crecer, experimentar y a fin de cuentas sentirme plena.

Llevo casi 39 años con la misma pareja. Me casé joven y, por supuesto, tuve hijos muy joven. La maternidad, que no se puede desligar en ningún momento de la sexualidad, ha sido una experiencia maravillosa, aunque a la fecha sigue presentando retos que afrontar. He podido ser parte de una familia que me llena y da sentido a mi vida.

Cuando pienso en qué es lo que me ha permitido seguir en una relación de pareja por tantos años y sexualmente activa, creo que se debe a que juntos hemos construido una relación de mucho amor y respeto, tanto a la individualidad como a la pareja. Seguimos en pareja porque queremos estar juntos, porque aceptamos al otro como es. No nos guían las apariencias, sino tratar de ser auténticos el uno con el otro, compartiendo la intimidad y también la cotidianidad.

Por muchos años estuve cerrada a una relación de pareja, pero conforme fui sanando y confiando en mí misma, me fui abriendo, perdiendo el miedo y poco a poco, sin ir demasiado rápido, empecé a experimentar la sexualidad como valiosa y plena. Los primeros encuentros sexuales fueron experiencias nuevas, emocionantes. No puedes juzgar si son buenos o malos, porque no conoces otra cosa, porque nadie te enseña cómo hacer el amor.

Con el tiempo me di cuenta de que estos encuentros fueron cambiando de acuerdo con la madurez, a la experiencia de estar en pareja, mezclados con sueños, aspiraciones, deseos, ideales personales, de pareja y de familia.

Me siento afortunada por tener una pareja estable con quien vivir la sexualidad plenamente. Quizá gracias a que él es muy sexual, yo me he animado a explorar y crecer en este ámbito. No siempre al ritmo que a él le hubiera gustado. No sé si sería la que soy hoy con alguien menos sexual, pero de lo que estoy segura es de que ha sido una experiencia valiosa.

En unos cursos de desarrollo personal que tomamos en pareja, conocimos acerca de la sexualidad consciente o "sagrada". Esto nos amplió el panorama del sentido de la sexualidad, de cómo la energía sexual te permite conocerte y actuar de manera amorosa. Lo más importante que aprendí es que la sexualidad es un tema de responsabilidad individual. No estamos en pareja para complacer las necesidades del otro o que el otro cumpla las nuestras, sino para compartir desde lo más profundo de nuestro ser, con el otro.

La vida en pareja es un constante ir y venir entre el desarrollo personal y el crecimiento de la relación de pareja y, en mi caso, la sexualidad ha jugado un papel estelar. Tuve la oportunidad de conocer una vertiente de Tantra llamada Sky dancing Tantra de Margot Anand.

Básicamente es una invitación a disfrutar del cuerpo, a conocer y reconocer sus sensaciones y aprender a disfrutarlo sin culpa, remordimiento o ningún prejuicio moral. Haberme abierto a experimentar los ejercicios tántricos propuestos me permitió ampliar mi experiencia de lo que significa vivir una sexualidad plena.

Romper la rutina, crear rituales que te permiten contactar contigo mismo y con el otro, estar abierta a recibir, disfrutar, dar al otro, gozar con el placer del otro son experiencias muy valiosas que me han permitido transitar la sexualidad con plenitud hasta este punto.

Haber dejado entrar el Tantra en nuestras vidas nos unió más como pareja, nos permitió conocer mejor lo que el otro quiere, lo que al otro le gusta, a saber pedir lo que uno necesita y quiere. En pocas palabras, profundizar en mi relación de pareja, a buscar cada vez más espacios amorosos de encuentro. A compartir nuevas experiencias sexuales, a explorar diferentes versiones de lo que una relación de pareja puede ofrecer.

Me he abierto a compartir con otros la intimidad, a aceptar que mi pareja explore su propio camino, ampliar mi experiencia de la sexualidad con otros hombres y mujeres, que, como yo, están en búsqueda de sí mismos.

La mayoría de estas experiencias han sido maravillosas, otras no tanto. Unas fueron un parteaguas en mi vida y han ayudado a sanar viejas heridas, otras ayudaron a conocerme mejor, lo que me ha dado mucha seguridad de quien soy.

María de Sol Batracia, mujer de 51 años, arquitecta dedicada a las artes plásticas en la actualidad

Me gustaría empezar platicando que para mí la sexualidad fue algo muy natural, es decir, no tuve mucho conflicto, aparentemente, en relacionarme sexualmente con mis parejas o relaciones pasajeras.

Mi primera relación sexual fue a los 16 años, con mi primer novio, que era siete años mayor que yo, y de quien estaba profundamente enamorada. Todo parecía ir bien, excepto que él, a pesar de ser muy amoroso conmigo, tenía graves problemas psicológicos, y no ayudaba nada que consumiera diferentes drogas, además de alcohol, que lo transformaban en un hombre celoso y posesivo, se perdía en su alucine.

La relación se volvió muy tóxica. Me costó mucho tiempo entender lo que estaba mal en esa relación, ya que no había agresiones físicas, y en esa época no se hablaba de las agresiones psicológicas, especialmente si eran disfrazadas de "amor".

Después de dos años, terminé con él cuando conocí a otro hombre, con quien tuve una relación diametralmente opuesta, un amor muy libre, alegre y entregado. Con él viví la otra cara de la moneda. Gracias a esto, empecé a explorar y tuve diferentes relaciones de pareja; seguía pensando que no tenía problemas con mi sexualidad ya que, en sí, no tenía dificultades para tener relaciones sexuales con quien quería.

Sin embargo, poco a poco me fui dando cuenta de que, así como me era muy fácil buscar relaciones sexuales, algo no estaba bien. Empecé a observar un patrón que se repetía: si lograba conquistar a quien me gustaba y me acostaba con él, pasaban dos cosas: si se enamoraban de mí, como que se perdía el encanto, y si no, muchas veces me quedaba enganchada y sufría por meses hasta que encontraba otro chico que me gustara y así.

Tuve relaciones de pareja estables de vez en cuando, no siempre terminaban en nada, pero digamos que el patrón se extendía y, tarde o temprano, volvía a suceder.

Durante este tiempo empecé a practicar chi kung e ir a terapia psico-corporal; gracias a esto reconocí el patrón que repetía. Además me di cuenta de algo mucho más profundo y difícil: a los siete años había sufrido un abuso sexual, el cual había quedado enterrado en el inconsciente. Poco a poco empecé a entender cómo los bloqueos emocionales, que quedaron congelados en mi cuerpo por esta experiencia, generaron un concepto distorsionado de mí, de mi seguridad, de mi falta de arraigo, y sobre todo, de la incapacidad de tener relaciones armoniosas, duraderas y gozosas. Reconocí que el miedo, el dolor, la ira, el odio y la nula posibilidad de digerir esta experiencia, de la cual nunca hablé hasta entonces, generaban, entre otras cosas, la necesidad de validarme por medio de la sexualidad.

Me di cuenta de la importancia de trabajar en el cuerpo, ya que en él está toda la información a la que nuestra conciencia es incapaz de acceder, pero que está presente, afectando nuestra forma de experimentar la realidad.

Al trabajar con mi cuerpo y desbloquear el flujo me ha llevado a ser más honesta y clara conmigo, a poner límites, a disfrutar una sexualidad más completa, además de conocer mi cuerpo y atreverme a sentir lo que me gusta y lo que no, y hablar de ello; vivir de una forma más armoniosa y amorosa, tanto conmigo como con la persona involucrada.

Claro que no sólo fue el abuso sexual lo que me llevó a sentirme insegura, en el proceso fui descubriendo muchas voces escondidas del entorno familiar, el entorno social, el machismo, etcétera. Y fue gracias al trabajo corporal y al flujo de energía más libre en mi cuerpo que he logrado transformar mi experiencia de vida.

Creo firmemente que es vital que hablemos de esto en general, pero particularmente con los adolescentes, para ayudarles a desbloquear su cuerpo a través de las diferentes formas de terapia psico-corporal, baile consciente, tipos de meditación que involucren al cuerpo y conectar con el potencial de cada quien, y de esta manera convertirse en personas más arraigadas, en contacto consigo mismas, más amorosas y felices.

Kenia, mujer de 31 años, arquitecta, creativa

Creo que la sexualidad es un largo camino de aprendizaje, pruebas, desconocimiento, pena, inseguridad, nervios, tabúes, por mencionar solamente algunos aspectos.

A lo largo de este camino he ido descubriendo varias cualidades, emociones, sentimientos e inseguridades que se encuentran dentro de mí. Comenzando con mi infancia temprana, en la que pensaba que lo que a veces sentía no estaba bien; yo misma me juzgaba y me sentía mal al frotarme y "sentir rico".

Durante toda mi infancia fue algo que me hizo sentir mucha vergüenza, pensaba que había algo malo en ello y fue justo apenas hace unos años que supe que la masturbación infantil es algo normal y que sucede. Al saberlo me quité un gran peso de encima, ya que por mucho tiempo me reproché mucho mi "inadecuado" comportamiento.

Considero que el camino en mi vida sexual ha sido lindo, me gusta mi historia y que, ahora siendo una mujer, he ido comprendiendo las ideas que se me inculcaron en casa durante mi infancia. Con ayuda de mi trabajo personal, me he sentido cada vez más segura de mí, de mi cuerpo, de mostrarme desnuda, de compartirme tanto con alguien, de encontrar a un hombre con quien me siento cómoda y en confianza para armarme de valor y dar ese pasito que me daba tanto miedo dar: "tener relaciones sexuales por primera vez".

Tenía casi 26 años y sucedió en una etapa de mi vida cuando, aunque siempre he sido muy romántica, tierna y soñadora, todo estaba potencializándose a su máximo vigor.

En estos años he ido experimentándome, conociéndome y aprendiendo a relacionarme, pero siempre con un gran respeto y amor a mi cuerpo y a mi ser. Porque no a todo mundo dejo entrar a mi recámara, que es mi lugar íntimo y seguro. Por lo tanto, mucho menos a mi cuerpo, a mi mayor hogar, no le permito a cualquiera conectar ni vibrar conmigo.

Hoy, el descubrirme sexualmente me parece algo muy divertido y emocionante, porque es un camino de autoconocimiento en muchos aspectos, tanto sola como acompañada. Cada persona con la que uno decide compartirse te ayuda a descubrir una parte de ti que no conocías y creo que no hay ninguna sensación que pueda repetirse; la experiencia con cada persona, cada lugar, cada momento, es única.

También he descubierto que soy una mujer sexual, sexy, atractiva y coqueta, adjetivos que me costaban mucho ver en mí o simplemente características que no quería aceptar y que ahora me gustan.

Aunque no siempre ha sido así, trato de escucharme y sentir lo que en verdad quiero. Hay cosas que uno simplemente siente y sabe antes de conectar con otros y, al decidir hacerlo, intento conectar conmigo misma, algo que para mí es lo más importante, lo que me hace disfrutar, ser yo y empoderarme.

Lo más divertido es que no siempre soy la misma, siempre voy descubriendo algo diferente y lo he logrado hacer al atreverme a dar esos pasitos que me causan tanto miedo e inseguridad, atreverme a decir o hacer.

He tenido una sexualidad muy cuidada, de paso a pasito, y hoy me siento muy orgullosa de este camino recorrido. Ya iré descubriendo lo que me traen las siguientes etapas de este recorrido.

Margot

El despertar a mi sexualidad fue como adquirir una alergia. Una alergia te toma sin solicitar entrada a tu cuerpo, produce reacciones orgánicas como confusión, desesperación y vergüenza de verte con una nariz hinchada, enrojecida y produciendo moco; además de que se supone que esta serie de reacciones son producidas por un alergénico, no sabes de dónde viene, ni lo puedes ver.

Así fue mi camino hacia la sexualidad.

A mis 10 años, mi inocencia y mi imaginación fueron tomadas de súbito por una impresión desagradable: vi unas fotografías con escenas pornográficas que había llevado al salón de clases una de mis compañeras.

Al llegar a casa le conté a mi madre, ella respondió haciendo una crítica a la madre de la niña. A pesar de que le expresé que sentía náuseas y estaba impresionada, no acogió mi sentir. Quizá en los años sesenta no era importante dar información.

Seguramente ni le pasó por la cabeza toda la serie de ideas erradas que me iba a formar por esa experiencia. Tampoco tuvo la precaución de cuidar la manera en que yo estaba abordando mi sexualidad.

En consecuencia, el tema sexual me daba miedo. Sin embargo, al recordar a las niñas viendo con avidez las fotografías con cierto regodeo, creí que yo estaba haciendo algo inadecuado al impresionarme.

Posteriormente, mi madre contó el suceso a sus amigas; lo supuse, porque en una convivencia murmuraban, reían y me miraban; percibí una suerte de complicidad, algo que todos sabían, pero se hablaba bajito, les pareció divertido, creo que no fueron reflexivas. Mi infancia estaba siendo sesgada por unas imágenes grotescas. Asumí que ese camino lo tomaría sola, y dejé de compartir mis experiencias.

Cuando cumplí 11 años, debo mencionar que ya tenía una estatura de 1.70 cm, una cabellera larga y quizá unas piernas atractivas; esto último, lo deduje después de la retahíla de preceptos como la de sentarme "bien", juntar las piernas, bajar la falda. Querían que cubriera casi todas las partes de mi cuerpo; aparte de que era algo incómodo, los argumentos eran confusos, ya que no entendía si hacerlo tal como me lo solicitaban era para lograr un buen comportamiento, o era para evitar algún peligro.

Con tanta inadecuación, llegué a sentir culpa de tener un cuerpo.

Mi madre, las abuelas, las tías y hasta la instructora de catecismo me hicieron desconfiar de todo: ¡no te acerques tanto cuando platicas con un hombre!, ¡camina por la acera contraria a la construcción porque hay albañiles!, ¡nunca vayas al baño sola!, ¡no te confíes del que te confiesa, es un hombre y no un santo!, ¡no permitas que te toquen tus amigos!

Los amigos, las compañeras del colegio, los no amigos y los hombres con más criterio por su edad me agobiaban. No diré que me acosaban, porque la palabra no la conocía. Lo supe cuando mi padre me entregó unos libros sobre sexo y, después, él mismo me habló sobre el sexo y la sexualidad.

Lo lamentable era que yo todavía no tenía la suficiente madurez neurológica para asimilar la información que había en esos textos; de tal manera que también me sentí empañada por la serie de distorsiones sobre la sexualidad que se describían en dichos libros, aunque esa información me sirvió, puesto que aprendí a protegerme de acosadores.

Lo rescatable de esa experiencia es que mi padre me hizo comprender que "yo soy la dueña de mi cuerpo y yo decido cómo disfrutar mi sexualidad". Este valor me hizo sentir carga, porque, por mi personalidad, a veces deseaba no tener que decidir y analizar las circunstancias de cada salida; aunque sí sembró en mí la confianza y un verdadero dominio de mi persona; sin embargo, no todo lo que me dijo era tan bueno para mí.

Fui creciendo y mi cuerpo fue desarrollando otras características. Llegué a mis 15 años con una serie de prejuicios que mi padre me introyectó, como ser fuerte, según su interpretación de fortaleza; me alentó a hacer lo propio y no depender de ninguna pareja, incluso me persuadió a dominar. No me facilitó información sobre las posibilidades que posee el vincularse de manera amorosa, amigable e incondicional.

Estaba a la defensiva. De tal forma que vincularme ya era para mí una negociación; además producto de ese adiestramiento yo ya era alérgica al amor, al erotismo y al contacto físico. Sin embargo, confiaba.

Nuestro instinto, así como nuestra intuición, son capacidades humanas que nos permiten ver otra perspectiva de las cosas. Te pueden salvar.

Cuando empecé a tener contactos amorosos —tal como la nariz produciendo moco de manera incontrolable—, mis reacciones produjeron sensaciones disgregadas, junto con lo agradable del contacto físico, se desataban una serie de impulsos que, a diferencia de lo esperado, eran placenteros, de tal modo que me confundían. Sabía que dichas reacciones eran naturales; sin embargo, me hacían sentir mal portada, maliciosa, culpable y con vergüenza.

Considero que es perverso transmitir las creencias propias sobre el sexo y la sexualidad sin un autodistanciamiento.

Me cuestioné muchas veces: ¿por qué generar miedo y no dar contención y arraigo ante tal transformación hormonal y corporal? ¿Por qué vincularte es peligroso? ¿Por qué algo tan gozoso está colmado de tantos prejuicios?

Al distanciarme de esta historia, me doy cuenta de que los valores de mi linaje femenino eran de poco criterio y encauzados a hacer de mí un buen producto para una sociedad machista.

Cuando me enamoré, elegí abrirme a la sexualidad. A través de un quehacer de ensayo y error, afortunadamente, renuncié a mis falsas creencias y, dispuesta a vivir, superé la alergia… Me permití una sexualidad salvaje y plena. La inicié consciente, sin miedo, con amor, amistad y por atracción. No dije que fuese correspondida… en el juego del sexo no siempre fui contenida, no siempre hubo calidez, atención al erotismo y entrega. Se hace lo que se puede… Una no está ya para educar a la gente.

En este camino no todo fue trágico, también hubo pasión, disfruté hacer el amor, conocí esa fuerza creadora de instantes eternos y esa energía vital capaz de hacer florecer en un organismo la sensación de estar viva a través del sexo.

Soy médica, artista plástica, tengo una formación en dibujo y pintura al óleo y acuarela, además hago cerámica en torno, soy madre de tres hijos y abuela.

En el área profesional, cuestioné lo que aprendí sobre el ejercicio médico, ya que me especialicé en medicina homeopática. Al tratar de buscar respuestas sobre mi propia forma de ser persona, también cursé diversas técnicas y métodos de tratamientos alternativos, así como de psicoterapia Gestalt, resonance repatterning, logoterapia y el tratamiento oncológico con logoterapia.

Como todo ser humano, tuve procesos de crisis y de aprendizaje en la escuela de la vida. La terapia y todo lo que aprendí me ayudaron a obtener herramientas y una mirada objetiva para reinterpretar nuevas formas de ser y seguir en esta etapa de mi vida, soltera y de la tercera edad.

Sobre la sexualidad diré que se necesita voluntad y actitud para dar acomodo a tu historia. Reconciliarse con la memoria y adoptar expectativas realistas. De lo contrario se genera mucha neurosis.

Hace poco, platicando con mi amiga sobre sexualidad, me preguntó sobre la posibilidad de que, en mi búsqueda a través de la pintura, la cerámica y el ejercicio de mi vocación, estuviese canalizada toda esa energía sexual… Le respondí que sí. En esa expresión creativa también me siento libre, presente, viva.

Darshan

He vivido en la Ciudad de México toda mi vida, tengo casi 50 años y sigo en mi proceso de despertar y del autoconocimiento. Hoy tengo la maravillosa posibilidad de compartir contigo un fragmento de una experiencia dolorosa que evolucionó a un estado de bienestar para mí. Espero que mi historia te ayude a ver que aun en los momentos más difíciles existe una salida para ti.

Mi sexualidad fue algo muy reprimido, desde niña tuve la idea de que era algo malo; en mi familia nadie hablaba del tema. De hecho, nadie me orientó sobre él y me enfrenté sola a mi despertar sexual; poco a poco fui aprendiendo, escuchando a mis compañeros de escuela y a mis primos. Aunado a lo anterior, mi mamá me hizo pensar que yo era una mujer fea, sobre todo por mi color de piel. Desde niña me sentía una mujer poco deseable, era imposible para mí pensar que pudiera ser deseable para un chico guapo.

Lo que decían mis padres era ley y me prohibieron tener novio, primero tenía que terminar mi carrera. En consecuencia, mi primer novio (durante la universidad) era una relación que escondía y nunca tuvimos relaciones sexuales porque para mí estaba prohibido.

A los 23 años inicié un noviazgo con un hombre mayor que yo y perdí mi virginidad a los 24 años; este evento fue muy muy desagradable. Recuerdo que el dolor era mucho, lo cual provocó enojo en mi pareja, obviamente eso me estresó y sentí más dolor. Al final terminé regañada y siendo la culpable por no colaborar a consolidar la relación sexual. Era tanta mi ignorancia que creí que realmente había sido mi culpa.

Después me enamoré del que fue mi esposo, él ya tenía mucho camino recorrido y yo esperaba que algo me enseñara, tenía la apertura a nuevas experiencias, pero él no tenía la misma expectativa; por el contrario, varias veces me comentó que por más que lo intentara no sabía hacer el sexo oral, que me pusiera a leer libros de sexualidad a ver si mejoraba. Nuevamente pensé que era mi culpa y que yo tenía la responsabilidad de mejorar en ese aspecto.

A lo largo de nuestro matrimonio, mi esposo tuvo varias amantes y mis relaciones sexuales con él se convertían más en una obligación que en un acto de amor. Mi sentimiento era que tenía que ser mejor que ellas, pero al mismo tiempo tenía un gran coraje reprimido que no me permitía disfrutar.

Después de 10 años de matrimonio me divorcié. Un dato curioso es que uno de los consejos que me dio mi madre antes de casarme fue que no le diera tanta importancia al sexo, porque al final eso aburría y no tenía sentido alguno más que para procrear. Que me ocupara de ser una "buena esposa comprensiva".

El divorcio me provocó una depresión profunda y tuve la gran necesidad de buscar ayuda profesional. En terapia comprendí, entre otras cosas, la importancia de una relación sexual porque no sólo es una experiencia física, sino también espiritual. Es una energía muy poderosa que puede generar una profunda unión con la pareja; sin embargo, esta unión también puede traer aspectos negativos como compartir el karma del otro.

Algo muy importante que descubrí después de mi divorcio es que había vivido muy desvinculada de mí en todos sentidos y en mi sexualidad. Me preocupaba más por complacer a mi pareja que por complacerme a mí. Fue increíble darme cuenta de que ni siquiera sabía con exactitud dónde estaba mi clítoris y al día de hoy (a mis casi 50 años) sigo sin encontrar mi punto G.

Cuando comprendí que la sexualidad era parte del bienestar del ser humano empecé a masturbarme, conocí mis zonas erógenas, entendí que para mi cuerpo eran mejor las caricias y el erotismo previo y que eso llevaba su tiempo. Me entregué al placer sin juzgarme y poniendo atención plena en cada una de las sensaciones de mi cuerpo, perdiendo el control y olvidándome de la perfección.

Me documenté mucho sobre el orgasmo femenino, pero la diferencia ahora era que lo estaba haciendo para mí y no para complacer al otro.

Después de mi separación y con todo el descubrimiento que había hecho sobre mi persona, me enamoré de un hombre con el que me permití experimentar lo aprendido. Ahora conocía más mi cuerpo, realmente me sentía querida y me permití soltarme, hacer lo que mi cuerpo quería sin involucrar mi mente y ser consciente de no lastimarme ni a mí ni a mi pareja.

No tuve miedo de mostrarme vulnerable y tampoco tenía prisa por llegar al orgasmo, me tomaba mi tiempo siendo paciente. Con él experimenté también el uso de los juguetes sexuales y jugar con mensajes eróticos durante el día. Comprobé que no era necesario ser experta en el sexo y conocer todas las posiciones del kama sutra, sino que hay que tener mente de principiante y basta con respirar profundo, relajarse, entregarse al placer y a las sensaciones corporales.

La meditación me ayudó a llegar a un estado óptimo y propicio para una relación sexual. Esta nueva visión me permitió experimentar también el fortalecimiento de la relación de pareja a nivel emocional y espiritual.

Es importante mencionar que la confianza que le tenía a mi pareja era muy importante para mí; eso me facilitó eliminar los juicios de mi mente y no tener miedo a mostrarme vulnerable. Me sentía cómoda conmigo y con el otro. Asimismo, no permito situaciones que me incomoden física o emocionalmente; por ejemplo, me negué rotundamente a hacer un trío sexual porque sé que eso afectaría mi estabilidad emocional.

Considero importante mencionar que con los tres hombres con los que he tenido relaciones sexuales he creado un vínculo afectivo significativo, pero fue hasta que fortalecí la aceptación y el vínculo conmigo misma y con mi cuerpo que experimenté mejor mi sexualidad y la última pareja que tuve ha sido la más relevante en mi vida.

Además de que hoy ya no me siento una mujer fea e indeseable.

Creo que este capítulo quedaría más completo si en nuestro proceso de sanación consideramos qué significa ser mujer, ya que creo que parte de la sexualidad consciente es saber desde qué idea la estás viviendo. Por lo que hablaré muy brevemente de esto.

Simone de Beauvoir dijo que no naces mujer, te conviertes en mujer.

La femineidad es una manera de relacionarnos con el mundo a través de lo que para cada una significa ser mujer. Y aunque es diferente ser mujer en Latinoamérica que en Noruega o en Rusia, o en una familia mexicana de Tepito o de Coyoacán, coincidimos en ciertas formas comunes.

Algunas formas son heredadas de nuestros antepasados, mientras que otras las adquirimos a lo largo de nuestra vida, en la relación con la familia y el entorno cultural en el que nacimos y crecimos.

También hay formas que son transmitidas de generación en generación a través del inconsciente colectivo, en el cual —como ya Aura explicó a profundidad en el capítulo 3— encontramos arquetipos que tienen una profunda influencia en las vidas de todas nosotras y definen aspectos de nuestra personalidad.

A diferencia del inconsciente personal, donde se guardan las memorias de tu vida, programaciones acerca de ti y la vida y heridas emocionales sin sanar, el colectivo es un aspecto de nuestro ser que se alimenta de las ideas y de las experiencias vividas por cada ser humano que ha existido y que compartimos a través de símbolos.

Imagínate todo lo que se guarda en él.

Entonces, si existe una idea o experiencia aberrante acerca de la sexualidad femenina en mi inconsciente personal y no la cuestiono, no la limpio, no la integro, se la estaré pasando a mis siguientes generaciones a través de ese inconsciente colectivo que compartimos.

Tenemos una responsabilidad de sanarnos, no sólo para nosotras mismas, sino para nuestras hijas e hijos y así en nuestra línea generacional.

Este inconsciente colectivo es como una telaraña: si haces tu trabajo, aunque sea pequeño —como remover la telaraña con un pequeño movimiento de la mano—, podrás impactar en el inconsciente colectivo de una manera positiva.

Maravillosamente, han estado surgiendo círculos de mujeres donde se trata de sanar la energía femenina, de crear tejidos y vínculos de sororidad, de empatía, de aceptación, de apoyo no sólo de manera personal, sino colectiva. Se trata de dejar atrás viejas y neuróticas formas, donde las mujeres son las peores enemigas de las mujeres, por tema de competencias, celos, envidias.

Limpiar nuestro inconsciente colectivo de manera intencional a fin de formar una hermandad humana nos fortalece, nos hace dignas.

Deseo entonces que estas líneas que he compartido y que otras mujeres han compartido contigo se vuelvan una inspiración para tu propia sanación y desarrollo.

Dios me hizo mujer,
de pelo largo, ojos,
nariz y boca de mujer.
Con curvas y pliegues
y suaves hondonadas
y me cavó por dentro,
me hizo un taller de seres humanos.
Tejió delicadamente mis nervios
y balanceó con cuidado
el número de mis hormonas.
Compuso mi sangre
y me inyectó con ella
para que irrigara
todo mi cuerpo;
nacieron así las ideas,
los sueños,
el instinto.
Todo lo que creó suavemente
a martillazos de soplidos
y taladrazos de amor,
las mil y una cosas que me hacen mujer todos los días
por las que me levanto orgullosa
todas las mañanas
y bendigo mi sexo.

GIOCONDA BELLI

CAPÍTULO 8

Tribu de mujeres

Vengo de una tribu de mujeres
que traen en la memoria los saberes,
entre los labios los poderes
para despertar a todos los seres.
Vengo de una tribu
de mil mujeres bien poderosas
que vienen a cambiar las cosas,
que tienen fuego en el corazón.
Vengo cantando rezos,
danzando al ritmo de mil tambores.
Venimos desde lejos buscando la Revolución.
Despierten, mujeres, despierten
por todos los seres que sienten.
Apaguen las voces que duelen,
que suenen sus voces, que suenen.
Despierten, mujeres, despierten
por todos los seres que sienten.
Apaguen las voces que mienten.
Que suenen sus voces, que suenen.
Despierten, guardianas de la vida,
sanemos del vientre las memorias,
escribamos juntas una nueva historia.
Y sanemos una a una las heridas.

Vengo de la semilla de mis ancestros para la tierra,
traigo en la sangre vida,
y en la memoria la tradición.
Vengo cantando rezos,
danzando al ritmo de mil tambores.
Venimos desde lejos buscando la Revolución.

LUNA SANTA

Empiezo este capítulo con mucha alegría de compartir historias de mujeres extraordinarias y a la vez ordinarias. Extraordinarias porque su caminar las ha convertido en líderes espirituales, hermanas mayores, sanadoras emocionales y brujas blancas que con su alquimia nos tocan y sanan. Ordinarias porque son como tú, como yo, como todas nosotras y eso es lo que justo crea la magia.

Faltaron algunas historias que por la falta de tiempo ya no llegaron, pero agradezco profundamente a cada una de estas mujeres por su gran regalo de amor e inspiración en las letras que nos comparten y también a aquellas cuya intención fue escribir, pero no les dio la vida para hacerlo.

Al final de cada historia pongo el nombre de la autora y su hacer en la vida. Quizá quieras contactarla, quizá necesites su guía o simplemente dejarle saber que su historia te tocó de alguna manera. Como sea, siéntete libre de contactar a quien tu corazón elija, o a todas si así lo prefieres.

¿ME TENGO?

Disimulaba tan bien que de perfil no se me notaban las heridas, pero dentro de toda esa fachada existía la inquietud en mi interior y la sensación de peligro de caer al precipicio, ambas provenían de caminar a ciegas y me llevaron a cuestionarme: ¿en serio me tengo?

Venir de una familia numerosa, católica y tradicional, en un país donde el rol de la mujer está muy castigado, estereotipado, recortado y con el poderoso sello del patriarcado encima, fue para mí como una venda en mis ojos y en mi corazón, que no me permitía realmente conectar con la mujer que yo era, con la diosa que le da vida a mi esencia.

Me perdí en la proyección de mi madre, que era la que, finalmente, me reflejaba lo que veía de mí como mujer. Su incapacidad de ver realmente mi esencia no venía desde un lugar de querer hacerme daño, sino desde su propia distorsión de ella como mujer.

La historia era un sistema continuo e inconsciente que se repetía de generación en generación. Y ahora entiendo que parte de mi proceso personal, aunque haya sido doloroso y lleno de piedritas que no se asemejaban en lo más mínimo al llano cuento de hadas que yo soñaba de niña, me ha permitido romper con ese patrón, con ese rol que la mujer ha ido jugando en mi familia. Eso me encanta y me llena de alegría porque, al poder liberarme y verme, de alguna forma he podido sanar el linaje completo de las mujeres de mi clan.

Identificarme cada vez más con mi esencia, reconocerme completamente como la mujer que soy y sentirme a salvo en mi propia presencia me ha permitido sustituir casi por completo el concepto lleno de requisitos que la escuela, la crianza familiar, mi clan de mujeres, las costumbres de mi país y mi cultura latina me inculcaron (como si fuera una receta de cocina) de lo que "era ser mujer".

No recuerdo el día en el que, siendo muy niña, mi protección me llevó a envolver mi corazón con una venda "anti-sentir", porque era muy pequeña para abrazarme y poder hacer en mí el espacio suficiente para permanecer a salvo, mientras crecía respirando el dolor y sufrimiento que flotaban a mi alrededor. Esa chiquita que fui era incapaz de digerir la insatisfacción, la disociación y la incongruencia que regían inevitablemente la realidad que se escondía tras bambalinas.

Caminar con los ojos tapados me ayudó a sobrevivir durante unos años. Mi infancia fue cubierta por la fantasía, que me decía que no importaba el miedo entre tanta sombra, porque "si yo era suficientemente buena" mágicamente merecería ser protagonista de un nuevo cuento, uno mucho mejor, uno sin madrastras malhumoradas y tiranas, sin reyes indiferentes y justicieros, en el que yo (la princesa) no tendría que vivir luchando por merecer amor, atención y reconocimiento. Y que el mejor triunfo sería conocer al príncipe que vería mis encantos escondidos y me daría la protección y validación que tanto añoraba.

Yo no quería ver, sino imaginar, alimentar la fantasía, en la cual la princesa podría finalmente ser vista, sentirse necesitada, valorada y amada por ser justamente ella. Todo en esa historia sonaba maravilloso, aunque había un único requisito para cumplirse: "Crecer siendo una niña buena".

Y a eso dediqué mi energía, a hacer lo necesario para merecer mi cuento. Ser una niña buena hasta olvidar que mis ojos llevaban esa venda puesta, hasta olvidar quitármela, hasta identificarme tanto con la princesa sufrida y solitaria que me desconecté de quien yo era en realidad. Apagué mi intuición, bajé el volumen a mi voz interior y, sin darme cuenta, empecé, muy lentamente, a desterrarme de mí.

Me acostumbré a no mirarme, a no saberme, a no sentirme, a no escucharme, a no abrazarme, a no creerme, a no tenerme, a no gustarme y, finalmente, a no amarme.

Me acostumbré a caminar pisando mi tristeza, me sentía culpable del enojo que experimentaba y que calificaba como injustificado, me escapaba en esa fantasía oxidada, pero que prometía susurrando: "Aguanta, ya has sufrido lo suficiente y pronto podrás merecer el cuento de ensueño como recompensa".

Al crecer, a veces iba haciendo con mi vida el desastre que inconscientemente quería, porque, aunque no podía reconocerlo, estaba muy enojada y me gustaba hacer berrinches, casi lo necesitaba.

Y muchas otras veces, iba haciendo el desastre que podía, porque sin recursos emocionales, sin sanar y sin una buena dosis disponible de amor propio, era muy fácil sabotear mi propia felicidad, congelar mi energía y mi creatividad sin siquiera notarlo, desconfiar de mí, de otros y de la vida, perderme de mí en mis relaciones, permitir abusos, negar mis emociones… en fin, hacerme daño a través de mis propias acciones y decisiones.

Asumir mi rol de mujer libre y adulta ha requerido integrar mi energía masculina con la femenina. Crecí creyendo que era sólo mi lado femenino... y ese rol incompleto y falso es el que interpreté durante muchos años.

La realidad que apenas ahora soy capaz de reconocer es que ambas energías se encontraron siempre presentes en mi interior, pero esa venda que yo traía puesta me impedía verlo, y esa incapacidad aunada a mis profundas heridas de vergüenza y abandono fueron la raíz principal de mi codependencia.

Yo me reconocía sólo en mi energía femenina, por lo cual era francamente indispensable que un hombre, dotado de masculinidad, inseminara mi vida con su energía para dar vida a ese YO que sólo se reconocía como potencia. Sería ese príncipe quien pondría en marcha mi capacidad de hacer, de moverme, de decidir, de proyectar y de hacer que la vida sucediera; es decir, yo "sólo" necesitaba un príncipe que pudiera ver lo buena que yo era y me empoderara lo suficiente para poder crear algo en mi vida que fuera más allá de criar hijos y ser sustento emocional del hogar.

Esto es cómico, pero las falacias más peligrosas en el argumento de vida que aprendí no giraban en torno al rol del hombre, sino a mi falsa idea de lo femenino en mí.

Para mi clan de mujeres, ser mujer era vivir para dar, cuidar, nutrir, amar y contener compasivamente, lo cual es cierto y es bellísimo, pero desgraciadamente traía implícito un apéndice invisible: "a otros".

Vaya paradoja, ¿cómo podría yo, esa gran mujer que se esforzaba cada día en dar el ancho, lograr todo aquello, si yo misma estaba careciendo precisamente de eso? Pues como sea, me dediqué a ser la superheroína que salvaría a los demás, amaría a los demás, cuidaría, aceptaría y nutriría a los demás, pero sin amor. Era yo quien al final necesitaba ser salvada, cuidada, aceptada y nutrida.

Mi energía femenina estaba casi seca porque venía de una mujer que no se tenía a sí misma. Y de mi energía masculina ni hablamos, ésa era totalmente ajena a mí. Si un príncipe no llegaba a la velocidad de la luz a rescatarme, jamás tendría con qué luchar.

231

Me sentí necesitada a aceptar lo que fuera que aquel hombre "príncipe" tuviera para darme. Él necesitaba pagar las facturas por cobrar que yo había acumulado a través de mi vida, porque, bajo mi antiguo esquema, para eso estaban aquí los hombres. Y en cuanto a mí, pues era una princesa, pero incompleta.

Aguanté lo inaguantable, pues no concebía ser merecedora de algo mejor, y jamás cuestioné si era él quien no podía darlo. Mi vergüenza me colocó como era pensado: a los pies del hombre y, al mismo tiempo, colocó en él un costal inmenso: nada más y nada menos que mi bienestar y mi felicidad. Esta dinámica tan poco sana me llenó de resentimiento, porque él no cumplía muy bien que digamos con su labor.

Como hombre, él tiene que poder, tiene que saber las respuestas, tiene que adivinar lo que "su mujer" (no dejemos de lado la posesión dada al hombre sobre la mujer que se convertía en esposa) desea, necesita e incluso lo que ni ella sabe que le pasa.

Bajo el esquema patriarcal en que crecí, la mujer cede al hombre su poder (por lo cual vive profundamente resentida) y el hombre, a cambio, acepta cargar la culpa de las expectativas rotas de su pareja (por lo cual ejerce con mayor intensidad su poder). Todo este juego absurdo de roles se mantiene en pie porque ofrece ganancias secundarias para ambos participantes: el hombre tiene permiso absoluto de ejercer poder, y la mujer no tiene necesidad de hacerse responsable de ella misma al entregar su fuerza. Razón por la cual muchas mujeres (incluyéndome a mí por largos años) no pueden más que repetir la historia y seguir jugando el mismo rol.

Viví paralizada dentro de una relación con esta dinámica, en la que los momentos buenos llegaban a parecerse a lo soñado, pero los malos me bajaban a lo más profundo del abandono.

Fue así hasta que todas las lágrimas que había estado acumulando empezaron a asfixiarme, el miedo derivado de esta fragilidad autoinfligida se volvió ansiedad galopante, y el enojo reprimido se volcó en autodestrucción. Me sentí en deuda conmigo misma. A causa de vivir cuidando tanto aquel traje de princesa no podía percatarme de que la guerrera en mí estaba asfixiada pidiendo salir.

Así fue como el disfraz rosa que me cubría no pudo sostenerse más en pie, y sin saber ni cómo pasó, me encontré desnuda con mi soledad, con mis falsas apariencias, con mis miedos, con mis sueños sin alcanzar, con mis inseguridades y mis fantasías rotas. Ya no podía hacer nada para escapar. Me miré al espejo y al no poder reconocerme, me rendí ante mí.

Dice Elvira Sastre: "Desde el suelo no se puede caer. Cuando uno lo toca, lo único que queda por delante es el cielo".

Obviamente no existe una niña que pueda cuidar a otros; por lo tanto, cometí muchos errores como madre por estar jugando con mis hijos. Faltaba una adulta para ellos y para mí. Obviamente era muy difícil verlo, yo sentía que era la mejor mamá del mundo, porque era muy divertida, creativa y cariñosa. La mejor parte de mi niña interior estaba a flote, pero la responsabilidad, la contención, el equilibrio, la estructura y algunas cualidades adultas básicas estaban algo fuera de mi alcance.

Creo que parte de lo que me hizo abrir los ojos fue poder ver esta simple realidad: yo no era una adulta, era una niña asustada bajo el disfraz de una mamá y de una mujer hecha y derecha.

No sabía bien cómo iba a pegar todos aquellos pedacitos desperdigados de mí misma, pero sabía que, antes que a nadie, me necesitaba yo. Era urgente encontrar en un rincón perdido de mí misma el valor que se requiere para lograr reconstruir una obra en ruinas. Comencé por mirar mis heridas, por reconocer que sí existían y por perdonarme por no ser invencible.

El camino se vislumbraba largo e incierto, pero estaba en el punto de no retorno, aprender a amarme era cuestión de vida o muerte. Había que despedir una a una a cada mentira que me creí. Sobre mí, sobre mi historia, sobre el hombre, sobre las relaciones, sobre la maternidad y sobre la vida.

Desperté mi piel anestesiada por la desconfianza de la desconexión, y la transformé en una repleta de caricias. Mi mirada esquiva se volvió una mirada más segura, más profunda; la voz del miedo empezó a ceder su lugar a la voz de mi intuición y mi consciencia, y finalmente, esas vendas que cubrían mis ojos de niña cayeron dando paso a una visión adulta.

Como parte maravillosa, inevitable y liberadora de la madurez, comencé a comprender que no todo es blanco y negro, que las polaridades se reconcilian, que la vida tiene tonalidades y que poder integrarlas como un todo es parte de la riqueza de vivir.

Poco a poco, mi niña herida comenzó a sanar, mi corazón dejó de sobrevivir para volver a sentir, a conectar, a reír, a vibrar, a disfrutar, a creer, a amar. Y dejó de interesarme ser una niña buena, porque cada vez más me reconocí mujer, y comencé a tenerme como la mujer que soy, sin condiciones ni restricciones. Mujer en mis subidas y mis bajadas, mujer con mis aciertos y mis desvaríos, mujer vulnerable y también llena de fuerza, que da y que también recibe, que contiene y que al mismo tiempo impulsa. Mujer conmigo, sin nada que explicar y sin ningún personaje impuesto que desarrollar. Porque no existe nada que valga la pena si, a cambio, necesito olvidarme de mí. Porque no quiero por ningún motivo volver a dejarme de amar.

Puedo ver que necesité mi propia fuerza para salir del lugar oscuro, y que cada paso que he dado en dirección a la luz es un motivo para aplaudirme y animarme, orgullosamente, a seguir en esa dirección.

Sin duda, lo más importante de conquistarme ha sido lograr reconocer quién soy detrás de la mujer que aprendí que era. No todo es fantasía, pero tampoco drama y dependencia.

Sanar se convirtió en una cuestión de asumir mi propia vida como responsabilidad ineludible, pero también maravillosa, y de estar suficientemente arraigada para poder redirigir mi energía hacia este hecho.

Reconocerme me ha permitido atesorar la libertad de elegir cómo quiero vivir, decidir cómo quiero ver y cómo quiero enfrentar el mundo a partir de las herramientas emocionales que ya tengo, de los recursos que he ido construyendo y de la red de apoyo que me impulsa.

La vida no está "toda" resuelta, y no siempre ando fuerte por la vida; muchas veces me quiebro, me canso, me siento vulnerable. Hay días y días, incluso momentos y momentos. Y está bien si lloro, si río, si muero de miedo, si me dan ganas de escapar, a veces con algo de razón, y a veces... no tanto.

Hay momentos en que se agrietan mis alas y, entonces, bajo el ritmo y las reparo, y otros momentos en que dudo, en que caigo y me levanto, en que necesito una pausa para renacer. No es posible borrar el pasado a menos, claro, que tengas una patología que te produzca amnesia.

Pero ¿qué es el pasado sino las viejas percepciones de la realidad que se mantienen abiertas y que podemos recordar? La historia de vida es parte del "yo", de la propia realidad. Pero se trata de aprender a escuchar lo que necesitas buscar para vivir mejor con las experiencias negativas, aceptar, honrar el pasado y trascenderlo, disminuyendo con ello su carga emocional negativa. Se vale comenzar cada día por mirarte y desarrollar o fortalecer tu sentido de la autoaceptación.

Sanar, verme, honrar mi vida tal cual fue y tal cual yo la percibí, me permite seguir adelante de todos modos, me pone en contacto directo con mi coraje para asumir riesgos y defender mi verdad. Porque si de algo soy consciente es de que soy la responsable de acompañar a mi corazón, entero o en trozos, y de que cuando descanso, cuando dejo de huir y siento, cuando me abrazo, siempre retomo mi vuelo.

Ser mujer no me impide honrar y ejercer la fuerza que me impulsa a ir por lo que quiero, a amar a quien amo y a crear lo que quiero proyectar y que grita en mí por manifestarse.

No necesito explicar, ceder, justificar y anularme para saberme mujer, incluso ante los hombres. Las preguntas cambian mientras sigo caminando, pero hoy tengo la certeza de que la magia, que no estuvo nunca en vendarme los ojos y vivir desconectada esperando pasivamente a que se manifestara, sí existe, y que existe como la forma callada pero poderosa en la que la existencia me repite: "No estás sola".

Puedo sentir en todo y en todos, empezando por mí misma, a Dios... más allá de cualquier nombre que se le haya dado, como energía de vida amorosa, perfecta y sabia que nos habita. Y en esa conexión infinita, donde tú y yo no somos tan diferentes, todo comienza a llenarse de sentido, las polaridades terminan por completarse, y las respuestas a las nuevas preguntas que se abren llegan de una u otra forma, a veces por caminos insospechados.

Sé que nunca llegaré a… porque no hay ese "a" al cual llegar, sino una vida que gozar, pasos que dar en la conquista de mí misma, en la actualización de mi potencialidad, en el amor que me alimenta y me permite iluminar con lo mejor de mí aquello y a aquellos que la vida me permita tocar. Aunque nunca terminaré de crecer, de aprender, de evolucionar, hoy me sé completa; no hay piezas que armar, y la vida siempre está lista para sorprenderme con miles de oportunidades.

¡Quiero siempre poder ver!

Me reconforta saber que, cuando más me necesité, me tomé de la mano. Me da la confianza y la certeza de que mi niña interior camina a salvo, porque he dado paso en mí a una mujer adulta, cuya energía masculina no está guardada en un cajón, que me cuida, me protege y me responsabiliza, y, al mismo tiempo, a una propia madre amorosa a cargo de cubrir mis propias necesidades, de nutrirme y de contenerme.

Descubrí mi fortaleza a través del amor que me di en momentos de miedo y de dolor profundo, ese que ya hizo su nido en mi corazón. Y ahora sé que romper con la codependencia infantil, ciega y limitante sólo comienza con el amor propio, y que el mejor regalo que he podido darme es no tener miedo de mí misma.

Soy una mujer que ama estar en pareja porque puede reconocer que el amor sano no es nada parecido a lo que había conocido; no se conforma, no se alimenta de dolor, no se anula, ni se sacrifica. Porque nunca es "un otro" quien dicta mi forma de amar y recibir amor, y con quién y cómo me relaciono no determina mi capacidad de verme y amarme a mí.

Quisiera terminar compartiéndoles que aquello que más me enamoró de mi proceso fue comenzar a sentirme YO mujer completa por primera vez, cercana a mí; fue comenzar a mirarme como amiga y darme cuenta de que el enemigo no estaba afuera, que la tirana que me mantenía encarcelada no era ya mi madre, ni mi familia, ni mi escuela de monjas o esa sociedad elitista y cargada de expectativas en la que crecí; mi tiranía era un introyecto difícil de vencer, era un personaje dentro de mí misma que jugaba el rol de mantenerme en el calabozo, para que nunca pudiera ver mi propia luz, mi belleza o mi fortaleza.

En ocasiones todavía escucho esas voces internas críticas, pero ya no tienen poder.

Sólo cuando logro arraigarme y saberme mi mejor amiga, puedo arriesgarme a ser realmente vista por otros, a pesar de ser malinterpretada, de no pertenecer, de ser criticada, desaprobada, excluida o incluso exiliada. Sólo en mí, sólo entonces, enfrento mi pánico a parecer fracasada o a sufrir la pérdida de "mi clan".

"La gente valiente crea, la gente valiente habla claro, la gente valiente llama falso a lo que es falso, la gente valiente pone su corazón por delante y se la juega, la gente valiente ama exageradamente, especialmente a sí misma". Esa afirmación me motiva día con día, sentirme así y dejar de jugar a ser una mujer fuerte, porque lo soy sin necesidad de demostrarlo.

Y hoy mi deseo para cada mujer es que quiera amarse, redescubrirse y encontrarse en su propio proceso, y que la autoaceptación le ayude a saberse valiente.

KAMYA LAURA PEREZGROVAS
Pedagoga, psicóloga, neurolingüista,
maestría en Psicoterapia Gestalt, certificada
en codependencia y relaciones
www.alasparavolar.com.mx | kamyalpg22@gmail.com

DE CANTOS, RITOS Y MONTAÑAS, UNA ODA AL CAMINAR EN BELLEZA

En este tránsito de vida, el ser mujer me ha definido. Mi búsqueda comenzó temprano, fui desde niña muy sensible y percibía el mundo energético, así como lo invisible. De joven me rebelé, me quise convertir en una mujer libre, sentía un fuerte llamado a emprender un *viaje*, el cual sigo transitando y hoy es mi camino de vida.

Me siento en profunda gratitud por caminar en belleza en esta tierra, y por todas las enseñanzas y transmisiones que he recibido y hoy comparto con muchas personas que han buscado acompañamiento.

He dedicado años de estudio y práctica a los misterios de ser humana a través de los temazcales y ceremonias, la herbolaria, el ritual, el camino de la sabiduría ancestral, las artes curativas y terapéuticas, enfocándome mucho en la rueda de medicina para el estudio y acompañamiento de los ritos de paso.

Con este texto, pretendo inspirar y, sobre todo, compartir mi verdad, hacer sonar mi voz con quienes me leen, con el deseo, la libertad y el gozo que hoy me da expresarme y servir como fuente de inspiración creativa.

Esto que estás por leer es palabra viva que brota desde mi profunda tierra fértil. Dentro del texto te invito a realizar una serie de actos rituales que transformarán la lectura en experiencia vivencial.

Quiero dedicar y agradecer a todas las mujeres que han transitado por mi vida y han dejado profundas enseñanzas. En especial a mis abuelas Marta Arroyo y Paulette Ribeiro. A Xanatl Barra que me mostró y enseñó los *13 clanes madre*, antiguas enseñanzas del sagrado femenino, herencia de mujeres kiowa nativo-americanas (transcritas por Jamie Sams), camino con el cual me encuentro a mí misma una y otra vez. Al espíritu del cacao y a mi hija Xara que me sembraron después de años de vuelo. A mi papá José Cacho y mamá Eugenia Torres por darme la vida.

Hoy, dedico esto al acto sagrado de hacer sonar mi voz.

Espero que lo disfrutes y te llene de inspiración…

Primera parte
Ritual

Antes de comenzar a leer este texto, me gustaría pedirte que te tomes un momento para encender una vela, un incienso; toma un cuenco o vaso con agua y activa tu altar.

Tal vez te preguntas: ¿cómo hacerlo? Aquí te comparto una manera: invoca tu presencia.

Respira hondo y profundo al menos cinco veces llamándote a estar aquí-ahora, mueve tu cuerpo para acomodarte y trae toda tu energía a este momento.

Al respirar, conecta el Cielo y la Tierra, reúne ambas fuerzas cósmicas y terrenales en tu corazón. Tómate unos minutos hasta estar en tu cuerpo y sentir, estar presente para ti.

Siente el pálpito de tu corazón.

Y deja que tu SER reciba estas palabras que brotan como el canto del agua de un manantial: libres, ligeras y de las profundidades de una montaña...

Tengo el deseo sincero de que mis palabras reverberen en lugares de tu cuerpo, que despierten la inspiración y la curiosidad de ir en la búsqueda de tu misión de vida.

Lo que quiero compartir es que juntas recordemos que tenemos un propósito, que nuestra sangre es la pureza de vida y que en nosotras viven los tesoros que buscamos. Vamos a mirar hacia dentro; hacer de nuestra vida, arte; de nuestra palabra, poesía y de nuestro camino, belleza. Integrando nuestra luces y sombras, siendo quienes realmente somos.

Hay lugar para todas, sanemos la herida colectiva de la envidia, la traición y la competencia, restauremos el sagrado femenino. Caminemos nuestra autenticidad con valentía, confianza y fe, dándonos permiso de expresar el rugido salvaje y desobediente a un sistema que está colapsando. Salir de la norma, dejar de ser "normales" para atrevernos a ser auténticas.

Reconocernos imperfectas, en constante cambio, transitando una vida humana, abrazando el dolor y abriéndonos al placer que tanto ha sido castigado y mutilado en nuestros cuerpos.

Deseo que nos atrevamos a escuchar el anhelo profundo del alma, que nos lleva a una vivir una vida con sentido y propósito.

¿Qué tal si nos atrevernos a brillar sin vergüenza, con pasión ardiente, así como lo hacen las estrellas a millones de años luz?

En mí palpita esta verdad: a lo que en realidad venimos es a encarnar, a experimentar la divinidad. A encontrar propósito y a expresar nuestro ser con el mundo.

Me gusta pensarnos como constelaciones, caminos, destellos. Arte vivo.

Quizá nuestro paso por la tierra se vuelve mapa para las próximas generaciones.

Hoy somos las ancestras del futuro. Y nuestro andar deja huella en la eternidad.

Es momento de sentir...

Pausa

Toma un respiro, y lee esta pregunta: ¿qué tal si somos el paraíso?... Y a donde hay que llegar es a habitar nuestros cuerpos, a las cavernas de nuestros huesos, sintiendo el abrazo de los órganos y la danza de nuestra sangre. Restaurar el micelio, lubricar las ramificaciones del sistema nervioso. Recordar cómo respirar y avivar el fuego de nuestra pasión creativa y sexual. Enalteciendo nuestra capacidad de amar, de perdonar y de cuidar la vida. Tengo una certeza: no tenemos que salir a buscar. Es aquí, las puertas del paraíso están dentro de ti, de mí, dentro de todas y todos. La espiritualidad se vive en el cuerpo, aquí, de la piel hacia dentro esta contenido el Todo.

Eres, somos, un fractal del universo.

Toma una pausa y observa qué ocurre en ti al recibir esta información.

Respira y conecta con tus sentires...

Te invito a escribir una carta para ti misma, lo que deseas profundamente para ti, para tu vida y para quienes amas. Escucha el anhelo de tu corazón, y deja que la palabra viva —que nace desde el movimiento de tu corazón hacia tu mano— quede escrita en una hoja en blanco, esto que nace de ti hoy, como recordatorio cuando necesites reorientarte.

A veces olvidamos, y recordar es volver a escuchar al corazón, es regresar a ti, a casa.

Segunda parte
Los ritos, la ceremonia y los tesoros de las abuelas

Decían las abuelas: la verdadera sanación es la de la percepción, sanamos cuando cambiamos la manera en que percibimos el mundo y nuestras historias, entonces la realidad se transforma porque la miras y la nombras distinto. Al convertir tu dolor en arte, te vuelves alquimista, artista de tu vida. Co-creadora de tu destino.

Un poco de contexto ancestral y actual...

Nuestras abuelas y bisabuelas abrieron brecha, agricultoras ancestras de caminos áridos, donde nacer siendo mujer era una lucha por derechos. Al voto, a la palabra, al estudio, a la autonomía económica.

Ahora, si tú estás leyendo esto, quizá vivas en un gran privilegio, así como yo. Y eso lo quiero nombrar y también honrar. Hoy muchas saboreamos la libertad y por lo mismo somos quienes tenemos la posibilidad de abrir camino para otras personas, mujeres y niñas.

Vivimos tiempos donde el mundo conocido parece colapsar y perder la esperanza ante la brutal tala de árboles y selvas, la minería a cielo abierto. Trenes mal llamados mayas y tanto que está sucediendo como síntoma de la profunda avaricia y desconexión, por el olvido.

Hoy, cuando lo sagrado se pisotea, lo mismo sagrado pide sostener encendidas las velas de la vida, es indispensable, es un llamado a restaurar el espíritu humano en relación con el espíritu de la naturaleza. Reconocernos una con ella. Somos muchas personas en este camino, desde distintas maneras, donde nos tejemos como un atrapasueños arcoíris de esperanza, renovación, al servicio y cuidado de la vida...

En tiempos adversos, la medicina está en recordar, en lo que desde nuestro Ser podemos transformar, en lo cotidiano, en el día a día, ocurre la ceremonia. Vivimos una noche oscura del alma colectiva. Siempre, la mirada al este, donde nace el Sol, sostenemos con cuidado las velas de la vida, con la fe puesta en que siempre amanece.

Pausa

Respira hondo y profundo y permítete sentir el dolor que quizá emergió con estas palabras, dándole un buen lugar a las sensaciones, respirándolas...

Ahora conecta con aquello que te hace sentir viva, que te da placer y le da propósito a tu vida… Lleva ahí toda tu atención. Nutre ese espacio de atención plena.

Respira y agradece tres cosas en tu vida. Siente la gratitud crecer en todo tu cuerpo. Y regresa tu mirada al fuego encendido de tu altar. Permanece aquí por unos momentos… *En espiral hacia el centro…*

En tiempos desafiantes, ir a nuestras raíces y acompañarnos en nuestra humanidad es cultivar los tesoros más preciados. Las semillas que sembraron nuestras abuelas florecen dentro de nosotras en forma de dones.

Te quiero pedir que pienses en uno, dos o tres dones que has heredado de tus abuelas… y reconoce en ti esos tesoros humanos invaluables, únicos. Esto que tú eres, esto que viniste a ser. Tomar tu lugar, recuerda que al tomar tu lugar y compartir tus dones con el mundo estás contribuyendo a algo mucho mayor.

Y si estás leyendo este texto es porque hay algo en ti que resuena con este lenguaje.

Nuestras tatarabuelas caminaron por esta tierra dejando huellas a su paso. En nuestros huesos vive su memoria, y nosotras —si tenemos la osadía— somos arqueólogas de esos tesoros ancestrales.

Algo he aprendido en estos últimos años: mucho en el camino de la búsqueda espiritual se trata de recordar, que es "volver al corazón", al lugar que llamo hogar, donde está la hoguera encendida, aquel fuego de mi espíritu que prevalece más allá de mis heridas, ese espacio intacto, puro; aquí adentro, encarnada, se encuentra la divinidad. Repartida su memoria en miles y millones de fuegos que viven en el vientre de mujeres, y en el corazón de hombres que, como estrellas, vinimos a brillar los dones que nos concedieron, a descubrir y desarrollar otros nuevos.

Hay algunas personas que abren camino para otras; de eso se trata, nos guían y guiamos, y unas con otras vamos caminando.

Como el agua, somos almas eternas, cristalinas, nos abrimos paso y en movimiento, vamos transitando a la encarnación: el momento de nuestra concepción, aquel encuentro celular donde nuestra madre y padre biológicos se fundieron, se encontraron en un tiempo-espacio de sincronía fértil, y allí fuimos células fecundadas.

La concepción, el encuentro del espermatozoide y el óvulo. El Big Bang de tu creación, dentro del vientre de tu madre, en el océano amniótico, embrión, espiral de vida, corazón latiendo. El fuego nace en el agua. El embrión comienza a tomar forma humana y tras nueve meses de gestación... El alumbramiento, nacer y dar-se a luz, pasamos de ser del agua a respirar aire, a ser de la tierra. Nacemos al mundo. Nacieron también una madre y un padre.

Transitamos la primera infancia, los primeros siete años de vida, el mundo de la magia, la inocencia, siete años donde va ocurriendo la encarnación, la llegada a la Tierra.

Primer septenio, los dientes caen, cambiamos esos "huesos de leche" por los que nos acompañarán a lo largo de la vida.

En los primeros siete años se conforma nuestro campo energético, dejamos de estar en total simbiosis con nuestra madre y comenzamos a percibirnos como seres individuales, aparentemente nos separamos de la unidad. Hay un pequeño duelo, pues comenzamos a despedir la primera infancia...

En la pubertad comenzamos el paso de ser niñas a niñas-jovencitas. El segundo septenio, el despertar de las hormonas, es cuando comienzan a asomarse los brotes, pezones que germinan y con la llegada de la menarquia, nuestra primera menstruación.

Aquí voy a hacer una pausa.

Me gustaría pedirte que tomes un momento para respirar, y vayas dentro de ti a recordar ese momento, cuando por primera vez se anunció tu sangre.

Toma tu tiempo...

Registra qué sensaciones llegan a tu cuerpo...

¿Qué sientes?

¿Qué imágenes llegan?

¿Fuiste acompañada?

¿Sabías qué estaba sucediendo?

¿Sentiste miedo, rabia, asombro?

En esta pausa, registra tus sensaciones, pensamientos y emociones. Y sólo al darte cuenta y recordar aquel momento, te pido que, a tu manera, honres a esa pequeña niña-joven que fuiste, y le regales una rosa roja, un collar con un rubí y le des la bienvenida a una nueva etapa de vida.

Sí, así es, puedes ir al pasado y sembrar algo distinto…

Ahora vamos de regreso a los ciclos de vida-muerte-vida.

Al momento de nacer, nuestra placenta muere, ella anuncia la vida; en el momento de la llegada de la sangre, la infancia queda atrás y comenzamos a vivir la transición hacia convertirnos en mujeres. Esto toma años, en ocasiones muchos más de los que creemos. A veces, siendo adultas aún somos niñas.

Después de la llegada de la menarquia, nos vamos convirtiendo en jovencitas, en mujeres. Y de mujeres a madres (no sólo de bebés humanos sino de proyectos, de sueños de vida); pasamos de madres a mujeres maduras y sabias, completas. De la madurez, lentamente, hacia la ancianidad. Estas transiciones son los ritos de paso, una de mis grandes pasiones de estudio y acompañamiento humano.

Mi anhelo es que en cada etapa sepamos reconocer, honrar, pausar y dar paso a lo que somos, agradecer lo que fuimos y dejar morir lo que ya no somos.

Reconocer en nuestra sangre de menstruación la sangre de vida. Regresarla a la tierra como una ofrenda y un rezo por la restauración del equilibrio entre el ser-humano y la naturaleza. Hacer una relación con ella, reconociéndonos creadoras de vida de muchas maneras.

Vivir nuestra sexualidad como sagrada —un acto creativo de alto impacto—, con la posibilidad de crear vida. Amar nuestros cuerpos en sus formas y texturas fuera de la norma.

Honrar, valorar y reconocer la maternidad como una gran labor, cuna de la humanidad, criar, cuidar del hogar, nutrir, son grandísimos actos de amor. En los hogares se sostiene la vida también.

Caminar en la incertidumbre de las canas y las marcas en la piel, aquello que necesitamos: reclamar la belleza de lo femenino en todas sus formas y edades. Sentirnos seguras en el mundo. Dejar de negarnos a envejecer.

Reclamar es levantarnos y caminar erguidas cada etapa de nuestras vidas. Plantearnos nuevas posibilidades.

Muchas de nosotras somos parteras de la nueva tierra. Y esta nueva tierra es donde estamos sanando la percepción.

Este sendero nos invita a redescubrir el camino antiguo del sagrado femenino, desde una nueva mirada, encarnada. Compañeras de nuestros hombres, en alianza. Hagamos una danza, dancemos juntos, atravesando los mandatos y las historias de patrones añejos, de la herida del masculino al femenino y viceversa.

Seamos puentes, hilanderas, buscadoras, abre-caminos de un mundo soñado en colaboración y en armonía con nuestra esencia de ser naturaleza. Somos de la tierra. Nada nos pertenece.

Somos pergaminos, escribanas, sacerdotisas, doctoras, cantantes, artistas, curanderas, danzantes, poetas, amantes, parteras, madres y abuelas. Somos lobas y venadas. Pájaras y mamíferas. A veces orugas, crisálidas o mariposas. Somos humanas y diosas. ¡Somos efímeras y eternas!

Ancestras de sangre o linajes energéticos, las mujeres vamos dejando sembrada la memoria de lo salvaje, de lo que está pegadito a la tierra, encarnado en el cuerpo.

Nos desterraron y exiliaron como a Lilith, sabemos danzar como la Shakti, cantar como Yemanjá, servir y ser fieles como Eva, ser cazadoras como Artemisa, y guardianas e iracundas como Kali.

"Ser mujer es un privilegio", me decía Paulette, mi abuela paterna. Ella mordía mis orejitas con ternura como una loba que ama a su clan, cerca, pegaditas piel a piel con una intimidad que ella supo convertir en un don, el don de saber escuchar. Mi abuela escuchaba el canto de su abuela, y en sus huesos estaba despierta la memoria de la rebeldía, de las que caminaban descalzas y aullaban a la Luna. Ella sembró en mí el rito y el don de la palabra. El honor a la sangre y la importancia de las pausas.

Marta me regaló la dulzura, la devoción a lo masculino y el amor profundo por la naturaleza, las plantas y flores medicinales, el amor al cacao y el tótem de las monarcas.

Paulette compartió conmigo las historias de la sangre, de la vida, del ser mujeres, me fue preparando, a su manera, para ese gran momento. Una promesa cumplida en la cocina de su casa, ella me regalo la mirada, el rito y el símbolo, que se convirtió, años después, en una semilla que ha dado frutos abundantes, el acompañar a otras personas, mujeres, niñas, jóvenes en sus transiciones de vida, los ritos de paso y los momentos de oruga-crisálida-mariposa.

¿Cuáles fueron los regalos que dejaron tus abuelas en ti?
¿Cómo compartes estos dones con el mundo que te rodea?

MARÍA CACHO
Acompaña procesos de transformación humana
a través de las artes curativas, la herbolaria,
los ritos de paso y saberes ancestrales
@maria__cacho @reverbera.arteritua

TIRA LA ESCALERA

A veces pienso que sobreviví al pasado porque mi yo de hoy, que entonces era el futuro, me sostenía y me susurraba desde lejos: te juro que vas a estar bien.

No es que algo extraordinariamente malo haya pasado en mi vida, sino que, por el contrario, pasé por experiencias que son absolutamente normales para la mayoría de las mujeres en nuestra cultura.

El trauma o, dicho de otro modo, nuestras heridas y, después, sus cicatrices son difíciles de reconocer porque vivimos en un mundo que normaliza sus causas. La violencia, el machismo, el racismo y otros fenómenos de los cuales aprendemos a sobrevivir nos parecen muy normales, hasta que comprendemos su impacto en nuestra vida.

Te pongo un ejemplo de esta normalidad tóxica. De niña, cuando pedía auxilio porque mi medio hermano —11 años mayor que yo— me golpeaba y, de adolescente, cuando me quejaba porque me tocaba las nalgas para su propia gratificación, la respuesta que recibía de mi madre era: "No te enojes, está jugando".

No te enojes.

Escuché esa frase cientos, quizá miles de veces en formas distintas: no es para tanto, no hagas drama, estás loca, te vas a quedar sola. La escuché de mi padre cada vez que yo me daba cuenta de que era él quien se robaba de mis cajones el dinero que en mi veintena ganaba dando clases de inglés durante el tiempo que me quedaba libre después de ir a la universidad. La escuché de un exnovio adicto a las drogas días después de que dejó mi auto varado sin saber exactamente dónde y luego desapareció por días sin reportarse de la fiesta. Todavía me recuerdo dando vueltas por toda la colonia Roma buscando mi coche por las calles.

No te enojes.

Escuché esa frase después de burlas, bromas de mal gusto, críticas y consejos no pedidos, infidelidades, promesas rotas e injusticias, pero en vez de reconocer que ese enojo era parte de la sabiduría de mi ser tratando de poner un límite a conductas violentas, se transformó en una voz interna que decía: "El problema eres tú. Tú y tus emociones".

Si tan sólo pudieras dejar de sentir; si tan sólo pudieras callar esa bocota imprudente y cambiar esa mala cara que desde niña provoca conflictos y tanto malestar en los demás.

Juro que lo intenté. Intenté dejar de sentir y expresar las emociones que resultaban problemáticas, y en ese intento de convertirme en una persona aceptable y merecedora de amor pasé mi juventud anestesiándome a través de beber, fumar y ligar. ¿No es ésa la manera normal de divertirse cuando una está joven?

No sólo intenté controlar mis sentimientos, sino también mi digestión, a través de tomar laxantes, y mi peso, por medio de vomitar gran parte de lo que comía.

A pesar de mis intentos de control y de estar usando las estrategias que tenía al alcance de la mano para mantenerme a flote, éstas solían terminar desvaneciéndose como el vestido de Cenicienta a la medianoche. Las borracheras pasaban de la euforia a la mala copa, los ligues pasaban de la excitación a la soledad y la vergüenza y así, prácticamente, cada fin de semana.

Aunque mis analgésicos emocionales surtían un efecto temporal para aliviar el dolor, cada tanto yo terminaba encerrada en el baño, llorando hasta la desesperación el dolor acumulado.

Viví además convencida —durante lo que llamo la primera mitad de mi vida— de que había un serio e indescifrable problema conmigo. Así que traté con todas mis fuerzas de cambiarme, de mejorarme y, claro, de suprimir el enojo y anestesiar la tristeza.

La cúspide de mis intentos se dio hace casi 10 años, durante una relación con un hombre que tenía conductas claramente narcisistas, un hombre que tenía un lado encantador y otro totalmente sombrío y que era absolutamente incapaz de realizar una autoevaluación sincera. Ante cualquier expresión de desacuerdo o molestia por mi parte, él estallaba en una reacción desproporcionada de furia. Pasado el tremendo berrinche venía una reconciliación apasionada.

Yo juraba que era el mejor sexo que había tenido en mi vida. Años después descubrí que era un ciclo adictivo y destructivo, igualito al de la adicción a cualquier droga; la única diferencia es que era adicta a los químicos que producía mi cuerpo en esa montaña rusa emocional, en vez de a una sustancia externa.

Claro que durante años me sentí culpable por su comportamiento y por cada vez que, supuestamente, terminó conmigo. Y es que alguien con fuertes tendencias narcisistas no te termina una vez, ni dos, ni tres, sino que, igual que el águila que le devoraba las entrañas a Prometeo en el mito griego, regresa cada vez que tú lo permites.

Ahora, si recuerdas ese mito —y si no, aquí te lo resumo—, Prometeo fue castigado por el dios Zeus y encadenado en una montaña. Cada noche un águila venía a comerle el hígado, pero, como él era inmortal, su hígado se regeneraba y su tortura se repetía noche tras noche. Lamento arruinarte el final, pero la buena noticia es que, en el mito, Prometeo fue liberado. Porque no hay cadenas que duren eternamente y siempre hay una fuerza superior, una fuerza benévola que nos asiste.

Es un recurso invaluable aprender a llamarla. Tu conexión con eso que percibes como más grande e inteligente que tu pequeño yo individual y todas tus muy humanas limitaciones, esa conexión es el gran recurso entre todos los recursos.

Claro que no todo lo que me salvó fue producto de una intervención divina; hay algo, más bien mucho, que yo hice también. Creo que, entre lo más transformador, sucedió que paré con ese afán de quererme perfeccionar para ganarme el amor ajeno y me di cuenta de que esta creencia de que los demás no me amaban porque había algo malo conmigo es, en sí misma, un automaltrato.

Dejé de tratar de cambiarme. Me di cuenta y acepté que el origen de mi descontento era exactamente esa tensión que se generaba al no aceptar mi humanidad, ese constante ejercicio de estar en contra de mí misma, de querer más, de nunca ser, tener o creer que hacía suficiente.

Tomé la decisión radical de mirarme con amor y compasión, de estar en mi propio equipo y no en el contrario, de amarme aun cuando no siempre amaba mi comportamiento, aun en los momentos en que me parecía que los demás no me amaban tampoco. Tomé la decisión de amarme en las buenas y, especialmente, en las malas.

No fue de un día para otro, ni una iluminación súbita al estilo de las leyendas espirituales. Fue un cambio gradual y constante. Decidí dejar de querer cambiarme. Acepté amarme como esperaba ser amada y aspiré a amar a otros del mismo modo.

Sé que es un gran cliché, pero bendito sea el día en que decidí amarme.

Por cierto, la autoaceptación no tiene nada que ver con la mediocridad. Me siento más motivada que nunca a ir cumpliendo mi más alto potencial, pero mi motor no es la carencia, sino que actúo desde una profunda sensación de propósito, desde un anhelo de contribuir a que también el sufrimiento de otros se reduzca.

Las transformaciones reales que he encarnado son el elemento clave de mi eficacia al acompañar a otros como psicoterapeuta.

Fracasé en mi intento de dejar de ser yo, pero gané una identidad que nada externo pudo regalarme. Bendita sea la parte de nuestro ser que nunca se deja controlar, ni engañar, ni reprimir, ni amoldar. Bendita cada hora que pasé llorando, porque ese llanto era el grito de mi alma diciéndome que yo era un pez fuera del agua, pues todo ser que no asume su conexión con el espíritu está fuera de casa, separado de su propio origen. Nuestros dolores son los mensajeros de esta separación.

En el fondo de nuestro sufrimiento lo que habita es una canción sagrada, un anhelo; una búsqueda de conexión y pertenencia que durante años confundí con el mero deseo de tener una pareja, éxito, riqueza o placer; pero que, en realidad, era una necesidad desesperada de reunirme con la fuente de amor que vive en mí y en todo.

Dentro de mí habitaba y sigue vivo el recurso más poderoso que ha guiado mi vida: un anhelo espiritual, una especie de hambre del alma que nos hace intuir que una forma más bella de vivir es posible.

Fue por esa inquietud sagrada que llegué por primera vez a terapia y luego al inicio de lo que se convertiría en el camino más importante que he recorrido: el camino de vuelta a casa. El camino hacia mí misma y mi verdadera identidad. La práctica constante de reconectarme con la fuente del amor que soy y que está detrás de todo. El intento constante e interminable de responder a la pregunta más importante que existe: ¿quién soy yo?

No quiero sonar simplista, pero la respuesta es verdaderamente sencilla: yo soy yo, y eso es suficiente.

En la búsqueda de esta respuesta hice de todo, desde golpear cojines para expresar mi rabia hasta sentarme a meditar por días en completo ayuno en un templo zen o arrancarme pedazos de piel —literalmente— para ofrendarlos en danzas al Sol.

Me tomaría muchas páginas contarte la cantidad de prácticas, filosofías, cursos, libros, maestros, terapias y plantas que han nutrido mi camino. También me tomaría un largo tiempo contarte la cantidad de experiencias chafas o adversas que atravesé en ese andar.

Más de 20 años después de haber iniciado una búsqueda sincera y persistente, guiada por ese anhelo espiritual, estoy viviendo una vida que me llena de agradecimiento. Hace siete años que estoy en una relación de pareja en la que ambos tenemos un compromiso real y diario de practicar el amor y construir armonía. Tengo una hija de tres años y la maternidad es la práctica espiritual más ineludible que he experimentado, pero eso se los cuento en otra ocasión.

Me dedico a acompañar como psicoterapeuta a otras personas, para que también revelen su más alto potencial. Mi trabajo está formado por lo más actualizado de la psicología y también de la sabiduría de tradiciones ancestrales como el budismo, el yoga y el conocimiento de los pueblos originarios que no olvidaron cómo relacionarse con aquello que permite y sostiene nuestra vida.

Así que por ahora me despido y te deseo un hermoso camino hacia ti misma y, por último, quiero compartirte algunas de las comprensiones más útiles que he recogido en el camino, esperando que hoy te recuerden la sabiduría profunda que ya habita en ti:

1. La realidad está vacía de significado. Cada persona es quien hace una interpretación de aquello que está atestiguando o experimentando. La causa de principal de nuestro sufrimiento generalmente es un error en la forma en la que estamos percibiendo lo que simplemente es.

2. Tus interpretaciones y las interpretaciones que otros te han regalado se convierten en creencias y las creencias son sólo eso, no hechos, ni verdades, sino simplemente creencias; pero tienen el poder de organizar tu realidad y determinarla; así que te conviene revisar cuáles son las creencias en las que se basa tu experiencia, especialmente aquellas que te limitan. Puedes escoger la historia que te cuentas de todo; de hecho,

si no lo haces tú, son el mundo y tu pasado quienes deciden por ti.

3. La realidad no existe, percibes la realidad de acuerdo con el estado en que se encuentra tu sistema nervioso a cada momento. Generas una historia distinta de ti y del mundo, según tu estado interno.

4. Las relaciones que se nos presentan son al mismo tiempo una oportunidad de reforzar nuestro trauma o de liberarnos de él. Para que el amor sea amor debe parecer amor. Si parece una relación tóxica, es una relación tóxica. Si parece violencia, es violencia. No te desgastes tanto en analizarlo. El amor se siente como amor. Me dirás que todas las relaciones tienen un grado de conflicto y que nos encontramos con otros para crecer y ver nuestra propia sombra. Esto es absolutamente cierto, pero lo que indica si una relación es saludable no es el nivel de conflicto, sino el nivel de reparación. Es saludable una relación en la que hay reparación. Es saludable una relación en la que ambas partes tienen el mismo interés y ganas de hacer que florezca. Tener más ganas y hacer más que tu pareja para que una relación funcione es pésima señal.

5. Hay un sufrimiento que es parte de la vida y hay un sufrimiento que es completamente innecesario. El primero se refiere a cosas inevitables como la enfermedad, la muerte, la pérdida, mientras que el sufrimiento innecesario es creado y alimentado por tu propio pensamiento.

6. Salir de la mentalidad de víctima es requisito para crecer. Es cierto que tu pasado te llenó de limitaciones y condicionamientos que no escogiste. Convertirte en adulta significa concederte el poder de hacer mejores elecciones en cada presente. Te llenas de poder cuando decides hacerte cargo de tu propia historia. Tu pasado también te regaló recursos. La adultez es la fecha de caducidad de las víctimas.

7. Los límites no se ponen hacia fuera, los límites hay que establecerlos hacia dentro. Qué permites, qué persigues, en quién

pones tu atención, qué haces cuando alguien te lastima. Mi mejor consejo para poner límites: acepta las pérdidas que ocurren cuando los pones. Tu dignidad tiene un precio, pero nunca es tan alto como el de perderla.

8. Viene la curación cuando dejas de buscar una píldora mágica. Cuando no esperas que un gurú, un terapeuta, un medicamento, una planta te solucionen todo. Cuando puedes soportar la incomodidad y sabes que no importa qué te presente la vida, porque puedes afrontarlo todo, porque hay algo más grande que te sostiene y, entonces, puedes rendirte y confiar.

9. Cultiva tu relación con la divinidad, una relación personal y directa. La divinidad te ama, aquí y ahora y siempre, no porque tú sea buena, sino porque Ella es buena e incondicional.

10. Vivimos en un sistema basado en el estatus. Imagina una escalera en la que todo mundo está luchando para escalar un peldaño más arriba, porque eso le concede privilegios y beneficios. El problema es que tú no creaste las reglas que te permiten subir.

No le debes éxito, delgadez, blancura, sumisión a nadie. Actúa desde lo más profundo de tu anhelo y corazón. Tira la escalera. Libérate. Regálate al mundo desde un profundo sentido de propósito, acéptate aquí ahora y comparte tus dones.

Eres, haces y tienes suficiente.

PAOLA ABÁN
Psicoterapeuta, anfitriona del pódcast
Terapia para llevar
www.terapiaparallevar.com
@paolaaban
@terapia.parallevar
@pachamamita.mamitatierra

MI RITMO EN LA VIDA

Cronos y Kairós

> Dicen que antes de entrar en el mar, EL RÍO tiembla de miedo...
> mira para atrás, para todo el día recorrido, para las cumbres y las
> montañas, para el largo y sinuoso camino que atravesó entre selvas y
> pueblos, y ve hacia adelante un océano tan extenso, que entrar en él es
> nada más que desaparecer para siempre. Pero no existe otra manera. El río
> no puede volver. Nadie puede volver. Volver es imposible en la existencia.
> El río precisa arriesgarse y entrar al océano. Solamente al entrar en él, el
> miedo desaparecerá, porque apenas en ese momento, sabrá que no
> se trata de desaparecer en él, sino de volverse océano.
>
> GIBRAN KHALIL GIBRAN

Kairós es una antigua palabra griega que significa "el momento adecuado, el momento oportuno". Los griegos tenían dos palabras para
referirse al tiempo: *Cronos y Kairós*. La primera se refiere al tiempo
cronológico o secuencial, la segunda significa el tiempo, el momento
indeterminado donde las cosas especiales suceden. Mientras la naturaleza de Cronos es cuantitativa, la de Kairós es cualitativa.

Estar en Kairós es tener la inspiración, es estar con la musa; son
esos momentos que sabes, que sientes, que te da la cosquilla de que
es necesario actuar en algo, porque si no el momento se difumina.
Estar en Kairós es estar en el momento preciso, en el cual te sientes en
sintonía, te sientes alineado a hacer cualquier cosa que quieras. Estar
en Kairós es estar en tu máxima plenitud de explotar el aquí y el ahora,
de lo que puedes hacer con lo que está sucediendo. Nuestra intuición
identifica su presencia, el tiempo oportuno para actuar.

Cuando era niña quería que todo llegara lo antes posible, soñaba
con devorarme todas las experiencias, con exprimir la vida. Más tarde
llegaron los triunfos, las desilusiones, las piedras en el camino. Y com
prendí que de eso se trataba la vida: de avanzar, de asumir cambios y
ser humilde en todo este trayecto.

Desde el lenguaje me aparecían mensajes como éste de Napoleón: "Con constancia y tenacidad se obtiene lo que se desea; la palabra *imposible* no tiene significado".

Mi repertorio emocional era el coraje, la rabia, y mi disposición al movimiento estaba totalmente enfocada en la estabilidad y en la resolución. Me encantaba correr, tengo muchas medallas de carreras que hice de 10 kilómetros, sentía una gran satisfacción de llegar a la meta.

Y cuando comprendí que la vida discurre un poco más cada día y que avanza con un Cronos que hace tictac y que nadie puede detener, fue sin duda algo que me asustó y que me ha obligado a reflexionar. Y en mis reflexiones aparece la pregunta: ¿le tengo miedo a los años o a la vida no vivida?

Me siento afortunada de haber tenido muchos Kairós, de los cuales me hice cargo de lo que estaba sucediendo, sin resistencia. Uno de esos momentos fue cuando decidí dedicarme al coaching. Este llamado tenía una voz muy profunda en mi ser, quería reconectarme con mi propósito, servir a otras y otros. Cronos apareció con el regalo del climaterio, además de la muerte de una prima que falleció muy joven en esos meses, por lo que me apareció de una manera muy consciente el miedo a la muerte. Me conecté profundamente y me hizo reconocer un ritmo distinto que no quería aceptar, quería ser corredora todavía, pero mi cuerpo ya no quería correr. Habité por semanas la tristeza, el miedo, la rabia; me di el tiempo para profundizar y sentir.

Me encontré con un ritmo desconocido, que me provocaba mirar la paciencia como una cualidad necesaria para cualquier tipo de curación. En esta vida moderna aprendí a correr de acá para allá y sacar el máximo partido de cada día; así aprendí, así aprendió mi cuerpo. En este habitar observé que, en lo que se refiere al cuerpo, no podemos acelerar el proceso de la curación. El cuerpo se recupera a su ritmo. Mi rotura de radio en mi mano derecha, de hace algunos años, mejoró cuando mi cuerpo era lo suficientemente fuerte para producir células nuevas. Aunque quisiera, no podía forzar a mi cuerpo a recuperarse más rápido.

La calma fue llegando, mi respiración, mi ritmo, parecían una señal segura de equilibrio. Me encontré conmigo desde la compasión. A diferencia de algunos años atrás, cuando era una persona que tenía que hablar, apresurarse, moverse de un lado para otro o estar ocupada todo el tiempo, y eso reflejaba mi agitación interior. La curación física, mental, emocional y espiritual no se puede lograr sin paciencia y tranquilidad.

Maureen Murdock dice que la mujer heroica puede decir "no" a los patrones de la supermujer en el trabajo o en la casa, cuando se siente bien consigo misma como mujer y reconoce sus limitaciones humanas; esto puede implicar, incluso, dejar un trabajo y renunciar al poder y al prestigio para volver a sentir de nuevo. O puede que decida que no está obligada a tener la casa más limpia del vecindario, y que su marido y sus hijos deben empezar a compartir las tareas domésticas que les correspondan.

Encontrar la dicha interior del éxito exige sacrificar las falsas nociones de lo heroico. Cuando una mujer puede encontrar la valentía de saberse limitada y de darse cuenta de que es suficiente ser tal como es, descubre los verdaderos tesoros del viaje de la mujer heroica; puede desligarse de los caprichos del ego y alcanzar las fuerzas más profundas que se hallan en el origen de su vida. Puede decir: "No soy todo... pero soy suficiente". Entonces se vuelve real, abierta, vulnerable y receptiva a un verdadero despertar espiritual.

En este viaje en el que me encuentro, desde mi ser aprendiz, puedo mirar los momentos de habitar, miro el ritmo, la escucha, que puede definirse como la combinación armoniosa de sonidos, voces o palabras, que incluyen las pausas, los silencios y los cortes necesarios para que resulte grato a los sentidos.

También sé que quiero conservar mi capacidad resolutiva, mi tenacidad. Tengo mucho que aprender y también soy capaz de darme cuenta de la cantidad de cualidades potenciales que hay dentro de mí, y también reconozco lo que debe ser podado.

Así que el aprendizaje de estos dos sabios maestros, Cronos y Kairós, me ha invitado a evaluar lo siguiente:

- La temporalidad de nuestros juicios
- La coherencia de los comportamientos en el tiempo
- Nuestra emocionalidad ajustada en el Cronos y en el Kairós

Y en mi reflexión concluyo que la vida transcurre en el Cronos, pero está hecha de Kairós.

Beatriz Amezcua

Coach PCC Supervisora de coaches, consultora

Bamezcua@newfield.cl

APRENDIENDO A INTEGRAR LA HERIDA: ENTRE LA LUZ Y LA OSCURIDAD

Aura querida: gracias por permitirme ser parte de tu historia y tú de la mía.

Parte 1

Para mí la única manera de iniciar ya sea un escrito, una conversación, una mañana, una comida... es con un profundo sentimiento de gratitud hacia mi vida, hacia Dios, hacia el universo. Gracias por estar aquí y por leer estas líneas.

Vengo de una familia de padre diplomático mexicano, madre extranjera (ya más mexicana que el mole). Toda mi infancia estuve pululando de país en país, lo cual me generó una gran apertura para entender diferentes maneras de pensar y vivir y, por otro lado, un desarraigo inconsciente de no saber de dónde soy ni a dónde pertenezco. Soy la mayor de tres hermanos, la única m
ujer y asumí el rol de ser la hija perfecta para ser vista y para ser amada.

Mi camino ha estado lleno de altas y bajas, de curvas y rectas, de avances y en ocasiones pareciese también con algunos retrocesos, aunque éstos no existen, sólo son una dolorosa forma de verdaderamente aprender la lección. No hay fórmulas establecidas, no hay modelos a seguir… y creo firmemente que el propósito de cada uno de nosotros es precisamente ir viviendo cada día desde nuestra mejor versión, cualquiera que ésta sea. Es fácil decirlo, es difícil vivirlo, entenderlo, reconocerlo y, sobre todo, integrarlo.

En 2003 inicié mi búsqueda interior, mi desarrollo personal. Fue una tarde en un salón en la calle de Mazatlán en la colonia Condesa en la Ciudad de México, donde llegué con mi carita maquillada y todos me veían raro, no tenía idea de qué iba a pasar. Y, wow, me encontré con la hermosa sorpresa de una meditación dinámica de Osho, y después la nataraj y la meditación kundalini. Con estas prácticas empezó mi experiencia de la profundidad, de realmente identificar y sentir mis emociones, difícil tarea en una sociedad donde las emociones no tienen importancia alguna.

Y así fue como inició mi interés y mi búsqueda en las diferentes disciplinas y herramientas que me ayudasen a trabajar en este lado espiritual, emocional. Sabía que tenía que explorar diferentes alternativas para encontrar la que más me hiciera clic.

Hice un poco de todo: reiki, curso de milagros, yoga caliente, vipassana, no sé cuántos talleres de respiración por la libertad, la rosa mística, el niño interior, respiración holotrópica, también probé microdosis de psilocibina y ayahuasca, en fin, muchas cosas. Y el resultado, hoy lo puedo decir, siempre me lleva al mismo lugar: a mi corazón y a confiar en mi intuición. Pensaba que la respuesta estaba en el exterior, en los cursos, en los talleres, en el trabajo, en la pareja, en la familia, en las finanzas, en el cuerpo. Nada de esto realmente importa, absolutamente todas las respuestas están en el interior, en mi interior. Se requiere de mucha valentía, amor y determinación para no darme por vencida y seguir conectando hacia dentro, hacia mi propia divinidad.

A veces medito, a veces hago *tapping*, a veces escucho música, a veces repito mantras… Como dije al principio, no hay fórmulas, cada una va encontrando la que le mueve, lo relevante es estar totalmente en el aquí y ahora, en el momento, y ser la observadora.

Parte 2

La vida está llena de experiencias que nos moldean, algunas nos dejan cicatrices profundas: nuestras heridas emocionales. Desde mi propia experiencia, aprender a integrar estas heridas ha sido un viaje transformador que me ha enseñado sobre la luz y la oscuridad que coexisten en este proceso.

La herida, en su esencia, representa el dolor y el sufrimiento que hemos enfrentado. En mis momentos más oscuros, cuando me sentía atrapada por el pasado, la herida parecía ser una carga insuperable. Sin embargo, con el tiempo, comprendí que, aunque la herida puede ser dolorosa, también es una fuente de aprendizaje. Aprendí que el dolor no es sólo un obstáculo, sino una puerta hacia un mayor autoconocimiento y crecimiento personal. Cada experiencia de sufrimiento me ha enseñado a ser más compasiva, tanto conmigo misma como con los demás.

Integrar la herida significa, en parte, aceptar el dolor y reconocerlo como parte de nuestra historia personal. Este proceso a menudo requiere confrontar emociones difíciles —la tristeza, la ira, incluso la resignación— y permitir que fluyan en lugar de reprimirlas. En mis momentos de reflexión, me di cuenta de que enfrentarme a estas sombras era necesario para poder apreciar las luces que también existen en mi vida: momentos de alegría, amor y esperanza. Es en esta dualidad donde descubrí la belleza de la experiencia humana.

La luz es la parte del proceso que me invita a sanar y florecer. Reconocer que mis heridas no me definen, sino que forman parte de un todo más grande, me proporcionó una nueva perspectiva. Empecé a ver mis cicatrices no como signos de debilidad, sino como marcas de valentía y resistencia. Cada pequeña victoria en este proceso de sanación es como un rayo de luz que ilumina mi camino, dándome la fuerza necesaria para seguir adelante y recibir la vida con un corazón más abierto.

Por otro lado, la oscuridad es inevitable; es en esos momentos de duda y desesperanza cuando el aprendizaje se vuelve más profundo. Aprendí que la oscuridad, aunque desconcertante, también puede ser un espacio fértil para la reflexión y el crecimiento. Cuando me permití estar presente en esos momentos difíciles, encontré nuevas formas de entender mis emociones y, a través de ellos, desarrollé una mayor empatía hacia mí y hacia los demás, ya que también cargan con sus propias heridas.

La integración de la herida es un proceso complejo que requiere tiempo, coraje y autocompasión. A través de mi experiencia, he aprendido que la luz y la oscuridad no son opuestas, sino complementarias; ambas son esenciales en el viaje hacia la sanación. Al abrazar nuestra herida y permitirnos sentir la totalidad de nuestras experiencias, comenzamos a apreciar la profundidad de la vida y a encontrar significado en cada paso del camino. La luz nos guía hacia adelante y la oscuridad nos enseña a ser fuertes y a confiar en lo que hemos aprendido, integrado, convirtiendo nuestras heridas en historias de resiliencia y transformación.

CECI MAZA

Directora y co-fundadora de MyTappiness

http://www.mytappiness.io

MUJER DE CÍRCULO, CÍRCULO DE MUJERES

El 19 de septiembre de 2017, un terremoto de 7.1 grados Richter sacudió a mi ciudad, por segunda vez en esa misma fecha. La sensación fue desoladora. Por unas horas, la ciudad se sumergió en un caos en el que era difícil entender la extensión de los daños y hasta dónde había cambiado la vida de tantas personas.

Al día siguiente, tres mujeres nos reunimos alrededor de un homa, un fuego devocional, para visualizar cómo Ma Durga cubría a la ciudad con un manto protector. Yo nunca había asistido a un homa y jamás había escuchado sobre Ma Durga, la manifestación guerrera de lo femenino, que tiene la inteligencia y las armas para vencer a los demonios más fuertes, más amenazantes, más cambiantes. Es la que otorga compasión, valentía y paciencia. Yo vivía en el mundo de lo tangible, lo que se puede controlar, planear, medir. Que Ma Durga y su manto protector fueran una posibilidad se me hacía estrafalario y hasta improbable, pero un rincón de mi intuición me decía que por ahí había algo que mi alma quería recordar, así que fui.

Durante ese primer homa, pasé por muchas emociones: compasión, devoción, amor. Viví la belleza y la armonía, recordé la sensación de estar conectada con algo más grande que yo, con lo sagrado. Viví, por segunda vez en mi vida, una realidad en la que no hay divisiones ni opuestos. El fuego se elevaba en medio de una danza hipnotizante, mientras María y Ana repetían mantras en un idioma desconocido para mí. María realizaba mudras y elegantes movimientos con sus manos, bailando con el fuego, ofreciendo, alimentando y agradeciendo la conexión con lo divino.

Esa semana me integré al círculo Tejedoras de Lunas, guiado por María Roa. Lo hice porque reconozco en mí una energía más masculina que femenina, mental, competitiva, orientada a resultados. Y por muchos años tenía el "pendiente" de dejar salir a mi energía femenina, más suave, más resiliente, más nutritiva, y la verdad no sabía cómo. Por un lado, estaba muy silenciada; por otro, maltratada y devaluada. Estaba convencida de que para sobrevivir en este mundo había que jugar como los hombres, ser hija del patriarcado, y que lo femenino significaba debilidad, pasividad, sometimiento y fragilidad.

Las mujeres de finales del siglo pasado y de este siglo hemos tenido que desarrollar muchos atributos de la energía masculina para poder entrar en el mundo profesional, entender el juego, crecer en nuestra carrera y alcanzar autonomía y éxito, según los estándares de la cultura occidental. Mi mamá me decía: "No dependas de nadie, haz tú tu dinero, tu carrera". Y claro, yo muy obediente, no permitía que una pareja me cuidara; vaya, ni que me abriera la puerta del coche, aunque era lo que más quería en el mundo. Es más, ni cuenta me daba de que eso era lo que anhelaba. Nada de aceptar que me regalaran algo, nada de esperar al otro para resolver temas domésticos; "Si tú no lo quieres pagar, yo lo pago, que para eso trabajo". Nada de cuidar la relación, nada de tomar en cuenta al marido; "Yo puedo con todo y, si no te gusta, mala tarde". Y, además, sin saberlo, me relacionaba a través de un vínculo ansioso, con su dosis de codependencia y de mecanismos de defensa que me cerraban por dentro, me dejaban totalmente disociada, bloqueada. Obviamente, así elegí al papá de mis hijos: desde el trauma, la carencia y la inconsciencia. Un hombre bueno, con todo el potencial y también con todas las limitaciones emocionales y aspectos narcisistas, que me lastimó y encerró todavía más a esa vocecita de lo femenino que se hacía más chiquita, escondida en un recoveco entre mi columna vertebral y tal vez el riñón derecho.

Era incapaz de expresar —ni siquiera reconocer— lo que necesitaba o lo que sentía. Al final, silencio, distancia, tristeza y separación. Todo lo contrario a lo que yo deseaba en mi vida de pareja o como mujer. Tres hijos, 21 años y un divorcio después, me tocaba, como dice Clarissa Pinkola Estés, escuchar esa pequeña voz, dejar que se desenrollara y pudiera salir de su rincón para tomar su lugar en un equilibro de yin y yang.

Las primeras sesiones en el círculo, María nos ponía a hacer manualidades. ¡Sí, manualidades! A juntar cuentitas y hacer una pulserita, hacer una bolsa de maga, a bordar. No había plan de estudios ni programa ni material de lectura. Todo se iba dando, parecía que de forma improvisada, suavecito. Me sentía torpe, no le veía mucho sentido, pero ahí estaba. Era muy agradable estar todos los martes en una carpa roja, sentada en el piso en cojines, con mujeres que me gustaban mucho, disfrutando una infusión de guayaba y piloncillo. Escuchaba a María, sintiendo el tambor, viendo con otros ojos las cosas. Aprendí sobre mis animales de poder y la rueda medicina, acerca de los ciclos internos y los de la naturaleza, tan alejados de mi vida urbana y eternamente apresurada. Entendí cómo los astros se alinearon el día que nací para darme pistas sobre mi camino, mis heridas, mis fortalezas. Vi en el tarot mensajes que me enfrentaban a mis creencias más arraigadas: "No hay para mí, no soy suficiente, tengo que hacer más y de todo para que el otro/los otros me aprecien".

Dos años después, cuando iba a cumplir 50 años, María organizó un retiro en Shambalanté, y decidí que con eso empezaría a celebrar mi cumpleaños, que también era el de mis mejores amigas; somos un clan entrañable desde la universidad.

Estábamos descalzas sobre la tierra húmeda de la selva maya. La luna alumbraba tenuemente, los grillos y las aves cantaban suavecito. Volteamos al este, para empezar a saludar las cuatro direcciones: este, sur, oeste y norte. Desde el nacimiento hasta el ocaso, el arriba y el abajo, lo que es, lo que se ve y lo que se intuye. Saludamos y sonó la caracola hacia cada rumbo. Entramos en filita al temazcal, venerando la tierra, la Pachamama, pidiendo permiso y dando la bienvenida a las abuelitas piedras.

Y eso se volvió una fiesta. Me rodeaban mis amigas, con las que he crecido por más de 30 años y otras nuevas que se han unido para desentrañar qué es lo femenino. En ese vientre tibio, oscuro y amoroso todo era cantar: te quiero tanto, tanto, tanto, tanto con todo mi corazón una y otra vez, tanto, tanto, tanto con todo mi corazón, más y más veces. Cantamos para cada una de nosotras, para nuestras mamás, abuelas, bisabuelas, hermanas, hijas, futuras nietas, y cuanta mujer del linaje se nos ocurrió. De nuevo, el mundo dual, racional, basado en evidencia, se disolvió y pude ver más allá: somos aspectos de un solo origen, manifestación divina, conexión intangible, amor puro. Somos el clan que nos rodea, los moscos y las piedras, el hombre fuego, la vibración del tambor, el temblor de las hojas en los enormes árboles. Somos la ceiba que conecta los mundos, somos el aire que sostiene y la vida que no acaba nunca.

María se llama a sí misma una mujer tejedora, porque reúne tradiciones, conceptos y prácticas para crear una manta mágica con la que cubre un tejido de quereres, de mujeres en diferentes edades, etapas y momentos. Ella teje y nos teje, creando una matriz solidaria, un abrazo colectivo. De lo que ella no se da cuenta es de que a través de este tejido está realizando un trabajo profundamente sanador: está ayudando a cada una a sanar su herida materna más primordial. Y no es nada más ella como individuo. Es la diosa que, a través de ella, nos rematerna en nuestras interacciones, en los momentos en que te sientes totalmente aceptada y querida, sin necesidad de ganarte esa aceptación, solamente por ser.

Han sido siete años de círculo, más retiros en Shambalanté, cada uno con aprendizajes y mujeres que se comparten generosamente. Los primeros meses de pandemia los pasamos en un grupo de meditación y visualización: ermitañas en un juego que nos sostiene, a la vez que muchas sostenemos a nuestras familias, trabajos, incertidumbres y dolores. Y la magia va sucediendo, sin esfuerzo, ni catarsis, ni crisis.

A nivel personal, el tarot quizá sea el hilo conductor de un proceso de transformación que ha sido tan sutil que sólo puedo decir que sucedió porque me veo hoy con otros ojos, y me reconozco nueva en la forma en que reacciono a situaciones en las que antes habría callado, aceptado, peleado o llorado en silencio.

Primero, el Tres de Espadas, un corazón atravesado por espadas: necesitas poner límites, pedir lo que mereces, dejar de autoengañarte. Y una de las más esclarecedoras: el Cinco de Oros. En esta carta, dos personas caminan con pesadumbre sobre un piso frío y bajo un cielo negro, junto a una ventana con un vitral; podemos intuir que todo es calidez y brillo, pero ellos están fuera.

Luego el Cuatro de Copas: un muchacho está recargado en un árbol. Está totalmente volcado hacia su interior, sin ver las tres copas que están frente a él ni una que parece otorgarle lo divino. Carlos, mi amigo y consumado tarotista, me dice: "Generalmente la llaman el berrinche cósmico: tienes regalos materiales y terrenales, bendiciones divinas, pero eliges no verlos, prefieres estar sumergida en tus ideas, pensando: pobre de ti, lo difícil que te ha tocado, lo mal que te va en comparación con otros. Es una carta de 'Amiga, date cuenta'. Es momento de soltar el papel de víctima". Fue un giro increíble, una forma muy clara de entender que vivía en la carencia y que mi mente confirmaba cada día esa historia de "No soy suficiente, no hay para mí, tengo que demostrar más que los demás", pues no podía ver todo lo bueno que me pasa ni lo generosa que es la vida conmigo.

De este círculo protector nació la fuerza de buscar una terapia con Susana Franklin focalizada en emociones y en romper patrones de violencia. Ha sido un proceso para entender que varias situaciones en mis relaciones pasadas eran violencia emocional; si no tiene nombre, no la puedes acomodar ni trabajar. Ha sido un proceso de encontrar la fuerza y aprender a poner límites en las relaciones en las que no me sale fácil.

Hace muchos años, Paloma Quijano me dijo: "Una vez que empiezas en el camino del autodescubrimiento, ya no hay para atrás, y no hay día de graduación". Y así ha sido. Hay resistencias, dolor, se trata de rascar heridas y también de ver hacia dentro con sorpresa por encontrar lo que está ahí, y que por más de 50 años no reconocí.

De unos meses para acá, el tarot me ha enseñado otra cara de mí misma: la Rueda de la Fortuna, el Mago, la Estrella. Los cambios inminentes, la buena fortuna, la comunicación. Alquimia, transformación y belleza. Son señales de mi inconsciente para que me dé cuenta de que he crecido, de que soy más sabia y, sí, más gozosa y relajada ante la vida y sus retos.

Este camino es muy rico y no es un camino que he andado sola. En mi historia, es un camino que se va danzando acompañada, y hoy honro que he sido, desde siempre, parte de clanes de mujeres estupendas. Desde amigas que lo han sido desde el kínder hasta hoy en día; brujas que empezamos a crecer en la misma dirección desde los 18 años; brillantes mujeres con quienes hice la maestría, jefas, colegas y clientas que tienen visiones extraordinarias, centradas, sin hacerse bolas.

Soy el linaje de mi madre, de corazón generoso y mente aguda. Soy del linaje de mis abuelas, aventureras entregadas al amor. Por eso, en mi historia, las otras, las mujeres todas, son mis hermanas, son esa palabra amorosa, ese apoyo incondicional, ese impulso para crecer. Sabias y generosas, cada una es manifestación única de lo sagrado femenino que hoy reconozco conscientemente en mí, en mi compañero, en mis hijos. Como un hilo dorado, nos une, me une con todas las mujeres y todos los hombres que creemos en un mundo amoroso, suave, de pares y aliados, en el que cada uno cabe y merece estar.

LU BOTELLO
Profesionista y madre de tres hombres,
consultora en comunicación y *storytelling*

SANACIÓN EN LA CONEXIÓN ENTRE MUJERES

Parece que pasó en otra vida, porque hoy me siento una mujer totalmente diferente. Aunque reconozco mi esencia y ésa siempre ha sido la misma. Hoy me siento libre, absolutamente libre, es un estado que me tomó años conquistar, ya que por mucho tiempo me sentía atrapada en un mundo donde la salida parecía ser meterme en alguna otra situación también difícil y a la vez alejada de mi verdadero anhelo y de mi verdadera voluntad. Incluso la salida podría haber sido la muerte, que de alguna manera provocaba poniéndome en situaciones de riesgo, todo con tal de sentirme un poquito más dueña de mí misma y de la situación en la que me encontraba.

La última hija de una familia de siete, de ascendencia palestina, papá macho y mamá sumisa. Hermanos con un ego tan dañado que los hacía creer que las mujeres de la familia eran de su propiedad. Difícil de poner en palabras y complicado de explicar.

Como dije al principio, parece que fue otra vida. Me cuesta sentarme a escribir esto, ya que una parte de mí siente apatía, cansancio de estos relatos que, a pesar de ser muy importantes y trascendentes, son también parte de un pasado que ya dejé atrás.

Honestamente me cansa recordar todo eso para ponerlo aquí y, sin embargo, también siento un compromiso con las mujeres y un anhelo de que ellas puedan también ser tocadas por la magia que se da cuando el amor y la confianza están puestos como prioridad y abriendo el corazón, con profunda empatía y compasión.

La mirada amorosa, sin juicio de otras mujeres, ha sido clave para mi proceso de sanación. Y quizá eso es algo de lo que me dan más ganas y motivación de escribir. Y aunque aprendí que perdonar es no olvidar, y mis límites son claros y contundentes, y mi vida está alineada con mi alma y mi ser superior, me doy cuenta de que de verdad todo lo vivido sanó en mí y ahora sí puedo decir que ya pasó.

No sólo pasó, sino que esas situaciones de abuso sexual en mi familia, abuso de confianza, vergüenza, decepción y confusión se han transformado dentro de mí y hoy soy libre. Acompaño a otras mujeres en su proceso de sanación y comparto junto a mi pareja el anhelo de impartir talleres de sexualidad sagrada y consciente.

Soy madre de dos hijos absolutamente perfectos en todo su ser, hija, hermana, amiga, pero sobre todo mujer. Es curioso que con mi despertar sexual a corta edad y desde mi neurótica forma de buscar la aprobación masculina —cediendo mi poder, usando mi seducción como una arma de poder— haya buscado siempre terapeutas mujeres.

Mis tres guías en el camino han sido mujeres.

En especial, mi primera terapeuta y mi actual terapeuta han sido poderosas sanadoras que, con su amor y acompañamiento me han ayudado a verme y amarme y quitar de en medio la vergüenza para sanar la incapacidad que tenía de amarme y cuidarme como lo merecía.

Como lo necesitaba, mi niña asustada no sabía qué estaba bien y qué estaba mal. Mi niña se sentía culpable de respirar, haciendo todo lo posible por agradar y ser amada.

Cuánto camino hemos tenido que recorrer tomadas de la mano para darle fuerza a esa voz que sabe mejor que nadie lo que quiere y necesita. Cuánta paciencia y cuánta dedicación de esas mujeres en mi camino que me han llevado de la mano hacia posibilidades distintas, enseñándome a vivir mi verdad, a ser auténtica y honesta, sobre todo conmigo misma.

Cuánta entrega y cuánto amor. He sido privilegiada por haber contado con estas mujeres en mi vida; por sus miradas amorosas y respetuosas que me ayudaron a verme con amor, sin juicios, a poder ver y reconocer mi fuerza y mi poder personal.

Como lo llamé alguna vez, es el arte terapéutico que sabe llevar, quitándose de en medio, pero poniéndose al mismo tiempo con una entrega absoluta y perfecta. Estoy eternamente agradecida por haber tenido el honor y el privilegio de encontrar a estas mujeres en mi vida.

Sé que llevo un pedazo de cada una de ellas en mí, sé que me han formado el carácter y me han ayudado a encontrarme a mí misma, mirándome, mirando hacia dentro para poderme ver y reconocer.

Estoy agradecida también con la medicina sagrada. La ayahuasca con su poder femenino y masculino perfectos que me han acompañado con amor en mis procesos, así como la magia de los honguitos que me han ayudado a abrir mi corazón, expandir mi mente y mi consciencia para poder ver, no con la lente de mis heridas, sino con la lente de mi verdad más íntima, la lente de mi luz y mi verdadera esencia.

Así que honro también la presencia de la medicina que me ha abierto caminos y a los hombres en mi vida, esos que sí han sabido caminar desde la consciencia y nutrirme con su amor.

JULIA YACAMÁN AFANE
Psicóloga, psicoterapeuta Gestalt y psico-corporal
WhatsApp +52 1 55 3889 3261

RESILIENCIA Y AMOR PROPIO

Hoy tengo 45 años y puedo mirar atrás y maravillarme por el camino que he recorrido, no en términos de distancia, sino internamente. El camino ha sido resiliente, lleno de desafíos y aprendizajes. Me gustaría compartirlo porque sé que muchas mujeres pueden identificarse con esta historia.

Me divorcié a los 29 años, tenía en ese entonces dos hijos pequeños, de dos y de cuatro y medio años. En ese entonces sentí que el mundo se me acababa, pero en el fondo sabía que detrás de ese miedo me esperaban cosas mejores, así que usaría mi dolor como fuerza impulsora.

Hubo días de lágrimas, noches de insomnio, dudas y cansancio extremo, pero también días en los que me encontré haciendo cosas en las que nunca había pensado.

Dejé mi práctica de la abogacía, y con dos hijos y sola me formé como psicoterapeuta, después como tanatóloga y terminé con la licenciatura en Psicología. Empecé a ir a terapia y por primera vez me adentré en el crecimiento personal, por lo que comencé a hacer consciencia de los patrones que había heredado.

Aprendí a ser madre de mí misma: darme el amor y el cuidado que siempre había buscado que los demás me dieran. Había llegado a aprender que no se trataba de luchar con lo que había heredado, sino de ser consciente de ello, agradecer lo que funcionaba y deshacerme de lo que ya no era aplicable en mi vida.

Comencé a cuidarme a mí misma, a ser esa figura que necesitaba, llena de amor y compasión, pero firme. El trabajo personal me ha demostrado que mis heridas están lejos de ser mi identidad; son sólo una parte de mi historia.

Convertirme en mujer es algo que me propongo aprender constantemente. He tenido que desaprender y volver a aprender, despojarme de la culpa de ponerme a mí misma en primer lugar y permitirme ser un ejemplo para mis hijos, no de perfección sino de autenticidad. Hoy puedo decir con orgullo que esta mujer no es la misma persona que emprendió este camino años atrás. No por las metas cumplidas, sino por la paz interior que se ha encendido al reconectarme conmigo misma.

Recuerda, donde sea que estés en tu camino, siempre puedes empezar de nuevo. Tenemos el poder de romper los moldes que nos limitan y crear una vida que realmente nos refleje. Crezcamos, sigamos adelante y sobre todo construyamos teniendo en mente que podemos rehacernos una y otra vez.

Todo valió la pena, los pasos, las lágrimas y el esfuerzo. Por más oscuras que parezcan las cosas, siempre hay una luz al final del túnel. "Si estás en un lugar donde la gente no es amable contigo, donde no sientes amor, sal de ahí". No te conformes, ni por miedo, ni por dinero.

Haz planes con mucho coraje y ve por todas. Puede que al principio suene duro, pero te aseguro que un día estarás apreciando los frutos de lo que has construido.

Tú puedes cambiar tu vida.

Sólo tienes que decidir dar ese primer paso. No estás sola, y aunque el camino puede ser arduo, siempre es posible encontrar esa paz, amor propio y libertad que tanto te mereces.

ADDINA RIVERA MELO FORTE
Psicóloga clínica y psicoterapeuta
addinaterapeuta@gmail.com
Facebook: Addina Rivera Melo Forte

CAPÍTULO 9

Somos seres humanos en una experiencia humana

Este capítulo es algo muy, muy especial que quiero compartir con ustedes. Podría incluso llamarlo una segunda parte de este libro porque nos da información sobre aspectos que nos llevan literalmente a diferentes niveles del ser, de este ser que somos.

Para mí, hablar de quiénes somos más allá de las heridas es reconocer que somos seres que no sólo somos lo que parece en esta dimensión humana. Seguramente para muchas personas, somos esto y termina cuando morimos. Para ellos no es este capítulo.

Yo soy una gran creyente de que hay mucho más de nosotras, de nosotros y eso francamente me encanta, me motiva, me explica muchas cosas de este mundo.

He compartido muchas veces, en programas, en mis libros, de varias maneras, que mi búsqueda espiritual comenzó cuando yo era joven, en tiempos cuando no era fácil salirse de lo conocido, porque simplemente no había información disponible.

Ya he hablado en este libro y en los otros de cómo mi primer maestro fue Carlos de León de Wit, un tío bastante cercano, que por su edad podría haber sido más como un primo. Yo no lo sabía entonces, pero recorrería muchos caminos en búsqueda de "eso" que me hace sentido en la vida y muchos de estos caminos los abrió y los guio Carlos.

El Dr. Carlos de León de Wit —Remy, para la familia y amigos— fue mi primer y quizá único verdadero maestro espiritual. No quiero decir que no haya habido otros maestros y maestras en mi vida, pero

Carlos es para mí el ser a quien le debo mi despertar espiritual y, como a muy pocos, lo considero un maestro espiritual. Así ha sido para mí y para muchas personas que respeto profundamente.

Maestro amoroso, generoso, pero también muy severo, incluso duro a veces.

Yo tengo un estilo confrontativo suave en mis talleres; no siempre lo uso, pero cuando lo hago es porque me parece importante que debemos ser confrontados cuando estamos perdidos en la nube de la negación o de la ignorancia, y mucho de ese estilo lo "afiné" a lo largo de los años inspirada por Carlos; no porque pretenda compararme con él para nada, simplemente porque su "severidad" y asertividad me ayudaron mucho en el camino. Aunque confieso que no era nada sencillo recibir esos golpes "zen" en el ego. Pero hoy le agradezco profundamente cada uno de ellos.

En aquellos años, inicios de los ochenta, éramos un grupo pequeño, o dos realmente, el "avanzado" y nosotros, los "nuevos".

Tuvimos muchas aventuras, muchas experiencias que, cuando miro hacia atrás, me parecen como sueños de otras vidas, como de otras dimensiones y, sin embargo, fueron muy reales. Sé que los viví y no sólo yo, sino todo ese grupo, que al final se fundió en uno, el de los "buscadores", todos alumnos de Carlos, de distintos lugares y diferentes niveles de conocimiento. Yo era de las jóvenes e inexpertas en aquellos primeros grupos.

Al pasar de los años y mucho camino recorrido, desde un tiempo en el que en México realmente no se encontraba casi nada de información de escuelas espirituales, me doy cuenta de la enorme gracia que ha sido haber estado con Carlos y aprender lo que él nos compartía y enseñaba de manera tan generosa.

Carlos viajaba sobre todo a la India, a Tíbet, siempre en busca de conocimiento espiritual, de experiencias nuevas que nos compartía.

¿Se acuerdan de la historia que les conté sobre un proceso interno que tuve ayudada por mi hermano? También les comenté que en un trabajo terapéutico previo surgió que yo había estado portándome muy mal en otra vida, sirviendo a un mago negro, y que al final de esa aventura yo iba a ser quemada, pero que en la noche anterior a mi sentencia de muerte apareció en mi celda un ser de luz y me dio una alternativa. Todo eso lo conté ya, pero lo que no dije y les comparto ahora es que, en mi proceso, en mi alucine, reconocí a Carlos en ese ser. ¿Es cierto? ¿Fue un símbolo, un arquetipo? No puedo asegurarlo, no puedo probar nada, pero a mí me pareció real y me quedo con eso.

Algo que Carlos siempre nos dijo, y sigue diciendo, es que la mayoría somos ya almas viejas que hemos vivido diferentes tipos de vida, distintas experiencias y, seguramente, algunas en el camino oscuro. Y si es así, me queda claro que hoy mi camino es el camino de la luz, no hay nada que cuestionarme sobre esto ya.

Este capítulo justo se basa en una recopilación de la búsqueda e investigaciones realizadas por Carlos de León de Wit, quien se ha dedicado al estudio de todo lo que abarca el campo de la conciencia, o lo que pueda estar vinculado con ésta, desde lo más físico hasta lo más sutil.

Le pedí permiso a Carlos para utilizar este material que se encuentra en muchos de sus escritos, pero principalmente en su libro *Flujo de vida*. Me autorizó a hacerlo, cosa que le agradezco profundamente y me hace muy feliz compartirlo con ustedes. De vez en cuando haré algún comentario y les haré saber que esas palabras son mías, pero en general el contenido de este capítulo son extractos del libro mencionado.

El propósito de este capítulo es presentar un modelo, basado en esos estudios e investigaciones, sobre diferentes estructuras y funciones de lo que, junto con un cuerpo humano, constituyen un ser, y que no son muy conocidas por la mayoría de las personas.

La razón por la cual decidí incluir este material en este libro —que busca llevarnos más allá de nuestras heridas, a nuevas dimensiones del ser— es porque estoy convencida de que entender este modelo nos permite ampliar la visión acerca de quiénes somos e incluso nos ayuda a desidentificarnos con esa parte lastimada, pequeña, limitada, que muchas veces es lo único que vemos sobre nosotras, en el entendido de que aunque hay que trabajar y sanar las heridas y los traumas, somos mucho más que sólo eso.

Somos seres que vivimos esta experiencia humana, que jugamos este juego y que es importante participar en él como si fuera lo más importante, aunque al final todo sea un juego.

Aura de Wit (mi madre) escribió un manual sobre el trabajo de Carlos, al que tituló *Anatomía sutil*, al cual me referiré a lo largo de este capítulo. Ella relata lo siguiente:

> La investigación de campo fue realizada con la ayuda de videntes, entre ellas Thelma de León de Wit (q.e.p.d.), quien apoyó este trabajo de investigación durante esos años con su extraordinario don de videncia, el cual desarrolló durante años ayudando a confirmar el modelo creado por su hermano, el Dr. León de Wit. Otra persona que ayudó, entre otros muchos videntes, fue Esperanza Hernández Ramírez. Tomamos en cuenta maestros, gurús, guías y demás seres que han traído su enseñanza profunda a este planeta.
>
> Este trabajo se realizó durante un periodo de 10 años y desde entonces hasta la fecha se sigue haciendo investigación con psíquicos, chamanes, maestros espirituales, científicos, psicólogos, parapsicólogos, magos, etcétera.
>
> Con lo que se encontró, se logró crear un modelo para explicar la realidad energética, sensorial, mental, psicológica, emocional y espiritual y su relación con el físico y la cotidianidad, formándose una escuela que se llamó Ontogonía (de *ontos* y *gonos* en griego, que significa "realización del ser"), que busca métodos y técnicas para lograr la realización plena del Ser Humano como tal, en todos sus niveles y potencial, la cual fue creada y es dirigida por el Dr. Carlos de León de Wit.
>
> Las principales tradiciones culturales del mundo nos han dejado un conocimiento muy profundo donde plantean que el ser humano está formado por un cuerpo físico, pero que también tiene una serie de estructuras sutiles muy variadas que no pueden ser medidas con los métodos tradicionales, pero que son conocidas desde épocas muy remotas y en lugares muy apartados entre sí.

Nos referimos a lo que conocemos como físico, alma y espíritu.

El estudio de estas estructuras es lo que en este trabajo llamamos anatomía sutil. Este conocimiento se había mantenido cerrado, en pequeños grupos especializados y es hasta estos últimos años que se está difundiendo de una manera más amplia. La idea de que el ser humano está constituido por un cuerpo, alma y espíritu es tan antigua como él mismo, pero la comprobación más objetiva y real de ello es la parte del reto que tenemos ante nosotros.

"Conócete a ti mismo", se nos ha dicho a través de la historia.

Si conocemos el microcosmos podremos conocer el macrocosmos, que la creación es una holografía, "como es arriba, es abajo". Siendo tan complejos, parece una tarea muy difícil. Sin embargo, es un viaje fascinante, lleno de sorpresas maravillosas y bien vale la pena adentrarnos en él para conocer más de nosotros mismos.

Pero la realidad es que nos conocemos muy poco, aun la parte física, que es tangible y puede medirse, pocos la conocen bien. No tenemos contacto con nuestro propio cuerpo físico, rara vez "oímos" lo que nos dice, pocas personas están en contacto con lo que sienten, menos aún con su inconsciente y aún menos personas están en contacto con las partes más sutiles, más difíciles de percibir. Algunos investigadores han demostrado que un porcentaje muy elevado de lo que sucede en la actividad e interacción humana se lleva a cabo en campos de realidad invisible e inaudible, debido a la condición actual de poco desarrollo de los sentidos y poca observación de la gente. Por siglos, los psíquicos y místicos han descrito una energía o "aura" de color que rodea al cuerpo humano.

Los pintores de temas religiosos a menudo la han mostrado en sus obras en forma de halos dorados, de diferentes formas y tamaños. Los sabios antiguos de la India y el Oriente, de las culturas prehispánicas y de otras tradiciones, han hablado de la existencia de energías "invisibles" circulando dentro y alrededor del cuerpo.

Lo importante a considerar es que todos tenemos el potencial para desarrollarnos de una manera más total, podríamos decir que extraordinaria y captar la realidad con mayor amplitud.

A principios del siglo pasado [XIX] hubo mucho interés de investigar y experimentar estas energías. Hubo investigadores como Madame Blavatsky y otros que fundaron la Sociedad Teosófica con ese propósito, como Edgar Cayce, médium y curandero conocido internacionalmente, y Annie Besant con Metafísica.

También hace más de 50 años en la Unión Soviética se ha estado buscando la forma de captar la emisión de energía de los seres y objetos para poderla medir y manejar, ahí hubo investigadores, entre ellos Valentina y Semyon Kirlian, quienes desarrollaron un tipo de fotografía de alto voltaje, la cámara Kirlian, que puede fotografiar el campo electromagnético humano, de las plantas y aun de objetos, y es uno de los descubrimientos más actuales con el cual se muestran las emanaciones luminosas del cuerpo, como las llamadas auras y los puntos más brillantes que coinciden con los puntos de la acupuntura.

Aunque esta técnica ya era usada desde el siglo pasado [XIX], actualmente se le han encontrado muchas aplicaciones en la agricultura, ecología, nutrición, medicina, geología, arqueología y otras áreas.

Algunos de los descubrimientos realizados con la ayuda de la cámara Kirlian han demostrado que:

- La enfermedad se muestra en los campos de energía fuera del cuerpo físico antes de manifestarse en éste.
- Si se corta una parte del cuerpo, la matriz de energía de la parte faltante sigue siendo claramente visible en la fotografía, aunque no exista algo físico ahí.
- Los patrones de energía varían de acuerdo con el humor, la salud, los pensamientos y el medio ambiente.
- Los estados alterados de conciencia pueden hacerse visibles.

- Cuando una persona está en un estado "normal y sano", los dedos muestran energía azul y blanca. Cuando hay excitaciones emocionales, ansiedad o nerviosismo, los dedos emanan energía roja.
- Las hojas de plantas maltratadas muestran energía y burbujas rojas.
- Si una persona con desarrollo psíquico les dirige energía, se restablece su brillo normal. Las plantas también sufren cambios en sus cuerpos energéticos. En una hoja recién cortada y otra seca, vemos que en la primera hay una actividad y luminosidad complejas, mientras que en la segunda estas manifestaciones son casi nulas y en proceso gradual de desaparición.

Se han hecho investigaciones con plantas de la misma especie, cultivadas en condiciones similares. Una de las investigaciones compara dos plantas, una de ellas sana y otra afectada de una enfermedad. De cada una de estas plantas fueron cortadas dos hojas y al compararlas se encontraron grandes diferencias. El diagnóstico previo de la forma tradicional fue casi imposible, sólo se identificó hasta que la enfermedad o infección entró en la fase destructiva. Sin embargo, por medio de la fotografía Kirlian, se detectó inmediatamente en su campo energético, ya que en la energía o "aura" que las rodeaba había manchas que indicaban la existencia de la enfermedad en las hojas afectadas.

Con esto se estableció la posibilidad de detectar o diagnosticar enfermedades que podrían afectar las cosechas, en etapa temprana, y evitarlas antes de que se manifiesten, ya que lo que se descubrió es que la contraparte energética del cuerpo o la hoja se ve afectado por el mal antes de que la enfermedad o sus síntomas se manifiesten o se hagan evidentes en el organismo físico, ya sea humano, animal o vegetal, haciendo posible su curación de manera más fácil y rápida.

Algo que también se ha observado es que la respiración tiene un papel muy importante, no sólo en el físico, también en el desarrollo de los cuerpos energéticos, ya que los cuerpos sutiles se alimentan por medio de la respiración, recargándose de la energía vital que se pierde. De aquí la importancia que tiene la respiración, que, dicho sea de paso, normalmente está limitada, ya sea porque no respiramos profundamente (no usamos toda la capacidad de los pulmones), o porque actualmente con la contaminación en el ambiente, esto se complica, limitándose aún más la cantidad de oxígeno en el aire.

Y ahora, con la autorización de Carlos de León, prosigo con el material que se encuentra en su libro *Flujo de vida*.

Para entender mejor todo este modelo de energía y flujo es importante mencionar algunos principios básicos.

Existe una realidad original y esta realidad contiene un potencial de infinita manifestación.

Contiene el potencial de masa, energía, tiempo y espacio, por lo que está más allá de estos conceptos. Es más que esto.

Esta realidad es lo que en muchas tradiciones religiosas y esotéricas se conoce como Naturaleza Divina, Chispa Divina, Verdadera Naturaleza, la Base, el Principio, etcétera.

Esto es lo que para muchas escuelas ha sido creado por este ser que conocemos como Dios. Para otras esto es Dios.

Cuando hablamos del flujo humano, hablamos de todos los procesos que lo integran: los fenómenos metabólicos, motores, bioquímicos, psicológicos, electromagnéticos, psíquicos y espirituales.

El flujo representa la experiencia humana en forma integrada y es la experiencia de la persona en el aquí y ahora.

En teoría esta dinámica energética en un ser humano sano debería ser libre, natural y armónica, lo que traería a la persona un estado de salud, relajación y felicidad.

Nuestro flujo se ve negativamente afectado por cualquier circunstancia que agreda la integridad de la persona, ya sea física, psicológica o espiritualmente.

Cualquier daño al flujo significa bloqueos y trae repercusiones a todos los niveles. Estos bloqueos causan desbalance en el flujo completo de manera que no se puede afectar una parte sin afectar el todo.

Experimentar el flujo como todo es una de las metas del crecimiento humano. Desgraciadamente por nuestra ignorancia, condicionamientos, siempre lo experimentamos como parcial. Y esto es lo que nos mantiene lejos de nosotros mismos, no nos conocemos.

El flujo humano es parte de algo mucho más grande y profundo: el flujo universal, que en la antigua India era llamado Tantra, palabra que significa "fluidez y expansión eterna, sin límites". El propósito de este trabajo es que podamos experimentar nuestro flujo personal de una forma integrada y consciente, y que este flujo personal se armonice con el flujo universal o tantra.

El flujo de todos los seres del universo, e incluso de objetos, son holografías del universo, esto es, en nosotros está contenida toda la información del flujo universal y a medida que seamos más coherentes, nuestra posibilidad de unirnos al flujo universal será mayor.

Este flujo es como un juego entre dos partes: consciencia y energía. Estos dos aspectos son conocidos en las disciplinas tántricas como Shiva (aspecto de consciencia, masculino) y Shakti (la energía, femenina). Estos dos aspectos conforman una sola realidad y ambos son igual de importantes. Su interacción da origen no sólo a la experiencia humana sino a todo lo que existe.

Podemos explicar ambos de la siguiente manera.

Energía cósmica

La energía es la manifestación de la conciencia, su acción, su poder. Es la creación. Lo físico, lo sutil es energía, nosotros somos energía.

La energía tiene un sinnúmero de manifestaciones que conforman el universo tal como lo conocemos. Y estas energías van en diferentes vibraciones y pueden ser muy condensadas, sólidas, como las del mundo físico, o energías mucho menos tangibles como las de mundos más sutiles.

Llega un momento en que la energía es tan sutil que no tiene forma, que no es perceptible, pero que contiene toda la información universal, ésta es la llamada energía cósmica.

Nombres de energía cósmica:
Japón: Ki
China: Chi
Sánscrito: Prana
Algunas tradiciones hindús: Bindú (Perla azul)
Maná
Éter

En el Occidente, algunos científicos la han descrito y el que aparentemente más entendió la naturaleza de esta energía y su relación con nosotros es Wilhem Reich con su orgón. Le llamó así por ser la vida del organismo, y su máxima expresión es el orgasmo. Al estudio de ella le llamó orgonomía.

En su trabajo buscó la expresión libre y natural de ella.

Para resumir, la energía cósmica reúne las siguientes características:

• Existe universalmente.
• Permea todo, penetra todo y rodea todo.
• Es la fuente de todo tipo de energía.
• Es la fuente de toda forma.
• Es inerte en sí misma. No hay entropía o desgaste a ese nivel.
• En su estado puro no es manifestada al universo. Si se manifiesta es porque se ha convertido en alguna forma derivada de energía más especializada.
• Aunque lo creado surja de esta energía, también ella ha sido creada. Quiero decir que la energía cósmica no es el origen

primario. Su origen está en un nivel superior de realidad. Contiene la conciencia básica, cósmica e impersonal.

Conciencia pura

No me refiero a la conciencia moral, la cual es una pequeña parte de nuestra experiencia, sino a la consciencia total.

Un estado de conciencia pura sería aquel en el que no hay acción sino sólo existencia. Este estado define una conciencia perfecta y eterna.

Es muy difícil entender el estado de conciencia pura, tendríamos que estar en niveles muy desarrollados para entender este estado, es más fácil entender el estado de la conciencia cuando ésta toma una forma activa, es decir, cuando se manifiesta a través de la energía.

La conciencia existe en cualquier nivel de energía —orgánica, inorgánica, microcósmica, macrocósmica—; no hay energía sin consciencia. Toda existencia en el universo —orgánica, inorgánica, microcósmica o macrocósmica— tiene conciencia, sin embargo, se manifiesta más en algunas formas que en otras.

La conciencia es el observador, aquella parte de nosotros que se da cuenta de la suma total de nuestras experiencias y de nuestra vivencia en ellas.

Imagina un estado de Conciencia Pura en el que no hay acción de la energía, lo que podríamos observar es a nosotros mismos, a ninguna otra forma.

En este estado se obtiene una conciencia personal total, nos damos cuenta de quiénes somos, de cuál es nuestra verdadera identidad. Justamente para esto sirve el desarrollo espiritual.

Flujo energético y los distintos cuerpos sutiles

Dentro del flujo energético consideramos todos los niveles de realidad o los distintos cuerpos del ser humano. Para entender esto mejor, a continuación, expondré una introducción a los distintos cuerpos que tenemos. Esta información ha sido conformada a través de diversos estudios e investigaciones psicológicas, psíquicas y esotéricas.

Cada tradición espiritual y esotérica tiene su propia forma de explicar y clasificar el cuerpo.

El modelo ontogónico —creado por Carlos de León— comprende cinco cuerpos básicos que tiene todo ser humano independientemente de su desarrollo:

- Cuerpo físico
- Cuerpo de vitalidad
- Doble
- El alma y sus niveles
- Espíritu

Cuerpo físico

El más denso de todo. Mi cuerpo no es yo, no es el Ser Interno, es aquel a través del cual se manifiesta este yo, este Ser Interno, mi conciencia y mi energía.

Hablaremos del cerebro. Este órgano encargado de procesar la información tiene dos hemisferios unidos por un puente, el cuerpo calloso.

Aunque el cerebro actúa como un todo, cada hemisferio se especializa en distintas funciones. Así, el hemisferio derecho controla el lado izquierdo del cuerpo y se encarga de procesar las emociones. El hemisferio izquierdo controla la parte derecha del cuerpo y procesa toda la actividad intelectual. Es decir, existen dos procesadores en nuestra conciencia y hay que equilibrarlos. Si lo hacemos seremos personas sensibles e inteligentes. Capaces de pensar lógicamente y también de sentir y expresar abiertamente nuestras emociones.

Nuestra parte emotiva se asocia con el aspecto femenino: la madre, y la parte lógica con el aspecto masculino: el padre; en ambos sexos encontramos ambos aspectos. Nada en nosotros o en la creación es totalmente masculino o femenino. Si queremos totalidad necesitamos que ambos lados del cerebro y del cuerpo estén en armonía. Por tanto, debemos buscar la paz con las figuras femeninas y masculinas que llevamos dentro: mamá y papá.

Características que desarrolla cada hemisferio:

Hemisferio derecho	Hemisferio izquierdo
Femenino	Masculino
Emocional	Intelectual
Prelógico	Lógico
Intuitivo	Analítico
No lineal	Lineal
Simultáneo	Secuencial

Principios del trabajo con el cuerpo
Respiración
Es la función corporal más importante, tanto para nuestras supervivencia como para mantener un estado de salud físico y mental. Además de la obvia función de darnos oxígeno, la respiración está íntimamente ligada con nuestras funciones psicológicas.

En sus libros, W. Reich habla sobre cómo una respiración profunda y libre nos lleva a aumentar el flujo energético llevando a ésta a un nivel superior de salud y permitiéndole explorar emociones reprimidas y experiencias traumáticas.

La capacidad para sentir nuestro cuerpo está asociada con dos factores: respiración y movimiento.

Todas las escuelas de terapia corporal dan suma importancia a una respiración profunda y desbloqueada y es el principio de muchas terapias.

Forma de respirar:

- Profunda, llenando la parte superior e inferior de los pulmones (respiración de vientre)
- Calmada, relajada
- Continua

- Balanceada en el tomar y soltar el aire
- Por la nariz, para filtrar el aire

A continuación, les comparto un pequeño pero poderoso ejercicio para aprender a respirar correctamente y así ayudar a tu cuerpo a restablecer su flujo, entre muchos otros beneficios. Este ejercicio lo aprendí con Aneesha, una de mis bellas maestras que se especializa en la unión del trabajo neoreichiano con las meditaciones activas de Osho. Lo tomo del libro de *Respiración diamante* de Devapath, otro discípulo de Osho quien se especializa en el trabajo con la respiración:

Como preparación, busca un espacio donde puedas estar un rato sin que nada o nadie te interrumpa. Apaga tu celular, pon tu música favorita y encuentra un lugar cómodo donde acostarte.

Toma varias respiraciones y déjate sentir tu cuerpo. Al exhalar suelta cualquier tensión que sientas.

En la primera parte de la meditación, explorarás tu respiración en varios espacios del cuerpo y en la segunda parte te relajarás en las olas de tu respiración que se moverán por todo tu cuerpo.

Etapa 1. 10 minutos
Frota tus manos hasta que estén tibias y entonces colócalas suavemente, con las palmas hacia abajo, sobre tu bajo vientre. Si lo deseas, también puedes mover tus manos gentilmente alrededor de tu abdomen. Conscientemente, respirando en tu vientre.

Siente el vientre relajarse y la respiración profundizar. Imagina el vientre como un océano de energía que va desde la pelvis hasta el plexo solar, ese espacio donde el estómago toca las costillas inferiores. Siente su sensibilidad y sensualidad. Siente las olas de la respiración moverse a lo largo de tu cuerpo.

Ahora permite que tus manos suban hasta descansar alrededor del área del plexo solar. Siente los movimientos de tu respiración y relájate. Conéctate con esta área tan sensible, la cual es como un puente entre el cuerpo inferior y el cuerpo superior.

Ahora permite que tus manos suban hasta el pecho y permíteles descansar en medio de él, alrededor del área del corazón. Siente el movimiento de tu respiración tocando esta área tan vulnerable y bien protegida del cuerpo. Respira suave y gentilmente. Permite que el pecho se expanda y se abra al sentimiento de amor y paz del centro de tu corazón.

Finalmente, lleva tus manos al "puente de la respiración", en ese punto donde la garganta y el cuello trabajan con la boca y la nariz invitando a la respiración. Aquí, por dentro del cuerpo, la respiración toca tu glándula tiroides, la tráquea, el esófago y la espina dorsal. Esta área está contraída por los miedos y el estrés, pero con tu toque amoroso y la nueva atención puedes traerle relajación y apertura.

Etapa 2. 10 minutos
En la segunda parte de la meditación, coloca tus manos de nuevo sobre tu estómago y permite que descansen allí. Imagina que el vientre es el inicio de tu respiración. Desde allí la respiración se expande hacia todo el cuerpo. Siente tu respiración moverse como una suave ola a través de ti.

Con la inhalación, mueves la respiración hacia arriba, hacia el pecho, y con la exhalación se mueve hacia abajo, hacia el estómago. Siente que la vida está respirando a través de ti. Siente la existencia nutrirte con cada respiración, sosteniendo tu vitalidad y gozo.

Para terminar tu meditación, toma una profunda respiración y mientras lo haces, disfruta la apertura de tu cuerpo a la sensación de vida. Inhala profundamente y lleva a tu vida diaria esta hermosa fuerza sanadora de consciencia de la respiración.

Ahora, regreso a la enseñanza de Carlos de León:

Arraigo
Es la capacidad de estar en contacto con nosotros mismos, con nuestra experiencia y el medio que nos rodea. En el lenguaje popular esto se llama "tener los pies bien puestos sobre la tierra".

No es un asunto de la mente, aunque ésta ayuda, el arraigo tiene su origen en el cuerpo mismo. Estar bien parado en contacto con nuestros pies en la tierra, da seguridad, capacidad de vivir y lograr cosas.

Hay tres factores que intervienen en la posibilidad de pararnos en el mundo:

- Nuestra postura corporal (Rebalancing, Rolfing, etc.).
- Tener el centro de gravedad en el lugar correcto, en el vientre y no en la mente (artes marciales)
- La unificación de nuestra experiencia corporal e interna, pudiendo tener contacto con uno mismo (procesos de terapia)

Relajación y tono muscular

Aparte de una postura corporal adecuada es importante señalar que el estado natural de los músculos es estar relajados, listos para entrar en acción y generar la tensión necesaria para dicha acción.

Dado el estrés y la neurosis, es común tener tensiones muy profundas en nuestro tono muscular. Estas tensiones siempre indican conflictos no resueltos en la persona. Cualquier conflicto psicológico repercutirá en el tono muscular y en la capacidad de flujo energético de la persona. A mayor tensión, menor flujo.

Masajes: ayurvédico, tailandés tradicional, integración postural, etcétera.

Ejercicios de estiramiento, movimientos lentos, de bajo impacto: Hatha yoga, ong, tai chi.

Ejercicios de visualización dirigida, que enseñan a relajar el cuerpo y la mente.

Cuerpo de vitalidad

También llamado cuerpo etérico, doble etérico, cuerpo pránico y cuerpo electromagnético.

Es más sutil que el cuerpo físico y el más denso de los cuerpos sutiles. Hasta hoy es el único cuerpo que la tecnología logra captar. Éste es el cuerpo al que le han sacado las fotografías kirlianas, no al alma (o al aura espiritual), como se cree.

Este cuerpo es una condensación de energía cósmica, varía en brillantez, claridad y tamaño, dependiendo de la salud y estado emocional de la persona.

Cubre y penetra todos los órganos del cuerpo físico y sobresale unos cinco centímetros de éste. Su energía da vitalidad y mantiene la vida del físico; si se llega a separar, sobreviene la muerte. El cuerpo físico no puede morir mientras el cuerpo de vitalidad permanece unido a él. En el exacto momento de la muerte, el cuerpo de vitalidad se desprende totalmente.

Cuando hay buena salud, el cuerpo de vitalidad emite unos rayitos que forman un aura alrededor de la persona. Es el aura de vitalidad, puede extenderse varios centímetros lejos de la persona y en caso de excepcional vitalidad, extenderse hasta un metro.

Cuando hay salud, se ve entre azul y violeta. En caso de enfermedad, toma una coloración roja alrededor de los órganos afectados. En casos severos de enfermedad, se producen coloraciones grises e inclusos negras.

Cuando hay un color negro significa que el tejido del órgano afectado está muriendo. Sólo en caso de cáncer, se producen tonalidades moradas oscuras.

Normalmente la polaridad electromagnética del cuerpo de vitalidad es negativa cuando está sano y se vuelve positiva en la zona enferma.

Un aura de vitalidad rechaza los microorganismos externos que, al ser también negativos, son repelidos naturalmente. Cuando una zona o zonas cambia a polaridad positiva, atraemos estos microorganismos y por lo mismo aumenta el peligro de infección o contagio.

Es posible que el cambio se deba a factores como:

- Tensión psicológica o emocional
- Cortadas o golpes
- Contagio de energía contaminada de otras personas

El cuerpo de vitalidad se alimenta de las siguientes maneras:

- La primera y más importante, la respiración. Es la forma más directa de absorber energía del medio ambiente. Una respiración desbloqueada permite asimilar grandes cantidades de energía. Basta con respirar profundamente para llegar a un nuevo nivel de vitalidad y conciencia.
- La segunda forma se da a través de la comida. Comidas frescas y naturales tienen mayor prana (energía, vitalidad) que las artificiales y viejas. Si se come carne, hay que procurar que sea fresca y provenga de animales sanos. Porque cuanto más vieja es su energía, en lugar de darnos vitalidad, nos la quita.
- La tercera forma es a través de estructuras especializadas en el cuerpo de vitalidad, apertura y trabajo con meridianos de acupuntura, nadis, etc.

El cuerpo de vitalidad es el único que no manifiesta conciencia por sí mismo, pero refleja la conciencia de los otros cuerpos que, de alguna manera, piensan, sienten y actúan independientemente.

Cuando el cuerpo de vitalidad se separa del físico, la energía de vitalidad se desvanece poco a poco hasta fundirse totalmente con la energía cósmica. A veces el cuerpo de vitalidad no se desvanece y permanece en la forma que tenía y se manifiesta como si fuera un fantasma o presencias que no se comunican inteligentemente y que repiten una y otra vez la última impresión y orden que dio el cuerpo físico antes de morir.

El cuerpo de vitalidad cuenta con un gran número de canales de energía que funcionan como un sistema de riego de vitalidad para todo el cuerpo. Estos canales tienen diversos grados de densidad y sutileza.

En el nivel más denso están los canales de acupuntura o meridianos, los cuales llevan la energía más elemental para sostener la vida y salud de la persona. Por su cercanía al nivel del cuerpo físico son fácilmente detectables y medidos a través de la resistencia eléctrica de la piel. La acupuntura electrónica lo ha probado ampliamente.

Estos meridianos no están totalmente abiertos, sólo lo están en un nivel elemental que permite la vida y el funcionamiento cotidiano, pero con técnicas especializadas como las del qi gong (chi kung). Con estas técnicas es posible abrirlos más y lograr que circule por nuestro cuerpo mayor cantidad de energía de vitalidad para tener más salud, fuerza y longevidad.

En un nivel más sutil, tenemos un gran número de canales conocidos en India como nadia. Son más de 72 000 canales y todos parten de tres nadis principales, situados en el área de la columna vertebral. El del lado izquierdo se llama Ida, el del derecho Príngala y el central es Sushumna.

Los nadis constituyen el sistema de riego para la energía universal (Shakti) e intervienen no sólo en las funciones físicas, sino también en las espirituales. Así como los meridianos, los nadis no están totalmente abiertos, sólo lo suficiente para mantener la vida física y espiritual como la conocemos. Si los nadis llegan a abrirse más, la energía circulará poderosamente en nosotros, limpiará nuestros cuerpos y nos hará más aptos para integrarnos a la vida de manera total.

Los nadis están cerrados porque tienen exceso de materia kármica, energía negativa que hemos generado y acumulado a través de las diferentes vidas. Así que el limpiar los nadis ayuda en gran manera a limpiar nuestro karma.

Otras estructuras importantes son las entradas y salidas del cuerpo.

El cuerpo de vitalidad tiene una capa de energía condensada que lo limpia y le da forma, como una especie de piel energética, con "poros energéticos", que despiden el exceso de energía. Aparte de estos "poros" existen seis zonas circulares que pueden en un momento abrirse como agujeros de aproximadamente 10 centímetros de diámetro y por los cuales el alma puede salir o entrar de los cuerpos físico y de vitalidad.

El cuerpo de vitalidad tiene un punto que actúa como foco de su energía, el cual coincide con el centro de gravedad del cuerpo físico. Este foco es conocido en Japón como el Hara y es el centro energético y emocional del cuerpo. Se localiza a unos cuantos dedos abajo del ombligo y podríamos imaginarlo como una esfera o huevo en medio del vientre.

Ahora comparto unos ejercicios para percibir el doble etérico o cuerpo de vitalidad, tomados del manual *Anatomía sutil* de Aura de Wit.

Ejercicio 1

Se coloca una persona en medio y alrededor de ella otras personas, a unos tres metros de distancia, con los brazos extendidos y las palmas hacia la persona central.

Empiezan a caminar muy despacio hacia la persona central, poniendo toda su atención en las sensaciones de las palmas de las manos. Se siguen acercando hasta que puedan sentir una barrera sutil; pueden estar percibiendo el aura de la persona, o lo que es más fácil, por ser más denso, el doble etérico que está más pegado al físico y sobresale unos tres centímetros.

Con la práctica se vuelve uno más sensible. Si la persona ya ha manejado energía, es más fácil percibirla.

Ejercicio 2

Busca un espacio en tu casa o el lugar donde te encuentras, que tenga un techo de preferencia blanco o color muy claro.

Acuéstate boca arriba viendo hacia el techo.

Frota las palmas de las manos y después extiende tus brazos hacia el techo enfrente de tu cara; gira las palmas de las manos de modo que los dedos queden casi tocándose, con uno o dos centímetros de separación. Mira hacia el techo, con las manos abiertas y las palmas hacia arriba, dejando espacio entre cada dedo.

Dirige tu mirada al espacio entre los dedos y quédate viendo fijamente, como desenfocando los ojos. Permanece en esa postura uno o dos minutos.

Vas a empezar a ver la energía que rodea los dedos.

Sin apartar la mirada del punto en donde se fijó, los ojos viendo sin enfocar a ningún lado, empieza a mover tus dedos y al mismo tiempo ve separando tus manos con los brazos todavía estirados. Vas a notar un alargamiento de la energía que van dejando los dedos al moverse. Estás viendo el doble etérico.

Carlos León de Wit describe qué es el doble:

El doble es más sutil que el cuerpo de vitalidad y se le llama así por ser una réplica exacta del cuerpo físico. Está empalmado al físico, pero en otra dimensión o nivel de energía.

Hasta ahora no ha existido un medio científico capaz de detectar este cuerpo; sin embargo, en las tradiciones espirituales se encuentran amplias referencias de su existencia, así como en la cada vez más numerosa literatura y reportes de las personas que han experimentado estar fuera del cuerpo.

El doble se puede separar del físico e ir a distintos lugares en otras realidades físicas o espirituales. Puede incluso materializarse y ser visible en el mundo físico. La ciencia parapsicológica llama a este fenómeno *bilocación*, pues la persona aparece en dos lugares al mismo tiempo.

Es el responsable de las apariciones de seres queridos que vienen a despedirse en el momento en que mueren, muchas veces a cientos de kilómetros de distancia.

A diferencia del cuerpo de vitalidad o doble etérico, este doble tiene una conciencia y acción independiente e incluso es más sabio que el físico, ya que su campo de acción es el inconsciente del físico.

El doble es el YO del inconsciente. Se le conoce también como el cuerpo de los sueños, ya que, a través del lenguaje simbólico de éstos, se comunica con el físico.

Si logramos integrarnos con él, se convierte en un maestro, ya que haremos consciente lo inconsciente, unificaremos nuestros diversos niveles de energía y armonizaremos nuestros hemisferios cerebrales.

Tanto el cuerpo físico, el de vitalidad y el doble empiezan su existencia al mismo tiempo, durante la concepción. Cuando el físico y el cuerpo de vitalidad se separan en la muerte, el doble por lo general continúa vivo por un tiempo (no más de tres meses) para terminar de despedirse del mundo físico y hacer una transición paulatina y adecuada de la conciencia física al alma.

Cuando el alma ha integrado totalmente las experiencias y la identidad de la persona física fallecida, el doble muere y se desvanece. Entonces el alma queda libre para continuar su evolución. Pero cuando existe demasiado apego al mundo físico, a personas o propiedades, el doble se alucina y se niega a transferir su conciencia al alma; decide quedarse en un mundo intermedio. Éstas son las llamadas almas en pena: fantasmas que tienen conciencia propia y con los cuales es posible comunicarse.

De hecho, es frecuente que lo intenten. A veces pueden incluso entrar a cuerpos físicos para sentirse vivos, para finalizar asuntos o satisfacer sus deseos carnales y tener contacto con sus apegos. De ahí muchos casos de posesión.

El doble se separa del físico con frecuencia, ya que tiene entradas y salidas. No hay peligro en esta separación. De hecho, se separa casi todas las noches y es en gran parte responsable de los sueños. Por eso el nombre de "cuerpo de los sueños".

Los desprendimientos y viajes astrales son, con este cuerpo, el doble. Si somos físicamente conscientes de este viaje, se percibe en una realidad similar a la física, pero con un resplandor misterioso.

Prácticamente todas las religiones y tradiciones hacen un manejo del doble, consciente o inconscientemente. Directa o indirectamente (la merkabah cabalista, el yoga de los sueños del Tantra hindú, el chamanismo de todo el mundo, los seis yogas de Naropa del budismo tibetano, etcétera).

El manejo del doble es una parte muy importante para el desarrollo y puede dar al practicante diversas cosas:

- Mayor limpieza e integración con el inconsciente
- Vencer el temor de morir, ya que experimentamos que somos mucho más que un cuerpo físico
- Visitar lugares y personas lejanas (muy usado en chamanismo y brujería)
- Visitar otros planos o mundos espirituales

En la brujería, el doble puede convertirse en animal y manifestarse físicamente. Este fenómeno es conocido en algunas partes del mundo como nahuales.

En el manejo más avanzado, el doble puede ser transformado en un cuerpo más perfecto para pasar a las etapas superiores de desarrollo. Este cuerpo es llamado por los tibetanos "cuerpo de ilusión puro".

Es recomendable el trabajo con los sueños, ya que éstos son una puerta directa para el doble. Al trabajar con ellos podemos ser capaces de recordarlos, de entender su idioma simbólico y de interpretarlos de manera personal.

Chakras y kundalini

La palabra sánscrita *chakra* significa "rueda", pues a los ojos del vidente aparecen como ruedas en distintas partes del cuerpo. Existen varios tipos de chakras, todos los cuales forman parte de un mismo sistema sumamente complejo de energías sutiles y cada uno cumple con una función específica. En general existen chakras que son:

- Puntos de cruce de nadis o canales de energía y que son vistos como puntos de luz de distintos tamaños. El más grande es el del periné, donde se unen los canales de las piernas, tronco bajo, ano y genitales. Está estrechamente relacionado con kundalini. Chakras como éste son conocidos como puntos de luz y son puntos muy importantes en la práctica de la acupuntura.

- Puntos que, aparte de enlazar distintos canales, producen movimientos giratorios de la energía y actúan como generadores de distintos tipos de energía y son los que generalmente se conocen como chakras. En una persona que no tiene mucho desarrollo, estos puntos solamente generan pequeñísimas cantidades de energía suficientes para mantener la vida y el funcionamiento del cuerpo físico como lo conocemos. Estos puntos también coinciden con puntos importantes de acupuntura, chakras que se llaman generadores. Existen varios de éstos, pero veremos en detalle los principales.

Si el lector tiene conocimiento de los chakras, notará una cierta discrepancia entre la información de las diferentes escuelas esotéricas y de yoga, pero si lo estudia con detenimiento, encontrará pequeñas claves que le proporcionarán una visión más completa.

Yo utilizo el modelo hindú que considera siete chakras principales, porque es el que más embona con el trabajo de pulsación tántrica al que me dediqué varios años. Carlos de León los explica a continuación.

Se llaman chakras principales porque se relacionan íntimamente con el funcionamiento del cuerpo físico y con nuestra vida psicológica, a la vez que funcionan como puentes entre el mundo físico y el mundo sutil.

Estos generadores crean vórtices de energía sutil cada vez más grandes que van desde la superficie del cuerpo hasta la espina dorsal. De esta forma el sistema se llena de energía y el mismo círculo crece y llega a medir, cuando está totalmente abierto en un adulto, cerca de 10 centímetros e incluso más.

Todos los chakras son igual de importantes en el desarrollo completo del ser humano.

Tenemos otros chakras "secundarios", como los de las palmas de las manos y plantas de los pies. A través de las manos podemos manejar energía, sentirla y desplazarla más fácilmente. Los de los pies nos ayudan a conectarnos con la tierra y nos dan raíces energéticas. También sirven para desechar energías dañinas actuando como desagüe energético.

Estos cuatro chakras están conectados por cuatro canales al chakra del ombligo, lo que nos permite desarrollar los cinco al mismo tiempo.

Kundalini es también una palabra sánscrita que significa "serpiente enroscada", haciendo alusión a una serpiente que yace enroscada y dormida en la base del tronco. Esta energía dormida representa el potencial de activar y atraer a nosotros una gran gama de energías, las cuales normalmente no reconocemos como parte de nuestra realidad. A este conjunto de energías se le llama kundalini, la energía de la Madre Cósmica, la Shakti primordial, la Diosa, etcétera.

Kundalini se encuentra dormida dentro del hara, que es el huevo donde nace esta energía y, si queremos despertarla y hacerla salir, debemos empollar y calentar el huevo. Para esto, necesitamos una combinación de energías especiales, las cuales serán proporcionadas por tres chakras: sexual, coccígeo y el del periné. El sexual produce mayor energía solar y calorífica, físicamente estimula el funcionamiento de las glándulas sexuales. El coccígeo produce energía nerviosa y también calorífica y el periné atrae la energía de la Tierra, energía de la polaridad femenina, la energía materna necesaria para empollar.

Cuando la preparación es adecuada, kundalini empieza a ascender por el canal o nadi central de la espina dorsal. Este nadi es llamado Sushumna, cuyo ascenso es, por lo general, lento y paulatino y pasa largos períodos a la altura de cada chakra principal.

A continuación, describo los ocho chakras principales con sus distintas características.

En "psicología" se definen las propiedades que surgen de un chakra limpio y abierto. La "patología" surge cuando un chakra está bloqueado, falto de energía o sobresaturado. La persona carece de las energías adecuadas para funcionar sanamente en las áreas afectadas por el chakra y puede presentar incluso problemas físicos, de salud en el área o sistema del cuerpo correspondiente con el problema psicológico relacionado.

La "personalidad" se refiere a que cuando la conciencia de una persona se concentra en un chakra, se desarrolla una personalidad específica, como si viera el mundo a través de esa ventana.

Descripción de los chakras

Primer chakra: sexual (gozo–creatividad). Se conoce también como Muladhara, palabra en sánscrito, pero ese nombre más bien corresponde al sistema hindú que lo sitúa en el periné. El modelo hindú considera solamente siete chakras principales. En este modelo, este chakra está situado arriba del hueso púbico y se conoce como fundamental o básico. Su color es rojo y tiene cuatro pétalos. Su elemento natural es la tierra, la cual le da las características de resistencia, cohesión, solidez. Las partes físicas relacionadas con este chakra son las gónadas, genitales y/o matriz.

Este chakra gobierna todo lo sólido de nuestro cuerpo, como los huesos, dientes y uñas. El sentido del olfato está asociado a este chakra, por lo tanto, el órgano que se desarrolla es la nariz. A través de su desarrollo se obtienen los siguientes siddhis, logros, facultades o poderes: intuición, purificación, control de los sentidos físicos, generación de calor y control del agua. Para desarrollarlo, la parte física con que se trabaja es el ano.

El planeta que lo gobierna es Marte.

Parte física relacionada: sistema sexual.

Localización: parte frontal del cuerpo, cuatro dedos abajo del ombligo.

Psicología: relaciones interpersonales primarias, sobrevivir, existir, poder básico de seguridad, arraigamiento, fuerzas instintivas, tocar, ser tocado, aceptación, es base de la moral, fuente de la creatividad, del arte.

Patología: egoísmo, soledad, avaricia, deseo, lujuria, deshonestidad, amor condicionado.

Personalidad: extrovertida, instintiva, física.

Tipo de amor: amor sexual.

Pregunta: ¿por qué eres?

Arquetipo: el adversario (los obstáculos).

Segundo chakra: umbilical (poder–logros). Su nombre es Swad-histhana en sánscrito y quiere decir "lugar donde reside el *self*" (o ser interno). Tiene un color naranja y cinco pétalos, su elemento es el agua. Está situado en el ombligo y la parte física con la que se relaciona son los intestinos. El sentido físico relacionado con este chakra es el gusto, por lo tanto, el órgano que corresponde es la lengua. Los siddhis que se obtienen con su desarrollo son sentir, curar, autocuración y control sobre el fuego. Para desarrollarlo, la parte física con que se trabaja son los genitales.

El planeta que lo rige es Mercurio.

Localización: ombligo.

Parte física relacionada: intestinos.

Psicología: independencia, amistad, logros y poder social.

Patología: dependencia, manipulación, usar personas, injus-ticia, mentira.

Personalidad: extrovertida, sensible, emocional, intuitiva.

Tipo de amor: amistad.

Pregunta: ¿por qué puedes?

Arquetipo: *anima* (lo femenino)

En el sistema que yo trabajo, este chakra está relacionado con el vínculo materno, el cordón umbilical, y aunque es muy similar a lo aquí descrito, se le conoce como el centro del sentir, la casa del niño, niña interior. Un tema relacionado con este chakra es el de la code-pendencia, el cual tiene sus orígenes en la relación madre-infante. Esta dinámica involucra la tensión entre la necesidad de fundirnos con otra persona y la necesidad de conservar un sentido de autonomía e individualidad.

Tercer chakra: bazo o esplénico (muerte renacimiento). Su nombre es Manipura, que significa "lleno de fuego". Su color es el amarillo y está formado por dos pétalos. Su elemento es el fuego. Está situado en el bazo y las partes físicas relacionadas son el bazo, el páncreas, los riñones y las adrenales. El sentido relacionado es el de la vista; su órgano son los ojos.

Los siddhis (poderes) que se obtienen son vitalidad, viaje astral, poder de la vida y la muerte, y para desarrollarlo se trabaja con pies y piernas.

Nota: este chakra es muy peligroso de trabajar, para desarrollarlo se debe hacerlo bajo supervisión, en algunos modelos lo omiten por lo mismo.

El planeta que lo rige es el Sol.

Localización: parte frontal, encima del bazo, en el lado izquierdo del cuerpo.

Parte física relacionada: bazo, páncreas, hígado y riñones.

Psicología: deseo de cambio, de evolucionar, de crecer, actividad, autoexpresión, evaluación, planeación.

Patología: estancamiento, aferramiento, inercia, inhabilidad de expresar, incapacidad de autoevaluarse o de evaluar una situación.

Personalidad: extrovertida, intelectual, física.

Tipo de amor: a sí mismo.

Pregunta: ¿quién eres?

Arquetipo: muerte/renacimiento (cambios).

Yo no conozco el manejo de este chakra, al menos no conscientemente y en el modelo que yo trabajo este tercero es el del plexo solar, el cual en ese modelo está considerado como secundario. Lo describo aquí por su importancia en mi trabajo y abundo en él en el capítulo séptimo de mi libro *Crea el espacio para el amor*: tercer chakra, plexo solar. Centro del poder. Está localizado en el segmento del diafragma, en el plexo solar, y es el centro de fuego, de expresión y asertividad. Contiene un número de órganos importantes, incluyendo el hígado, el estómago, la vesícula y el páncreas.

Se le conoce como el centro del poder, porque es aquí donde nuestros conflictos con otras personas se originan. Aquí accedemos a los poderes del "yo" como individuo separado y le damos un valor más alto que el colectivo "nosotros" del segundo chakra.

El juicio, la evaluación y la discriminación tienen sus raíces en este centro, al igual que la comparación, la competencia, las polaridades de inferioridad y superioridad, sentirse mejor que o tan bien como otros, más fuerte o débil. Aquí también experimentamos la libertad de ser un individuo único y la autoestima.

Cuarto chakra: corazón o cardiaco (compasión–egoísmo). Su nombre es Anahata, "el no golpeado". Tiene color verde y cuatro pétalos. Su elemento es el viento, experimentar con este chakra da todo lo relacionado con la movilidad, la suavidad y la ligereza. Está situado en el lado izquierdo del pecho y las partes físicas afectadas son el corazón y el timo. El sentido con que se relaciona es el tacto, a través de la piel. Los siddhis que se obtienen son comprender lo que se siente, empatizar, levitar, amor cósmico y entrar en otros cuerpos. Se trabaja con el corazón.

El planeta que lo rige es Venus.

Localización: parte frontal del cuerpo, sobre el corazón físico, ligeramente al lado izquierdo del cuerpo.

Parte física relacionada: corazón, sistema circulatorio, timo.

Psicología: devoción, asombro, autenticidad, honestidad, compasión, compartir, valor, humildad.

Patología: falta de fe, falta de integridad, hacer las cosas por lo que podemos obtener, interés, cobardía, orgullo, soberbia.

Personalidad: expansiva, extrovertida, romántica y sensual.

Tipo de amor: a la naturaleza, a la creación.

Pregunta: ¿por qué eres?

Arquetipo: el héroe (el salvador).

Quinto chakra: garganta o laríngeo (ira-lógica). Su nombre es Vishuddha o "puro". Tiene un color azul claro y 16 pétalos. Su elemento es el éter, pudiendo experimentar la calidad del espacio por sí solo, ya que el éter es el espacio en sí mismo. Está situado en la garganta y las partes físicas relacionadas son la tiroides y paratiroides. El sentido físico relacionado es el oído y sus órganos son los oídos. Los siddhis que se despiertan son oír sutilmente, trascender el tiempo, curar y trascender el peso del cuerpo físico. Para desarrollarlo se trabaja con las cuerdas vocales. Se localiza en la garganta.

Su planeta es Júpiter.

Localización: garganta.

Parte física relacionada: tiroides, paratiroides, amígdalas.

Psicología: identidad, introspección, comunicación consciente, teniendo claros los límites del yo y del otro, creatividad y espontaneidad.

Patología: pérdida de la identidad, incapacidad de verse a sí mismo y a los demás claramente, dificultad en ser original e independiente.

Personalidad: introvertido, intelectual, la expresión verbal o escrita de sus ideas es muy importante.

Tipo de amor: amor en el mundo de las ideas, abstracto, simbólico, romántico, rayando en lo platónico.

Pregunta: ¿dónde vas?

Arquetipo: la jornada (la vida).

Sexto chakra: frontal (intuición-junta los otros cinco). Su nombre es Ajna, significa "autoridad, mando, poder ilimitado". Su color es un azul-violeta fuerte y tiene seis pétalos. Su elemento es lo mental materializado a través del éter (lo que pensamos se realiza, para crear algo sólo se necesita pensar en eso). Los siddhis que se obtienen son ver, telepatía, oír al gurú interno, destruye el karma, libera a otros siddhis.

El planeta que lo rige es Saturno.

Localización: frente.

Parte física relacionada: hipófisis y pineal.

Psicología: fuerza de voluntad, libre albedrío, organización e integración de toda la persona, conciencia de la dualidad divina/humana.

Patología: debilidad de carácter, incapacidad de elegir, negación del potencial divino interno.

Personalidad: introvertida, intuitiva, emocional, muy callada.

Tipo de amor: amor humanista.

Pregunta: ¿qué eres?

Arquetipo: *animus* (lo masculino).

Séptimo chakra: cabeza o coronario (espiritualidad). Su nombre es Sahasrara, que significa "mil pétalos". Tiene un color rosa azuloso y consta de seis pétalos. Su elemento es el espíritu. Los siddhis que se obtienen son conciencia continua, samadhi, sátori o iluminación. Perfecciona a los otros chakras. La parte física relacionada es la pineal.

El planeta que lo rige es la Luna.

Localización: parte superior de la cabeza.

Parte física relacionada: pineal y sistema nervioso central.

Psicología: autorrealización, unión de lo humano con lo divino, de lo finito con lo infinito, satisfacción, plenitud.

Patología: frustración, insatisfacción, incapacidad de trascender nuestros límites, separación con lo divino, negación de Dios.

Personalidad: introspectiva y profunda, contemplativa y meditativa.

Tipo de amor: amor espiritual.

Pregunta: ¿quién eres?

Arquetipo: el *self* (el ser interno).

Hay que decir que, en Oriente, nuestra realidad se contempla como un juego divino entre la conciencia y la energía cósmica; a la conciencia se le ha asociado con lo masculino y a la energía con lo femenino y una no puede existir sin la otra.

Así cada ser contiene las dos y nuestra evolución será impulsada y guiada por su interacción. Es imposible experimentar la conciencia pura sin la ayuda de la energía pura. De esta forma, kundalini es el proceso energético que va a transformar nuestros cuerpos para poder llegar a la conciencia divina, a nuestra verdadera identidad, la Shakti primordial, la Diosa, etcétera.

Kundalini es el siguiente paso en la evolución. Sin kundalini, el ser humano no pasa de ser un embrión cósmico. Kundalini ayuda al desarrollo de este embrión y lo madura hasta su nacimiento como bebé cósmico. Nuestros genios, santos, sabios, de alguna manera han desarrollado la energía kundalini y representan un pequeño paso adelante en la evolución de la humanidad, paso que es accesible a todos nosotros. Sin embargo, kundalini es un proceso sumamente complejo y puede en muchas ocasiones llevar a resultados variados y no necesariamente a un desarrollo completo.

A veces kundalini se activa sin razón aparente e incluso sin conciencia de parte de la persona de lo que le está pasando, produciendo buenos y malos frutos. Kundalini es una energía impersonal que actúa sin preferencias, de ahí la necesidad de trabajar con ella, no sólo con un amplio y profundo conocimiento de la energía, sino con una base ética que permita un ascenso positivo de dicha energía. Aquí recomendamos el encontrar un guía o maestro, que tenga experiencia en el asunto y un fundamento de amor y compasión.

Kundalini es energía, conciencia, vida, conocimiento y poder, no es ni buena ni mala en sí misma, es una energía femenina y sin ella no hay iluminación. En diferentes culturas y filosofías se la representa con los siguientes símbolos: Quetzalcóatl (en México y quiere decir "la serpiente emplumada"), serpiente del Edén, cobra y buitre (Alto y Bajo Egipto), el dragón, el *self*, la serpiente y el fénix, la serpiente alada mordiéndose la cola, el fuego, la fuente de la juventud, la piedra filosofal, el árbol de la vida, entre otros.

Una manera fácil de limpiar los chakras es usar cuarzos que se ponen estando acostado encima de cada uno de acuerdo con el color del chakra, se dejan ahí de 10 a 15 minutos. Los cuarzos deben limpiarse en agua con sal de grano y ponerlos al sol durante dos horas antes y después de usarlos. Sanan actitudes y limpian y energetizan los chakras. Se puede usar cualquiera de los que se mencionan a continuación:

- **Chakra sexual:** rubí, coral, ágata, buganvilia, granate u otro cuarzo rojo.
- **Chakra del ombligo:** ojo de tigre, peridoto, ámbar, cornalina, cuarzo citrino.
- **Chakra del bazo:** zafiro amarillo, ámbar u otro cuarzo amarillo, oro.
- **Chakra del corazón:** esmeralda, malaquita, moldavita, lepidolita, jade, pirita, rodocrosita, rodonita, ópalo, oro, peridoto, piedra de luna, variscita, turmalina sandía (roja/verde), turmalina verde, turmalina roja/rosada (rubelita), topacio (imperial), aventurina, crisocola, crisopracio, cuarzo rosado, dioftasio, granate, cornalina.
- **Chakra de la garganta:** sodalita, lapislázuli, zafiro azul, turquesa, turmalina azul (indicolita), topacio imperial, aguamarina, amazonita, azurita, crisocola, cianita, celestita.
- **Chakra del coxis (o raíz):** obsidiana, meteorito, piedra de sangre, pirita, rodocrosita, rodonita, turmalina negra, turmalina sandía, turmalina roja/rosada (rubelita), cuarzo ahumado, cuarzo turmalinado, granate.
- **Chakra de la corona:** selenita, oro, alejandrina, amatista, ámbar, cuarzo turmalinado, cuarzo citrino.
- **Plexo solar:** aunque no se considera en este modelo como chakra primario, en otros modelos se le considera un chakra secundario importante, ya que es un punto donde se acumula mucha tensión y hay emociones reprimidas, por lo que es bueno limpiarlo y le sirven estos cuarzos: peridoto, variscita, aguamarina, ámbar, cuarzo ahumado, esmeralda, cornalina.
- **Tercer ojo:** aunque en este modelo se presenta al tercer ojo como una estructura del espíritu, también se puede

limpiar con las siguientes piedras como los otros chakras: lapislázuli, moldavita, sodalita, zafiro azul, turmalina azul (indicolita), topacio imperial, sugilita (royal azul), amatista, azurita, cianita, cuarzo transparente (todos los chakras), cuarzo rutilado (todos los chakras), diamante (todos los chakras), diamante de Herkimer (todos los chakras), circonia (todos los chakras). El jaspe, turmalina, fluorita y ópalo, ya que tienen colores variados, se usan en los chakras según el color que corresponda.

En mis grupos, yo utilizo las meditaciones activas de Osho para activar y limpiar chakras, específicamente las llamadas Chakra Breathing y Chakra Sounds. Estas meditaciones, explicación y música las encuentras en la página https://www.osho.com en la parte de las meditaciones activas.

El aura

La anatomía y funcionamiento de los cuerpos energéticos o estructuras sutiles es aún más complejo que la del cuerpo físico. Casi todos los cuerpos energéticos o estructuras sutiles se encuentran ocupando un mismo espacio-tiempo, pero en diferente nivel de vibración, ya que están en distintas dimensiones, pero interactuando uno con el otro. Vamos a explicar aquí la estructura que se conoce como aura, de la cual se podría decir que es la manifestación o vehículo de nuestra alma en este plano planetario.

El aura está formada por varias capas, con las cuales sucede lo mismo que con los diferentes cuerpos sutiles: están ocupando un mismo espacio-tiempo, pero en diferente nivel de vibración y cada una de estas capas tiene una función específica.

El aura se puede percibir como un huevo de energía que rodea al cuerpo físico, el cual llamamos huevo áurico, ya que tiene esa forma geométrica en la mayoría de las personas. A los diferentes niveles o capas les llamamos auras y cada aura está formada por distintas energías, teniendo cada capa, como decíamos anteriormente, una función diferente.

Vamos a describir las capas más accesibles a los estudios (ya que existen otras más difíciles de percibir por ser demasiado sutiles y difíciles de ver, aun en videntes capacitados). Antes de explicar las capas principales, queremos dar una descripción de cómo está configurado ese huevo áurico y después describiremos más en detalle las distintas capas y su funcionamiento.

El huevo áurico tiene factores generales que ya de entrada dan una idea del estado del alma y son: *a)* brillantez o luminosidad, la cual está íntimamente ligada con el estado de desarrollo y potencia de chakras y kundalini, así como del aura de vitalidad (en este modelo el aura de vitalidad está considerada como energía excedente del doble etérico, que se manifiesta cuando la persona tiene más vitalidad de lo común), aunque ésta en realidad no corresponde a lo que llamamos aura o manifestación del alma. *b)* Tamaño: normalmente el huevo áurico se extiende de unos 40 a 60 centímetros fuera del cuerpo, pero en la medida que la persona desarrolla su energía y su espiritualidad, el huevo crece y llega a medir hasta tres veces más. *c)* Transparencia: cuanto más transparente se vea el huevo áurico, indica mayor limpieza del doble, doble etérico y cuerpo físico. *d)* Consistencia: varía pudiendo tener mayor densidad o sutileza, indicando el grado de espiritualidad (más sutil) o materialidad (más densa) de la persona. *e)* Forma: normalmente su forma es de un huevo alargado. En un desarrollo profundo, el aura cambia a una forma más cuadrada, después incluso puede tomar distintas formas, por ejemplo: rectangular, triangular, cilíndrica, etc.

Capas del aura
Aura de vitalidad
El aura de vitalidad es la energía que se manifiesta en forma de rayitos que salen por los poros del doble etérico. El largo de estos rayitos indica el grado de vitalidad y salud del cuerpo físico;

se cree que son producto de los puntos que se describen en acupuntura y que emanan energía en forma armónica.

Esta aura está ligada íntimamente a la energía potencial de vida que está contenida en los riñones, la cual determina el lapso de vida de cada persona. Su energía vitaliza y mantiene la vida del físico. Si el doble etérico se desprende, sobreviene la muerte. Muchas veces las enfermedades son causadas por el desequilibrio de energía en este cuerpo. Detectadas a tiempo, es fácil evitar que la enfermedad se manifieste en el físico, equilibrando, limpiando y potenciando este cuerpo.

Podemos diagnosticar cuándo hay enfermedad en el cuerpo físico, ya que esta aura de vitalidad sufre una transformación: en la zona de la parte afectada correspondiente al cuerpo físico, la longitud de los rayos de vitalidad emitidos por el doble etérico disminuyen. En una persona entrenada, esto se puede sentir o percibir de diferentes maneras. Estos rayos también pueden variar en brillantez, claridad y tamaño, dependiendo no sólo de la salud, sino también del estado emocional de la persona. Cuando la salud es buena, el cuerpo de vitalidad emite una radiación en forma de rayitos; éstos constituyen un aura alrededor de la persona.

Es a este campo que llamamos el aura de vitalidad y puede extenderse más o menos unos 30 centímetros. En casos de excepcional vitalidad física, puede llegar a medir hasta un metro. En el momento de la muerte, el cuerpo de vitalidad se desprende totalmente, disolviéndose en corto tiempo.

Aura emocional

El aura emocional es una de las capas en forma de huevo que cubre al físico y se extiende de 40 a 70 centímetros. Esta aura es la más cambiante, presenta mayor variedad de colores.

Tiene como 1000 tonalidades, ya que refleja, por medio de distintas coloraciones, el estado emocional de la persona. En esta aura se pueden observar dos capas con una combinación de colores que indican emociones presentes y emociones congeladas.

Llamamos congeladas a las que tienen mucho tiempo con la persona. Las emociones presentes, cuando se están vivenciando, pueden apreciarse en forma de colores más transparentes, en tanto que los colores de las emociones congeladas se ven como piedras de diferentes tamaños y colores más sólidos.

Hemos encontrado que estos colores son consistentes con lo que se conoce como la psicología del color, así como el conocimiento popular de ellos.

Así, por ejemplo, cuando hay una coloración rosa, la persona está sintiendo amor; los distintos tonos rojos reflejan sexualidad, pasión e incluso agresión o ira (ésta puede manifestarse como rayos rojos); el verde, un estado de paz o envidia, dependiendo del tono; un azul oscuro significa tristeza, un dorado devoción, grises y negros indican depresión, odio, etcétera.

En la sabiduría popular, se reconoce este nivel del aura en dichos, tales como "Ver todo color de rosa cuando estás enamorado", "Se puso verde de envidia", "Rojo de ira", "Echó rayos y centellas", y en inglés "Estar *blue*" (estar azul) cuando se está triste, etcétera.

Cuando en esta aura se perciben colores congelados, que no desaparecen, indican conflictos internos, donde la persona tiene literalmente atrapadas sus emociones y no las deja salir; por ejemplo, una persona muy ambiciosa tendrá manchas congeladas color naranja, etcétera.

Es importante mencionar que cuanto más sana emocionalmente sea una persona, su aura emocional está más viva y cambiante, en un juego armónico de colores.

Aura mental
Esta capa tiene también la forma de huevo, cubre el aura emocional, pero en otra dimensión. Esta aura tiene dos capas, dos colores que son el azul y el amarillo en todas las personas. La primera es la más cercana al físico y la que es más fácil percibir. Si el azul está en el exterior, la persona tiene una tendencia a ser más lógica, dominada por su hemisferio cerebral izquierdo; en el

caso contrario, con el amarillo en el exterior, la persona es más intuitiva, con dominancia del hemisferio cerebral derecho.

Hay diferentes tonos, los tonos más claros reflejan una persona más evolucionada. Si la persona maneja sus dos realidades "lógica e intuición" en equilibrio, aparece en este nivel un resplandor dorado que cubre los dos colores; esta capa dorada de perfección implica que hay coherencia cerebral y es la única energía dorada que el humano puede producir de una forma natural.

Aura espiritual

El aura espiritual cubre el aura mental, pero en otra dimensión, es la más perceptible de todas las capas áuricas, por lo que no es tan difícil de "ver" o aún de sentir con las manos, así como el doble etérico o el aura de vitalidad.

La llamamos aura espiritual, ya que refleja el nivel de desarrollo espiritual de la persona. Todo progreso real en el camino se percibe en un cambio de tono del color que se tenga en esa capa áurica, y cambia de tiempo en tiempo si la persona está desarrollándose.

El color se vuelve cada vez más claro (si está en un desarrollo de camino blanco, más oscuro si su camino es negro), hasta que el tono da lugar a un cambio de color, a un color superior en cuanto al nivel de conciencia. El color, tono, luminosidad y brillantez indican el nivel espiritual, el nivel evolutivo de conciencia o de iluminación de la persona. En general cambia poco a través de la vida de la persona, a menos que ésta esté en un trabajo de desarrollo intenso. Generalmente se nace con un color claro y más alto en vibración del que se tendrá ya como adulto.

El color que tiene uno al morir va a determinar el plano, cielo o infierno, al cual irá el alma. Como dijimos anteriormente, el color del aura espiritual y el tono de claridad determina el nivel de conciencia y la calidad en la experiencia de la persona.

En el modelo que estamos usando, Ontogonía, la escala de colores que encontramos en el aura espiritual va de verde o naranja claro, que son los colores iniciales para todo mundo, progresando hacia el blanco, o hacia el negro, dependiendo del camino de la persona.

Para entender el nivel espiritual de cada persona, cabe mencionar que existen dos caminos a escoger: el camino blanco (de luz) y el camino negro (de oscuridad).

En la tabla de niveles de conciencia, que presentamos más adelante, vienen descrito en detalle los colores del aura espiritual y sus significados.

Aura paramental

Esta capa del aura es de color humo blanco muy gaseoso, es muy difícil de percibir. Aquí se encuentran registradas todas las vidas pasadas de la persona, incluyendo la presente. Este registro se conoce como "registro akáshico".

Aquí se pueden ver traumas de otras vidas, asuntos sin resolver, deseos no satisfechos que son como una genética espiritual que determina las experiencias a vivir en esta vida, como una nueva oportunidad de resolver y crecer en lo que traemos atorado.

Aunque no todos tenemos la clarividencia para poder ver la historia de la persona como ser, con la técnica de lectura corporal de la psicoterapia moderna se puede leer como en un libro abierto la historia de la persona, su visión y experiencias en esta vida que la marcaron, que están "escritas" en el cuerpo físico de la persona. Dependiendo de cómo se acomoda la masa muscular, la grasa en el cuerpo, las tensiones que se pueden percibir, se da una forma de cuerpo.

Las partes del cuerpo también tienen un significado. Hay que recordar que todo queda grabado en nuestra memoria, en nuestro inconsciente, y que incluso se puede acceder a la memoria del alma con la técnica adecuada, o cuando hay suficiente desarrollo de la conciencia.

Aura kármica

Para comprender la existencia del aura kármica es importante saber a qué le llamamos karma. El karma es una ley cósmica de causa y efecto, de justicia y enseñanza. Es el maestro más perfecto que se puede tener, pues todo lo que le pasa a la persona es para que aprenda que, dependiendo de lo que se siembra, eso se cosecha; es como un bumerang que se regresa, tanto lo malo como lo bueno.

Es decir, el karma se forma a través de las acciones de la persona, ya sean buenas o malas, durante esta vida y las pasadas. Es el resultado de esas acciones, lo que vivimos en el momento, lo que la persona debe resolver, integrar y aprender para seguir evolucionando, o disfrutar cuando ya hay un fruto.

El aura kármica se ve como un sobre o capa que cubre al cuerpo y que sobresale unos 30 centímetros de éste en la generalidad de las personas, pero puede llegar a extenderse hasta cuatro metros, dependiendo de la negatividad o el desarrollo de la persona. Tiene un color de humo oscuro. En ella se acumula una especie de basura energética, energía no organizada, de tonos grises originada por todas las experiencias no asimiladas adecuadamente, que es lo que comúnmente llamamos destino o "mala suerte" y que pueden verse como manchas más oscuras de diferentes tamaños; es lo que en otros modelos llaman nuestros "pecados" o el "mal karma". Esta energía nubla nuestra conciencia, quitándonos claridad, y cuanto más cargada está, más tendemos a comportarnos inadecuadamente. La forma de limpiar esta capa es a través de purificar los nadis (canales más sutiles), ya sea con un manejo directo de energía, una bendición, por gracia o por acciones conscientes y armónicas, asimilando así esta energía, organizándola en nuestro sistema y desechando lo que no nos conviene. Al estudiar este nivel áurico, se nos hace muy clara la importancia de la práctica de autoevaluación, confesión y perdón que existe en diferentes tradiciones.

Aura de dones
Esta capa del aura está pegada al doble etérico, apreciándose uno
o varios colores, los cuales representan los dones regalados a la
persona en esta encarnación o ganados en otras vidas a través de
su evolución. Es muy sutil y por lo mismo difícil verla, por lo que
ha sido poco estudiada. Los colores que se ven en el aura de dones
son los siguientes: blanco, violeta, rojo, naranja, azul, amarillo, rosa
y verde. Ocupan áreas de diferentes tamaños y colores, variando
la tonalidad e intensidad de cada color, dependiendo del nivel
de desarrollo y perfección de cada don. Algunos ejemplos de
dones son el don de curación, clarividencia, telequinesis, telepatía, facilidad para aprender idiomas, dibujar, música, arte en
general, facilidad para atraer otros dones, etcétera. Una persona
normal tiene un mínimo de cinco dones, pero pueden ser más.

Buddhi o cuerpo causal
En esta capa del aura se encuentran fragmentos de lo que tanto
fascina conocer a muchas personas, nos referimos a otras vidas.
Buddhi es como un espejo de la realidad, se va puliendo como un
estanque lleno de basura que se limpia con lo que vamos resol-
viendo. Podríamos decir que contiene lo que no pudimos integrar
o asimilar a nuestra alma de experiencias previas que tiene el ser y
que en un trabajo profundo empieza a activarse, como una segunda
oportunidad de resolver lo que venimos arrastrando.

Se le llama causal porque es la causa de nuestra actual realidad,
como la semilla de lo que tenemos que vivir como programa de
aprendizaje. Es más trascendente, ya que trasciende en el tiempo,
trayendo su contenido como una genética sutil que trae el alma al
entrar al cuerpo del bebé, es como un ADN espiritual, es el molde
de nuestra realidad actual.

Aura de destino
Se puede decir que el aura de destino es un plan de estudios
kármico. Tiene huevos de energía dorada que se abren en ciclos as-

trológicos o en fechas claves, como en los cumpleaños. Esta energía dorada no la produce la persona; al venir desde algo más elevado, esta energía dorada nos habla de que nuestra encarnación no se da por azar, hay cuidado o dirección de Dios, de sus enviados, guardianes, guías o maestros, hay un plan divino dentro del cual estamos nosotros.

Aura de perfección

El aura de perfección se extiende un poco más que el aura kármica. Es la meta a lograr al perfeccionarse la persona, pero es algo que, de alguna manera, la persona ha tenido siempre. Como nos dice Jesús: "Ya estamos salvos", sólo falta que podamos manifestarlo en la vida diaria.

El aura de perfección va sustituyendo a la del karma, conforme ésta se va achicando por la desaparición o limpieza del karma, y es entonces cuando se llena de luz toda el aura de la persona.

Evolución del alma

Ésta se puede explicar a través de una escala de 13 niveles que inicia en un nivel neutro, del cual se puede ascender o descender en la escala. Cada nivel positivo tiene un nivel como contraparte en lo negativo.

Esa parte negativa simboliza la parte oscura del inconsciente que debemos integrar. Si no integramos el contenido de la contraparte, no podremos mantener un nivel de conciencia estable y mucho menos ascender.

Colores del aura espiritual
Forma de pensamiento y actuación en la vida espiritual

Los colores del aura pueden reflejar diferentes aspectos de nuestra forma de pensar y actuar en la vida espiritual. Aquí tienes una breve descripción de algunos colores del aura y sus significados.

El alma empieza su evolución en verde o naranja claros. En la siguiente tabla es el nivel cero. El verde indica la tendencia a querer encontrar la identidad por medio del "tener". El naranja pretende hallar esa identidad o autorrespeto por medio de la acción.

El color se va aclarando si la persona con los años tiene un camino de conciencia, hasta que el verde cambia a azul oscuro y el naranja a amarillo oscuro.

El azul y amarillo indican la búsqueda de la identidad respecto a los otros; quienes la tienen, buscan amar a los demás. Amarillo es de las personas intuitivas. Azul es de las personas más racionales y científicas.

Y así, como indicamos en la siguiente tabla, el alma va evolucionando, aclarando o cambiando de color si su camino es un camino de luz, de conciencia, de amor.

No es fácil cambiar de color, evolucionar; no es algo que suceda normalmente en una sola vida, pero a veces con ayuda de maestros y caminos altos esto es más rápido.

Igualmente podemos ver en los números negativos cuándo una persona se neurotiza más y su alma se va oscureciendo. Estos niveles implican vivir bajo dogmas, conformismo, ignorancia, miedo. Es el nivel al que W. Reich le llamó la plaga emocional. Desgraciadamente es el más común, la neurosis común y corriente que todos sufrimos.

Los siguientes niveles negativos son un espejo corrupto de su equivalente positivo negativo.

Niveles de conciencia	Colores del aura espiritual	Se identifica	Características principales
+6	Blanco claro	Relacionarse con la Deidad de forma integral	Liberación de reencarnar como humano por amor

Niveles de conciencia	Colores del aura espiritual	Se identifica	Características principales
+5	Blanco oscuro		Guía Espiritual
+4	Crema, azul hielo, rosa, violeta claros	Relacionarse al todo por arte, ciencia, amor y misticismo	Amor cósmico
+3	Crema, azul hielo, rosa, violeta oscuros		Romper valores sociales
+2	Amarillo, azul claros	Relacionarse con los demás por intuición y lógica	Líder social en cualquiera de sus formas
+1	Amarillo, azul oscuros		Inteligencia y rendimiento social
0 Niñ@ espiritual	Naranja, verde claros	Relacionarse con uno mismo, por hacer y tener	Estado de inocencia y egoísmo primario
−1	Naranja, verde oscuros	Perversión de lo positivo	Neurosis "normal"
−2	Morado, café claros	Perversión de lo positivo	Neurosis "profunda"
−3	Morado, café oscuros	Perversión de lo positivo	Despersonalización
−4	Rojo, gris	Perversión de lo positivo	El mal como camino espiritual

El espíritu

Es el cuerpo más perfecto y avanzado que tenemos en forma natural. Su energía es tan sutil y poderosa que normalmente no habita junto con los otros cuerpos, sino que permanece en los mundos sutiles y desde allí vigila.

El espíritu es el creador del alma y evoluciona a través de ella. Cuando la persona alcanza un alto nivel de desarrollo espiritual, el espíritu desciende y penetra el cuerpo físico poco a poco, entonces se da una alta realización de lo divino.

Así como el alma, el espíritu tuvo un principio, pero no tiene fin. En muchos casos, el alma vuelve al espíritu antes de encarnar y lo percibe como Dios. Si una persona física sin mucho desarrollo pudiera ver su doble, lo percibiría como un gran maestro; si pudiera encarar su alma, la percibiría como un ángel; y si pudiera encarar a su espíritu, lo describiría como Dios. Así de grande es la diferencia de la manifestación de la Conciencia en los diferentes cuerpos.

Cuando hay progreso en el camino espiritual, primero se integra la conciencia física con la energía, fe, vitalidad, luego con el doble, después con el alma y al final con su espíritu. "Vosotros sois Dioses y no lo sabéis", dijo Jesús.

Aquí cierro los textos del libro de Carlos de León, *Flujo de vida*, y del manual *Anatomía sutil* de Aura de Wit.

Hay mucha más información en ellos y dinámicas para trabajar con cada nivel, pero, como comenté al inicio de este capítulo, hay que masticarlas con calma, lentamente, para poderlas digerir. No creo que saturarse de información y conocimiento ayude, a menos que lo bajemos a la acción.

Al menos así es mi estilo, por lo que yo recomiendo que si realmente te interesa un camino espiritual te conviertas —como dice Carlos— en una acechadora de la enseñanza, y cuando encuentres esa enseñanza, ese maestro o maestra, que sea como miel para tu paladar, te quedes allí, en un compromiso profundo con tu propio espíritu.

Cierro este capítulo con un texto de algo que podemos empezar a hacer hoy mismo para limpiar, aumentar y cuidar nuestra energía, que como ya vimos es imprescindible en la búsqueda de la conciencia (la información proviene de Carlos de León).

QUÉ NOS AYUDA A CONSERVAR, LIMPIAR Y AUMENTAR NUESTRA ENERGÍA

Ya que todo en resumen es energía/conciencia, nos hace falta tener más energía de la que normalmente poseemos para poder llevar a cabo un cambio real. Además de las técnicas especializadas en energía, es bueno tomar en consideración lo que nos ayuda a conservarla, limpiarla y aumentarla.

Es importante la actitud que tenemos con nuestro cuerpo, atender sus necesidades, su alimentación, su ejercicio, tener cuidado como lo haríamos con cualquier posesión valiosa. Es importante aprender a escuchar a nuestro cuerpo, ya que generalmente no le hacemos caso. Como cuando comemos por antojo, por gula, no por una necesidad que el cuerpo tenga.

Igualmente estamos muchas veces cansadas, nuestro cuerpo nos pide reposo y, sin embargo, continuamos haciendo "cosas". Descuidamos la necesidad de estimularlo debidamente y también a nuestros sentidos, debemos mantenerlos sanos y limpios. Descuidamos también darle al cuerpo una respuesta sexual inteligente y satisfactoria; finalmente, la sexualidad sana nos da vitalidad. Hay que aceptar nuestro cuerpo como es, en vez de querer cambiarlo para estar "a la moda", porque las modas son transitorias.

Debemos aprender a estar relajados, movernos armónicamente, respirar adecuadamente, etcétera.

Ensuciamos nuestra energía cuando:
- Reprimimos nuestras emociones
- Tenemos pensamientos negativos, de odio, venganza, culpa, etcétera
- Actuamos en contra de nuestros principios
- No atendemos heridas y enfermedades físicas
- Nos asociamos con personas negativas
- Frecuentamos lugares negativos como bares, cárceles, hospitales, etcétera

- Tenemos sexo con alguien que tenga energía sucia o negativa
- Practicamos brujería o magia negra
- Somos víctimas de celos o brujerías
- Curamos a otro con nuestra energía débil
- Vivimos en un ambiente contaminado
- Comemos comida vieja y/o verduras enlatadas

Gastamos nuestra energía cuando:
- Estamos en compañía de personas que chupan nuestra energía (cuando sentimos que alguien nos cansa)
- Hacemos cualquier cosa de la lista anterior (lo que ensucia nuestra energía)
- Mantenemos nuestra neurosis o conservamos nuestra energía sucia
- Alimentamos nuestra vanidad y soberbia
- Nos ocultamos tras máscaras
- Nos aferramos a patrones infantiles que ya no necesitamos
- Tenemos apegos y deseos insatisfechos
- Nos peleamos con la vida y no aceptamos las cosas tal cual son

Limpian nuestra energía:
- Expresar emociones reprimidas
- Los pensamientos positivos
- Dar sin darnos importancia
- Asociarnos con gente positiva
- Frecuentar lugares con energía positiva, como la naturaleza y algunos lugares de poder (aquí hay que saber distinguirlos)
- Tener sexo sano y satisfactorio con gente positiva
- Recibir curaciones y bendiciones de gente con un nivel de conciencia alto
- Practicar un camino espiritual
- Vivir en un lugar limpio, no contaminado
- Comer alimentos con energía fresca y limpia

Equilibran nuestra energía:
- Todo lo que la limpia la equilibra
- Lugares donde hay mucha agua corriendo, como ríos, cascadas, mar
- Sexo con orgasmos poderosos
- Ejercicios que integren y equilibren los dos hemisferios cerebrales
- Actuar de acuerdo con nuestros principios
- No tener asuntos pendientes con los demás
- Comer cuando tengamos hambre
- Dormir cuando tengamos sueño
- Ir al baño cuando tengamos ganas
- Estar solos de vez en cuando y gozarlo

Fortalecen nuestra energía:
- Todo lo que la limpia y equilibra la fortalece
- Ejercicio físico
- Ejercicios de energía
- Ayunos y purificaciones adecuados
- Estar en un camino espiritual
- Enfrentar el dolor propio y ajeno con valor y entendimiento
- Desprendernos de todo lo innecesario, tanto físico como psicológico

Desarrollan nuestra energía:
- Todo lo que la limpia, equilibra y fortalece desarrolla nuestra energía
- Aprender a perdonar y olvidar
- Aprender a ser compasivo
- Aprender a observar la sincronía divina
- Amar esa sincronía y en ella amarnos a nosotros mismos y a los demás

Esta obra se terminó de imprimir
en el mes de agosto de 2025,
en los talleres de Diversidad Gráfica S.A. de C.V.
Ciudad de México